上海市高校一流学科建设项目(教育学 B 类)
上海市智库建设项目(国际城市教育发展教育智库)

总 序

当联合国(UN)的《千年发展计划》成为人类消除贫困、促进可持续发展的共识和目标,当世界贸易组织(WTO)成为国际贸易活动规则的制定者和冲突的仲裁者,当禽流感、SARS 和甲型 H1N1 流感一次次把世界卫生组织(WHO)推到全球流行疾病防治中枢地位的时候,人们逐渐意识到,随着全球化时代的来临、全球性问题的增多和全球治理需求的出现,国际组织已经悄然走进人类生活,并开始影响人类的政治、经济、社会和文化活动。

在教育领域中,国际组织的影响如何?请看1997年教科文组织发出"学会求知、学会做事、学会生存、学会共同生活"的倡议,号召人类以全新的教育理念,迈入新的千年;2008年教科文组织和国际教育局(IBE)又通过世界教育大会,呼吁世界各国携手推进"全纳教育",让教育成为每一个人、每一个处于不利地位的人的发展权利和机会。

世界银行(World Bank)作为一个全球性的发展机构,每年提供20亿左右的教育发展赠款与贷款,为发展中国家的教育发展提供资金、技术和专业人员的支持。经济合作与发展组织(OECD)也从2000年起,开展了"国际学生评估项目"(PISA),现已经吸引了68个国家和地区的参与。经合组织希望以测试结果和比较分析帮助各国形成公平而卓越的教育政策,促进基础教育的优质发展。与此同时,大量的国际非政府组织也作为全球公民社会的成员,提出崭新的教育理念、提供丰富的教育资金、派出众多的专业人员,为发展中国家的教育发展、为扩大不利人群的教育机会作出了贡献。

正因为国际组织对人类教育发展的影响日益显现,国际组织也就益发引起了一些国家、政府、高校和教育学者,特别是比较教育学者的关注。一些新兴工业国和发展中国家已经为吸引国际教育机构入驻本国而默默努力,澳大利亚、泰国、肯尼亚、巴西和阿根廷的工作卓有成效。还有一些国家,如日本、印度和澳大利亚,正通过各种渠道培养相应人才,想方设法为国际教育组织输送专家和国际公务员,以期扩大影响、获得发展。一批学者,如澳大利亚悉尼大学的菲利普·琼斯(Philip Jones)、昆士兰大学的米瑞姆·亨利(Miriam Henry)、新西兰奥克兰科技大学和英国诺丁汉大学的双聘教授吉姆·本戴尔(Jem Bendell)等人,已经成果丰硕,成为国际教育组织的研究专家。

改革开放以来,我国从一个闭关自守的国家发展成为一个面向世界、博采众长的国家。自1979年建立"中国联合国教科文组织全国委员会"以来,我国政府和教育工作者积极参与了教科文组织的各项教育活动,国际影响逐渐扩大。我国政府和学校接受了来自世界银行和亚洲开发银行等组织提供的数十亿美元的教育贷款、资金和技术援助,在一定程度上缓解了教育发展面临的资金、技术和人才短缺的问题。我们也通过与国际组织的合作交流,了解了世界教育发展趋势,掌握了最新的教育理念与方法,促进了我国教育事业的发展。我国学者还参加了国际大学协会、世界比较教育学会等许多国际非政府教育组织,表达了我国教育学者和工作者的诉求与见解,展示了中国教育改革发展的风貌,也力所能及地为人类的教育发展,承担了应尽之责,作出了重要贡献。

然而,与发达国家、新兴工业国家,甚至与许多发展中国家相比,我国政府和教育工作者参加的国际教育组织还很少,参与国际组织的活动还很有限,我们对国际教育组织的认识还比较肤浅,对国际组织的研究和教学还都处于相当薄弱和零散的状态。这种状况与一个教育和人力资源大国的地位很不相称,与一个致力于建设和谐世界的发展中大国应该承担的责任也还有相当的距离。

为了改变这种状况,为了先做一些基础性研究和组织介绍工作,我们上海师范大学国际与比较教育中心的同事和朋友决心编辑一套题为"国际组织与教育发展"的丛书。这套丛书将包括两类著作。一类著作是我们国内学者研究国际组织的成果,可以供希望了解国际教育组织的同行、准备研究国际教育组织的青年学者、比较教育专业研究生以及教育专业的师生阅读。作为本类专著的第一本,本人的同名专著《国际组织与教育发展》希望能抛砖引玉,成为我国新兴的国际教育组织研究领域的一块铺路石。

另一类著作是译著,是我们研究团队翻译的国际组织经典教育著作和报告。在过去的半个多世纪,国际组织正是通过集聚专家、专题研究、出版专著、发表建议和声明,把新的教育理念、方法和知识传遍全世界的。这类译著就像一扇扇窗口,能够让我们看到国际教育组织倡导的崭新理念和优秀方法。这类译著可以供各级各类教育行政部门的同志和广大校长教师学习阅读。本套丛书首批翻译了两本专著——《教育规划基础》和《知识促进发展:指标评测与全球战略》。

今后我们还将出版多本专著和译著。为了这套丛书的出版,上海教育出版社给予了大力支持与帮助,否则,这套丛书不可能如此顺利出版。上海市教委通过对"重点学科建设"的资助,为我们的研究工作和专著出版提供了不可或缺的财政支持。世界银行和国际教育规划研究所为我们的译著赠送了版权。在此,我们深表谢意!

参加这套丛书撰写和翻译工作的既有我的同事和朋友,也有一批年轻博士和学生。由于我们学识有限,而国际组织涉及的知识非常广泛,我们在编写、翻译的过程中定会有许多粗疏不妥之处,诚请读者朋友批评指正。

我们真诚希望,这套丛书能够成为我国教育工作者认识国际组织、了解世界教育趋势、学习最新教育理念的新窗口。我们也真诚欢迎志同道合的朋友加入我们的队伍,为我们能运用好国际组织这个世界大平台,为人类的教育发展,奉献我们的才能与智慧。

上海师范大学国际与比较教育研究中心主任

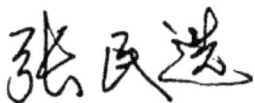

目 录

1 / **第一章 绪论**
3 /　　　第一节　研究缘由
7 /　　　第二节　概念界定
10 /　　　第三节　文献综述
13 /　　　第四节　研究思路与框架
15 /　　　第五节　多维透视

19 / **第二章 联合国教科文组织教师教育政策**
23 /　　　第一节　二战后联合国教科文组织教师教育政策的发展
31 /　　　第二节　联合国教科文组织教师职前培养政策
40 /　　　第三节　联合国教科文组织教师职后发展政策
51 /　　　第四节　联合国教科文组织教师教育政策对中国的影响

57 / **第三章 经合组织教师教育政策**
61 /　　　第一节　二战后经合组织教师教育政策的发展
65 /　　　第二节　经合组织职前教师教育政策
76 /　　　第三节　经合组织职后教师教育政策

95 / 　　　第四节　经合组织教师教育政策对中国及成员国的影响

99 / **第四章　世界银行教师教育政策**
103 / 　　　第一节　二战后世界银行教师教育政策的发展演变
108 / 　　　第二节　世界银行职前教师教育政策
113 / 　　　第三节　世界银行职后教师教育政策
124 / 　　　第四节　世界银行教师教育政策对中国及其他国家的影响
134 / 　　　第五节　世界银行教师教育政策的作用与偏差

141 / **第五章　欧盟教师教育政策**
145 / 　　　第一节　21世纪以来欧盟教师教育政策的发展演变
150 / 　　　第二节　欧盟职前教师教育政策
157 / 　　　第三节　欧盟职后教师教育政策
169 / 　　　第四节　欧盟教师教育面临的挑战及其对策

175 / **第六章　国际组织教师教育政策的共性与个性**
178 / 　　　第一节　国际组织教师教育政策的共性
200 / 　　　第二节　国际组织教师教育政策的个性

207 / **第七章　国际组织教师教育政策的案例分析**
210 / 　　　第一节　世界银行和经合组织教育政策背后的运作逻辑
219 / 　　　第二节　联合国教科文组织《2012—2015年教师战略》报告述评
226 / 　　　第三节　经合组织《建设一个高质量的教师专业：来自世界的经验》报告述评

235 / **第八章　国际组织教师教育政策对我国的启示**
238 / 　　　第一节　改革开放以来我国教师教育及教师教育政策的发展演变

248 / 第二节 我国教师教育的存在问题
257 / 第三节 国际组织教师教育政策对我国教师教育的启示

273 / **参考文献**

284 / **后记**

第一章 绪论

第一节　研究缘由

当前,全球化进程不可避免,教育政策制定也不再仅仅是民族国家内部的事情。在此过程中,国际组织的作用将日益提升,已成为21世纪人类教育发展的重要力量。作为研究当代世界教育发展特性和趋势为基本内容的分支学科,比较教育学者就应义不容辞地将国际组织列入自己的研究对象中。教师教育政策作为国际组织关注的重点领域之一,无疑是国际组织研究的重要突破点。通过对国际组织教师教育政策的研究,能够加强和深入我国在国际组织方面的系统研究,为我们了解、参与和走向国际组织提供帮助,也能给我国制定教师教育政策提供帮助和借鉴,而且能通过国际组织对人类教育发展做出贡献,提供新知识、新理念和新视野。联合国教科文组织、经合组织、世界银行、欧盟、东南亚联盟教育组织等影响较大的政府间组织,在国际组织中具有一定的代表性和影响力。

在当今社会,国与国之间的竞争,主要是人才的竞争,只有优良的教育才能培养出优秀的人才,优良的教育需要有高素质、高品质的教师。优秀教师的培养依托于高质量的教师教育,教师教育质量高低直接关系着国家教育发展的成败,影响着国家的前途和命运。教师教育质量的高低取决于是否有良好的教师教育政策,教师教育政策对教师教育的发展具有举足轻重的作用。

教师教育是培养教师的专业性教育,它既包括致力于教师培养的职前教育,也包括致力于教师培训的职后教育。但在一个相当长的时期里,教师教育主要是指对教师任职前所实施的教育。随着终身教育思想的发展及其日益深刻的影响,越来越多的国家不断探索将教师职前培养与职后培训统整的可能性并逐步形成统一的制度。20世纪70年代的《詹姆斯报告》提出教师教育"三阶段论":即个人教育阶段、准备教育阶段、在职教育阶段,这标志着教师教育一体化的提出。在这种观点得到广泛认同的基础上,1975年,联合国教科文组织第35届国际教育会议通过《关于教师作用的变化及其对于教师的职前教育、在职教育的影响的建议》,强调了教师培养与进修相统一的必要性。随着终身教育思想的深入人心,1996年联合国教科文组织在《教育——财富蕴藏其中》的报告中建议:把终身教育放在社会的中心位置上,重新考虑并沟通教育的各个阶段。

从世界各国教师教育体系的发展来看,大多数国家都经历了由教师职前培养和职后培训相分离逐步走向教师职前培养和职后培训一体化的进程,教师教育从"一次教育"向"终身教育"转变。如美国的师范教育,从20世纪五六十年代开始,就朝着综合大学或普通高等学校的教育学院方向发展,实现了由封闭式的定向师范教育开放的非定向师范教育的过渡;80年代更是掀起了以增强"教师专业化"为主要目标的教师教育改革运动,有力推动了美国教师教育一体化的进程。再如德国作为世界上较早开展教师教育的国家,历年开展的重大教育改革都将教师教育改革作为其中的重点,逐步建立了完善发达的教师教育制度,在教师培养、新教师进修和在职教师进修等各个方面形成了相互衔接的一体化体系。而日本在战后也进行了师范教育改革,明确提出中小学教师由大学培训的理念,同样促使日本的师范教育向教师教育成功转变,并建立了新任教师每年进修的制度,文部省、地方教委、研修中心三位一体、相互配合,共同进行在职教师培训工作等。此外,英、法、俄罗斯等国的教师教育改革也同时进行着,均取得了较为瞩目的成效。

教师教育职前职后一体化是教育现代化对教师终身专业发展的时代诉求。教师教育职前职后一体化打破了教师职前培养与职后发展相互分离的局面,建立起职前职后相互衔接、内在统一的教师教育体系;它将教师教育的学历教育与非学历教育、正规教育与非正规教育有机结合起来,努力做到培养目标一体化、课程设置一体化、考核评价一体化和管理体制一体化。

可以说,加强教师职前培养和职后培训的有机整合,实现教师教育一体化,成为近几十年来世界教师教育改革发展最为显著的特征,也是我国教师教育发展的重要目标。世界范围内的教师教育一体化趋势,深刻影响了中国的教师教育发展演变,推动着中国的教师教育政策也逐渐调整,促使教师教育体系从封闭、单一化走向了开放、多元化。我国学者谢安邦于1997年发表了题为《教师教育一体化改革的理论探讨》的文章,开启了我国教师教育一体化研究的先河,并进行相应的实践。① 2002年3月,教育部印发的《十五期间教师教育改革与发展的意见》中指出:"依据国家有关规定,确定合理的师范院校规模、结构,初步形成以现有师范院校为主体,其他高等学校共同参与,培养培训相衔接,体现终身教育思想的开放的教师教育体系。"这进一步指明了我国教师教育一体化的改革方向,把教师的职前培养、入职培养以及在职培训越来越紧密地联系在一起。2010年颁布的《国家中长期教育改革与发展规划纲要(2010—2020年)》也明确提出,要完善教师培养培训体系,提高教师专业水平。然而,要真正把教师职前培养和职后培训有效地统整起来,形成一个完整的教师教育体系,无疑是一项非常艰巨的开创性工作。

国际组织也认识到教师教育一体化的重要性,比如,欧盟认识到职前教师教育、入职教育及在职专业发展这三个阶段的割裂是不利于教师的职业生涯发展的。所以,欧盟开始倡导教师教育一体化,并发布相应政策决议,以落实这一理念。欧盟认为,职前教师教育应该包含理论学习与教学实践两大组成部分,以确保职前教师培养的高质量;而入职教师教育则需要起到衔接职前教育与在职专业发展的重要作用。加强入职教育在帮助新教师尽快适应新的工

---

① 吕尚兰:《教师教育一体化研究探析》,《科教导刊》,2010年第11期。

作环境的同时,也能起到降低教师入职阶段流失率及帮助重回教师岗位、教师顺利入职的作用;在职专业发展活动的目的则在于帮助教师更新知识、技能与观念,使其与社会变革的步伐相适应。① 因此,本书中的教师教育政策既包括职前教师教育政策,也包括职后教师教育政策(入职教育和在职专业发展涵盖于其中)。

自1993年国务院发布《中国教育改革和发展纲要》提出"振兴民族希望在教育,振兴教育希望在教师"以来,教师质量的问题一直受到党和政府的高度重视,也受到了教育理论工作者和实践工作者的高度关注。1999年国务院批转的教育部《面向21世纪教育振兴行动计划》又把"园丁工程"纳入其中。在充分吸收了世界各国,尤其是国际组织在教师教育领域的政策及其实施的经验后,我国创造了一系列具有特色的教师教育政策与举措,如在国家层面上有扶植农村教师的"特岗"制度、"骨干教师国培计划"、"免费师范生"政策等;在省市层面上,有"名师工作室"、"帮扶带"制度;在学校层面上,有"校本培训"制度、"校际教师发展共同体"、"教研组"等;高等师范院校有"职前——职后教育一体化"制度。可以说,教师教育政策与举措是我国教育工作者研究最多的领域之一。本书以教师教育政策作为切入点,对国际组织教育政策进行深入系统地研究。只有通过系统研究,我们才能真正回答"国际组织的教师教育政策是怎么发展的?""现状是怎样的?""影响或效果如何?""能为我国提供什么启示?"等问题。

本书具有一定的理论和实践价值。在理论上,本书通过对国际组织和教师教育政策的理论探讨,能促进这两方面的相关理论研究;在实践上,能通过国际组织这个平台和渠道,借鉴国际组织的有益经验,学习人类教育的发展成果,为我国教师教育政策的改进和完善提供借鉴,并能通过国际组织分享我国教育改革发展的经验,逐渐承担建设"和谐世界"的责任。

---

① 覃丽君,陈时见:《欧盟教师教育政策及其发展走向》,《比较教育研究》,2013年第12期。

第二节 概念界定

一、国际组织

本书认为,国际组织有狭义和广义之分。狭义国际组织指国际政府间组织,即两个以上主权国家的政府为了特定目的,以一定的协议形式建立的跨国机构。广义国际组织包括国际政府间组织和国际非政府组织,即两个以上政府、团体或个人基于特定的非营利的目的,以一定形式建立起来的跨国机构。由于时间和资料原因,本书只选取了联合国教科文组织、经合组织、世界银行、欧盟这四个影响较大的政府间组织,而对于东盟等其他国际组织的研讨,将在后续的研究中进行。

二、教师教育政策

本书关注的是国际组织的教师教育政策。那么,什么是政策?学者霍格伍德和戈恩(Hogwood & Gunn)指出了使用"政策"(Policy)一词的九种情况:

①活动的一种领域或标签;②一般目的的表达;③任务想要达成的状态;④具体的建议;⑤政府的决定;⑥正式的授权;⑦理论或模式;⑧项目;⑨结果和成果。他们还建议第十种类型为"政策过程"。① 以他们的观点为基础,本书把政策视为一种文本和一种实践,前者包括正式声明和研究报告,后者包括教育援助等,因为这些文本和实践都表明了国际组织的政策方向和优先选择。因此,本书中的教师教育政策体现于国际组织所发布的与教师教育相关的专题文件、建议书、报告书、会议文件以及对于教师的一些援助项目等之中。

教育政策分析是研究者运用科学的方法对政策文本、实施过程及结果进行研估的一种综合活动。从时间的角度来看,教育政策分析应该是一个瞻前顾后的系统分析。既要对政策进行回溯性的分析,又要对政策进行前瞻性的分析;既要全面考察分析政策的发展演变历程,又要做出综合性的判断和分析。政策分析虽然不能为政策开处方,但却能综合发现政策运行过程中的种种问题,一方面提供优选方案,成为政策制定的基础和前提,另一方面得出前瞻性结论,提出教育改革的政策建议,为政策优化调整奠定了基础。就政策分析的维度来看,可以从政策文本本身、政策过程、政策的结果评估等方面对其展开具体地分析。② 具体而言,教育政策分析包括:内容分析、过程分析及价值分析。内容分析包括宏观内容和微观内容分析;过程分析包括形成过程、执行过程和结果分析;价值分析包括外在价值和内在价值分析。③ 由于时间、资料和能力的原因,本书主要是对国际组织教师教育政策文本(政策内容)进行分析,解决政策"是什么"的事实问题,对于政策"为什么"的价值问题、"应该怎样"的规范性分析以及"可行性"等核心问题并没有涉及。

---

① Hogwood Brian. Gunn Lewis A (1984), Policy analysis for the real world [M]. London: Oxford University Press; P. 19.
② 杨润勇:《热点教育政策分析》,中国轻工业出版社,2011年3月版。
③ 孙绵涛:《教育政策论——具有中国特色的社会主义教育政策研究》,华中师范大学出版社2002年版。

三、教师教育一体化

对于教师教育一体化的概念界定,国内不同专家和学者的观点各有不同和侧重,笔者选举了其中比较有代表性的观点。广义上,教师教育一体化包括了两个方面:第一,纵向意义上的一体化,即打破一直以来职前、入职、职后教育彼此割裂的局面,构建紧密联系、彼此沟通的教师教育体系;第二,横向意义上的一体化,即整合教育资源,建立学历与非学历教育、正规与非正规学习相结合的教师教育体系。狭义上,教师教育一体化是基于终身教育思想,构建教师职前、入职、职后教育相互衔接、相互联系的教师教育体系。本书的教师教育一体化一般指狭义上的教师教育一体化。

第三节 文献综述

一、国内研究现状

对国际组织的研究是我国比较教育领域中的新议程。在此领域，专著和论文较少，与国际组织教师教育政策相关的研究则更少。专著《国际组织与教育发展》(2010)、《世界银行教育发展研究》(2013)等有少部分内容涉及教师教育政策，和国际组织教师教育政策相关的论文主要有《联合国"撒哈拉以南非洲师资培训计划"评析》(楼世洲，2010)、《全球视野的教师理念——联合国教科文组织教育文献研究之一》(何齐宗，2008)、《联合国教科文组织信息和传播技术教师能力标准解读》(吴全会，2008)、《东南亚地区教师地位与教师专业发展的形势与策略——对联合国教科文组织报告的解读》(任友群，2006)、《OECD关于发达国家的教师政策分析》(周钧，2010)、《OECD"教师教学国际调查项目"(TALIS)评析及启示》(田守春，2009)、《OECD对发达国家教师继续教育政策的分析：框架和主要结论》(曾晓东，2008)、《经济合作和发展组织(OECD)成员国新教师入职指导刍议》(吴珊，2007)、《欧盟教师教育政策及其发展走向》(覃丽君、陈时见,2013)、《博洛尼亚进程下欧盟教师教育的探索与创新》(许立新,2011)、《欧盟成员国中小学教师开除与解雇制度研究》(李晓强,2008)、《欧盟成员国中小学教师职业保障制度研究》(李晓强,2007)等。

二、国外研究现状

20世纪80年代以来,国外学者对国际组织在教育领域中作用的研究逐渐增加。进入新世纪以后,许多国际教育组织正逢创立60或40周年,为回顾而作的文献相继问世,如《联合国儿童基金会60年》和《国际教育规划研究所40年》等。在教师教育领域,国际组织出台了很多官方声明和研究报告,比较著名的有联合国教科文组织的《教师学习的全球视角:改善政策和实践》(Global Perspectives on Teacher Learning:Improving Policy and Practice,2007)、《教师供给:全球现状报告》(Teacher Supply and Demand:a Global Status Report,2006)、《教师专业发展》(Teacher Professional Development,2006),世界银行的《初等教育中受过培训的教师》(Trained Teachers in Primary Education,2010)、经合组织的《产生有效的教和学环境:来自TALIS的第一手结果》(Creating Effective Teaching and Learning Environments:First Results from TALIS,2009)、《教师重要:吸引、发展并留住有效教师》(Teachers Matter:Attracting,Developing and Retaining Effective Teachers,2005),欧盟的《报告Ⅳ:保持21世纪教学的吸引力——欧洲的教学专业:现状、趋势和关注》(Report Ⅳ:Keeping Teaching Attractive for the 21st Century. The Teaching Profession in Europe:Profile,Trends and Concerns,2004)、《报告Ⅲ:工作条件和费用——欧洲的教学专业:现状、趋势和关注》(Report Ⅲ:Working Conditions and Pay. The Teaching Profession in Europe:Profile,Trends and Concerns,2003)、《报告Ⅱ:教师供给——欧洲的教学专业:现状、趋势和关注》(Report Ⅱ:Supply and Demand. The Teaching Profession in Europe:Profile,Trends and Concerns,2002)等。

尽管上述国内外的这些文献和研究为本书提供了一些有用信息,但我们可以看到,国内外学者对国际组织教师教育政策的研究以个别国际组织为主,整体和系统研究较少;以介绍性为主,对政策的现状、影响以及启示的深入研究较为欠缺。本书试图在这两方面有所突破。

总之,国际组织研究已成为国内外比较教育研究的突破点和重点领域,而对国际组织重要教育政策的研究是国际组织研究的极佳切入点,因此未来对国际组织和国际组织重要教育政策的研究会逐渐得到比较教育学者的重视,研究成果将会不断增多。教师教育作为国际组织的关注热点之一,不仅将会得到国际组织的更多关注,也会引起相关学者对国际组织教师教育政策的更多研究。

第四节 研究思路与框架

一、研 究 思 路

由于时间较紧,且英文资料难以获取,因此本书主要基于国际组织所发布的与教师教育相关的政策文本对国际组织教师教育政策进行文本分析研究,采用文献法(收集国际组织发布的和教师教育相关的报告、文件等,仔细阅读相关报告、文件,把报告中和教师教育相关的内容归纳概括出来)、案例法(把联合国教科文组织、经合组织、世界银行、欧盟这四个国际组织作为案例,探讨国际组织教师教育政策)、历史法(梳理国际组织教师教育政策的发展演变)、比较法(比较不同国际组织教师教育政策的共性与个性)等研究方法,梳理国际组织教师教育政策的发展演变,分析国际组织教师教育政策的现状(包括职前教师教育政策和职后教师教育政策),探讨国际组织教师教育政策对我国以及其他国家的影响,概括国际组织教师教育政策的共性与个性,分析国际组织教师教育政策的具体案例,探析国际组织教师教育政策的价值取向和关注重点,并提出对我国教师教育政策的启示。因此,本书主要是基于国际组织教师教育政策文本的分析,对国际组织教师教育政策出台的背景、过程、实施的研究较少涉及。

二、研究框架

　　根据该研究思路,本书确立的研究框架是:第一章为绪论,主要包括研究缘由、概念界定、研究思路与框架和理论基础;第二章联合国教科文组织教师教育政策研究;第三章经合组织教师教育政策研究;第四章世界银行教师教育政策研究和第五章欧盟教师教育政策研究分别介绍了联合国教科文组织、经合组织、世界银行和欧盟这四个国际组织教师教育政策的发展(从国际组织建立到目前的教师教育政策)、现状(包括职前和职后教师教育政策,职前教师教育政策包括教师教育课程、教师教育招募、教师教育标准等,职后教师教育政策包括教师培训、教师专业发展、教师待遇、教师评价等)、影响或效果(包括对我国和其他国家的影响或效果);第六章为国际组织教师教育政策的共性与个性,归纳概括了国际组织教师教育政策的共同特点与具体特点;第七章为国际组织教师教育政策的案例分析,以案例的形式探讨国际组织教师教育政策的关注重点与价值取向;第八章为国际组织教师教育政策对我国的启示,梳理了我国教师教育和教师教育政策的发展历史和存在问题,并分析了国际组织教师教育政策在教师教育一体化、教师教育课程、教师招募、教师专业化、教师专业发展、教师评价体系、鼓励利益相关者参与教育改革等方面对我国的启示。

第五节　多维透视

国际组织教师教育政策制定和发展受到哲学、社会、经济和文化背景的影响，从各种维度对国际组织教师教育政策进行分析有利于我们全面透彻地了解国际组织教师教育政策的理论根基。

一、哲　学　基　础

通常来说，价值判断和逻辑判断的本质在教师教育的理念中非常关键，这也是哲学和教师教育最明显的接触点。尽管没有规范的哲学标准来解决教师教育的价值、理想或目标问题，但是当教学技巧、方法论或者教师教育过程需要心理诊断时，最值得关注的就是哲学。因为教师教育项目涉及的是传授知识、技能和态度的一系列技巧，阐释和提供使用这些技巧的基本理论，传授知识、技能和态度中蕴含的价值观和理想都离不开哲学层面的思考。

西方哲学始于5世纪的希腊，通过研究希腊哲学家的学说可以发现西方哲学涵盖了非常广泛的领域——从上帝是否存在的讨论到生物学和天文学本质的探求，并且对自身角色有一个广泛的认识，以至于当时所有的学科都起源于哲学。到了16、17世纪,出现了这样一种思想:想要知道世界的本源,就必须观察学习。一旦人们吸取以前的教训,尊重事实,科学就会从哲学中解放出来,这种观察和实验的方法有助于人们积累大量可靠和可测的知识。这意味着随着科学的发展,哲学家们意识到纯粹的思索已经不够了,必须发展一些如科学家和数学家所采用的可靠的方法,然而哲学证据却不能通过科学实验的方法获取,数学计算也不会产生上帝及人类命运的有关知识。了解到这个困难和科学方法的局限之后,哲学家们意识到需要一种全新的途径来探求知识。哲学的本质在于提供对宇宙的全面了解,哲学家在构建形而上学和伦理体系时都能影响教育,因为它是研究像教育或教学这种实践活动哲学含义的一种简洁和直接的方法。推理过程拥有一种内置优势,这种优势是判断实践项目是否有效的现成设备或基本原理。一旦确定了基本的哲学前提,诸如什么样的人"是优秀的教师",应该遵循什么样的教学方法等等问题就能迎刃而解。如果这个哲学前提是理想主义,那么优秀教师是能够给学生传播在任何场合下都成立的真理,正确的教学方法是鼓励通过沉思、推测和内省来进行有洞察力的学习。如果这个哲学基础是实用主义,那么这些问题的解释和答案又会有所不同。①

二、社 会 基 础

教师教育必须与外界社会保持密切关系才会具有生命力。教师培训计划是一个动态的过程。因为从某种程度来看,教师培训计划不仅与要求分析、反映和评估的个人亲身经历有关,还与社会经历有关。目前教育的核心是制定与当今社会需要和社会抱负相关且适应的教学目标、教学课程及教学方法。教育为了培养人才,人才服务于社会。比如1966年联合国教科文组织的《关于教师地位的建设》就明确指出,鉴于在教育事业发展中,教师这一种职业对人类和近代社会发展做出的重大贡献,因而必须确保教师应有的地位。这

---

① 李英:《印度教师教育研究》,西南大学博士论文,2013年,第32页。

种"应有的地位"是指社会按教师任务的重要性对教师能力的评价而给予的社会地位或敬意,以及所给予的工作条件、报酬和其他物质利益。①

三、经济基础

作为一种社会科学,经济学是对选择的研究。资源稀缺产生了人们的选择,经济学分析是将理论工具运用到个人或群体的经济活动中以获得更深入的理解。教育经济学是对教育活动的经济分析,包括宏观理论和微观理论。宏观经济诸如教育投资、资金筹措、生产力等,微观经济如对供需、生产功能的研究。由于正式教育系统和它内部的过程与工业生产的系统和过程是类似的,如工业生产中垂直铰接过程与教育证书的等级制相似;工业中对最优投入系数的考虑与教育中师生比例问题类似;用在每个学生身上的成本也与生产的成本类似;资本回报率和教育回报率体现在个人收入的增加也相类似,这些都说明教育也可以用经济学的视角来加以分析。

对于教师教育政策,提高教学质量需要经费成本(如机构成本、放弃的收入)。在这一方面,政策主要关注的是招聘的成本以及培养和维持一支高素质合格教师队伍的成本。此外还有在培养教师失败时付出的成本。有人认为,促进教师相关政策的对话,需要从成本的角度去评价各种教师培养方法的效果,在资源有限但需培养的教师的数量又较大的时期尤其如此。计划的成本与其规模、地点、方法、期限和现状有着很大关系。在很多情况下,发展中国家提高了对教师教育计划的要求,以使其与高等教育相匹配,因而使成本大幅度增加。在职培养、校本培训或远程培训等的成本相对较低。

四、文 化 基 础

教师教育政策发展,既是一个有关实质性问题的技术化过程,也是一个唤

---

① 杨志秋、于群:《教师社会地位与教师专业化的关系》,《河北公安警察职业学院学报》,2012年第3期。

醒教师内在直觉的文化建设过程。从某种程度上来说,教师专业发展就是一个教师与文化环境双向互动的文化过程。多元文化的社会文化生态及其对学校教育的影响,使教师专业发展所依托的学校文化和教师文化等组织文化环境必然发生改变。学校教育中不同文化的并存需要教师对文化作出自己主动的反应和选择,这又会对教师的知识储备和专业素质提出新的要求和挑战。

进入新千年之际,联合国教科文组织日益倡导文化互动的教育理念。1999年,联合国教科文组织将国际政府间组织已经出台,且为成员国采纳的文件中符合文化互动教育理念的条款进行汇编和解释,旨在为各国实践该理念提供合法性。2005年,联合国教科文组织以"通过切实而可持续的创新措施促进文明和文化间的交流"为主题,发起召开了国际会议,会议提出了通过文化互动教育有效促进文化间对话的7份建议书和21个具体政策措施,其中特别敦促制定文化互动教育实践指南,以供各成员国决策和实践参考。[1] 具有里程碑意义的是,2006年联合国教科文组织发布的《关于文化互动教育之指南》,不仅较为系统地阐述了文化互动教育诸方面应有之义,也标志着联合国教科文组织关于治理文化多的教育理念发生了实质变化,即从多元文化教育发展为文化互动教育。[2]

---

[1] 常永才、韩雪军:《全球化、文化多样性与教育政策的国际新近理念——联合国教科文组织文化互动教育观述》,《民族教育研究》,2013年第5期。

[2] UNESCO.StrategyonTeachers2012-2015[EB/OL].http://unesdoc.unesco.org/itnages/0021/002177/217775E.pdf.

第二章

联合国教科文组织教师教育政策

联合国教科文组织是联合国教育科学文化组织（United Nations Educational, Scientific and Cultural Organization）的简称，是联合国的专门机构之一，成立于1945年，总部设于巴黎。其宗旨是：通过国际教育、科学及文化方面的合作，促进世界和平。联合国教科文组织作为教育、科学、文化和传播领域的国际领导机构，承担着思想实验、国际准则制定、信息传播、能力培养和促进国际合作的重要职能。进入21世纪，它利用自身的优势，为促进全球教育、科学、文化和传播的发展，发挥了独特的、具有建设性的重要作用。

成立60多年来，联合国教科文组织在世界上发挥了越来越重要的影响。在教育方面，联合国教科文组织有两大功能：一是引导全球智力合作与发展方向，二是帮助发展中国家提高教育能力与水平。作为一个国际组织，它的最大贡献之一是使世界各国政府和公众逐步认识到教育的重要地位和使命，并在世界范围内推动教育的改革与发展。联合国教科文组织在教育方面主要集中于学前、初等、中等、高等、职业、扫盲以及教师教育这几个方面。

自成立以来，联合国教科文组织主要出台了以下与教师教育相关的报告和文件，它的政策取向也主要体现在这些报告和文件中：1953年《第36号建议:小学教师的培训》、1957年《第45号建议:小学师资培训人员的培训》、1962年《第55号建议:关于在职小学教师的再培训》、1966年《关于教师地位的建议》、1975年《第69号建议教师作用的变化及其对专业准备和在职培训的影响》、1996年《第80号建议加强教师在多变世界中的作用之教育》、1996年《教育:财富蕴藏其中》、2006年《教师供给:全球现状报告》(Teacher Supply and Demand: a Global Status Report)、2006年《教师专业发展》(Teacher Professional Development)、2007年《教师学习的全球视角:改善政策和实践》(Global Perspectives on Teacher Learning: Improving Policy and Practice)、2011年《教师信息和通信技术能力框架》和《教师信息和通信技术能力标准》、2012年《2012—2015年教师战略》(Strategy on Teachers 2012—2015)、2014年《通过ICT准备下一代教师》等。

第一节 二战后联合国教科文组织教师教育政策的发展

一、关注教师培训和教师专业化

（1945年—20世纪80年代末）

联合国教科文组织在这一时期里教育活动的目的主要是重建和恢复。1947年，联合国教科文组织制定了一揽子扫盲计划，范围涉及整个世界。联合国教科文组织还专门为基础教育设计了一个受众广泛的推广项目，拉开了扫盲计划的序幕。为了加强不同国家之间有关成人教育方面的信息、技术以及教学方法的交流，联合国教科文组织投入了相当大的精力，在1948年成功举办了有关成人教育的国际领导人会议。① 然而在这一时期，关于教师教育的内容还不是很多。直到1950年，由联合国教科文组织和国际教育局召集，在日内瓦召开的国际公共教育大会第13届会议在7月7日通过如下建议：教师和教育工作者之间的国际交流，是促进不同民族和文化的人民之间加深理解及

---

① 周佳苗：《联合国教科文组织研究》，青岛大学硕士论文，2007年，第10页。

提高教育标准的最有实际效果的一种方法,因此应做到以下两点:①应在与教育有关并与促进国际理解有关的政府或私人机构以及专业组织中,广泛宣传各种非终身任职和教师相互交流的计划。②应采取措施鼓励教育机构接收来自国外的教师,允许教师到其他国家从事一段时间的教学,并以此为目的,考虑尽可能为此类活动消除法律或行政管理方面的障碍。

在这一时期,教师教育的相关建议主要在教师培训和教师专业化这两个方面。

(一) 教师培训

联合国教科文组织对教师培训很关注,在以下几个报告中都涉及这个方面:

1. 1953 年第 36 号建议:《小学教师的培训》

考虑到扩展义务教育所产生的需求,联合国教科文组织通过了关于"义务教育及其年限的延长"建议的内容。小学教师的健康、智力和性格应符合所需标准,而且他们还应接受过良好的普通教育和令人满意的专业培训,全世界所有儿童有权接受这样教师的教育。由于教师问题的日益复杂,建议设立一种专门的机构(董事会、专门部门或服务机构),以负责协调有关教师培训的管理、财政和技术方面的问题。此外,男女青年应以同等条件接受小学教师培训。

2. 1957 年第 45 号建议:《小学师资培训人员的培训》

联合国教科文组织提出,各国行政当局应该不断密切注意小学教师培训人员在普通科目和专业科目及教育科学方面的培训,并把此项指标作为任命的条件。小学教师的培训目前在中等、中等后和大学三级教育机构中进行。考虑到教学专业地位的不断提高,小学教师应在较高层次的教育机构中接受培训。在两类小学教师培训机构(如大学的学院或大学之外的机构)的人员培训中进行选择时,各国应选择最适合教师需要及其高等教育结构的模式。如果小学教师的培训由大学的学院来执行,这种培训就应包括其他学院的共同参与。教师培训机构的校长应该是一个教育家,学识渊博并具有解决教育问题的经验。如果要求出任此职的教师应主要接受学术科目的培训,那么他应获得善于解决初等学校问题的专家所提供的帮助。

每个国家都应根据自己的教育体系,努力在国家一级协调和改进教育方法,并同时通过各种恰当的方式保证教师培训机构的发展和研究,如设立监督制度、成立中央级委员会和大学机构等。无论何种机构提供未来小学教师的培训,这些机构中的教员和学生都应具有与大学院系中的教员和学生相等的素质。教师培训机构人员候选人的挑选,不仅要考虑他们的道德、知识和专业能力,而且还要考虑到他们的敬业精神和社会责任感。为了更多地吸收特别优秀的合格教师进入小学教师培训机构,非常有必要给那些显示有良好教学能力并希望进一步进行必要学习的小学教师提供带薪假期。①

3. 1962 年第 55 号建议:《关于在职小学教师的再培训》

由联合国教科文组织和国际教育局召集,于 1962 年 7 月 7 日在日内瓦召开的国际公共教育大会第 25 届会议,于 7 月 13 日通过了 1962 年第 55 号建议,该建议涉及在职小学教师的再培训。该建议提出:

全世界的儿童都有权受到这样一些教师的教学和教育,即他们所受的普通培训和教育培训可为此教育和教学提供尽可能的保证;考虑到学校教育责任不断增长的复杂性、科学的迅速进步、教育理论和方法的持续发展以及作为整体的文化的不断发展,每个教师在其整个生涯中应尽可能拓宽视野、提高普通文化和教育培训水平并能取得更高的专业资格。

对于其再培训的方式则如下:应定期为资格不足的教师提供系统且适当的培训,培训期限应首先考虑参与者的水平;可以为此目的而考虑建立特别的规章制度。当培训目的是为了补充或更新合格教师的普通知识和教育学知识时,制定系统的再培训计划也是重要的;在为提高受训教师的资格或者为使他们承担教育领域的其他职责而设计课程时,应协调学校的日常工作要求和另

---

① 赵中建:《全球教育发展的历史轨迹——联合国教科文组织国际教育大会建议书专集》,教育科学出版社,1999 年版,第 171 页。

外的学习;小学教师的再培训计划不应只是理论性的,还应包括实践工作、演示、示范课等;为补充教育设备之不足,尤其应有如教育节、演讲、会谈、参观教育机构和其他机构等临时组织的活动;建议在学校、地方和地区各级成立研讨小组,以方便教师相互交流观点,并且在他们的工作中采取直接和积极的行动去解决可能遇到的问题;采用并推广函授再培训课程是重要的,因为这可以让那些甚至处于隔绝状态的教师在不中断工作的前提下学习;应对教育和文化书籍、小册子及期刊予以更多的重视;应尽可能广泛地分发这类书籍读物,以使教师可以方便地收到并查阅;在再培训过程,应最大限度地利用教育文献中心和图书馆,尤其是教育图书馆;在这一方面,扩大流动图书馆的图书出借服务是有益的;从再培训的角度看,应鼓励小学教师集体和个人到国内各地及国外访学。

(二) 教师专业化

教师专业化是教师教育重要的组成部分,联合国教科文组织关于教师专业化发展的建议有以下几点:

1. 1966年《关于教师地位的建议》

教师教育作为一种新概念,最早出现于1966年联合国教科文组织的《关于教师地位的建议》中,该建议首次提出"应把教育工作视为专门的职业,这种职业要求教师经过严格、持续的学习,获得并保持专门的知识和特别的技术"的观点。从那以后,教师专业化已成为国际教师教育改革的趋势。1972年,詹姆斯首先提出的"培养、任用、培训"三个教育阶段,即著名的"三阶段理论",为现代教师教育模式提供了理论依据。欧美各发达国家相继成立了教师教育研究和教师培训机构,率先对教师的教学专业和职业发展进行了研究,并制定了教师职业资格认证标准和相关的法律法规。此外,世界各国针对教师教育的实际情况,制定了针对教师职业发展的培训计划和培训方案,如校本培训、教师发展学校、教师参与式培训等。

比如,美国在20世纪70年代针对联合国教科文组织的《关于教师地位的建议》发起了一场"教学专业化运动",其中就多次使用"教师教育"来扩大师范教育的范畴。世界教育大会在1996年通过了相关教育的决议,其中就包括教师专业化的条款。

2. 1975年第69号建议《教师作用的变化及其对专业准备和在职培训的影响》

联合国教科文组织在1975年的第69号建议《教师作用的变化及其对专业准备和在职培训的影响》一文中提出,教育和社会变革引起了教师作用的变化,对各类教师的职前培养和在职培训、对其他教育人事乃至他们的工作条件和地位产生了巨大影响。该文还第一次界定了"教师教育"的概念:"不管教育系统产生或将要产生什么样的变化,教师和学习者之间的关系必然处于教育过程的中心地位,因此教育人员的良好准备是教育发展的基本因素之一,也是任何教育革新的重要前提。因此,需要合作性政策来确保把教师教育组成一个持续的协调过程,从职前准备开始并继续于教师的整个职业生涯。在这个系统中,职前教育和在职教育应该整合起来,从而有利于终生学习的理论和回归教育的需要。"①

二、关注教师招聘与教师培养和培训

(20世纪90年代初至今)

1998年,联合国教科文组织在巴黎总部举办了"21世纪高等教育会议:视野与行动"。180多个国家的代表以及各学术领域的代表,包括教师、学生和其他高等教育界的重要人物参加了这次会议。举办这次会议,其目的在于为全世界范围内的高教改革确定明确的行动准则,并在以下方面做出贡献:将高等教育从物质的一面向终生学习环境过渡、向文化争鸣的氛围过渡、向多元化发展过渡。

2000年在达喀尔(塞内加尔)举办的国际教育论坛为今后联合国教科文组

---

① 赵中建:《全球教育发展的历史轨迹——联合国教科文组织国际教育大会建议书专集》,教育科学出版社,1999年版,第176页。

织教育事业的发展制定了一个行动框架:加强对幼儿阶段的关注和教育;普及全民初级教育;增加年轻人和成年人的受教育机会;将成年文盲的比率减少一半;努力实现两性平等;在各个方面改善教育质量。所有的这些方面都离不开教师的作用。

联合国教科文组织总干事伊琳娜·博科娃指出:"为获得平等、机会较多和有质量的教育,教师是最有影响力和强大的力量。对教师职业的主要挑战是将数量和质量两者合二为一。"换句话说,这个世界需要的教育体系需要更多更好的教师。除了倡导教师捍卫自己的权利,联合国教科文组织还积极致力于应对这一挑战。联合国教科文组织在《教育——财富蕴藏其中》的报告中指出:教师作为变革的因素,其重要性不仅体现在教师是改革中不可缺少的力量,同时也体现在身处变革的时代,教师本身也已经成为改革的对象。20世纪60年代美国教育改革失败的一个根本原因就是没有对教师进行相应的培训,致使教师的观念与行为阻碍了课程的改革。

20世纪90年代以来,联合国教科文组织关于教师方面的政策与建议大部分集中在教师的招聘、培养和培训方面。

(一) 教师招聘

联合国教科文组织1996年第80号建议《加强教师在多变世界中的作用之教育》指出:应吸引最能干的年轻人从事教学工作。未来教师的聘任是世界许多地方的教育当局和专家都极为关心的事。尽管各国的国情差异很大,但目前,从教师职业的社会地位及其发展前景看,它并不非常吸引人。未来聘任教师的标准应该不仅仅注重申请者的知识基础,个人的素质如良好的道德、责任感、团队精神、内在驱动力、对小组工作的态度以及交际能力同样是必要的。在这一方面,应该采取这样的措施:通过同著名教师的会面、对教师的社会承认、学校和师范教育机构的开放日、在媒体中报道学校和教师的革新性经验等,来增强年轻人对教师职业重要性的认识并引导他们从事这一职业。向那些希望从事教师职业且有良好的学术记录和课外活动记录的学生,提供激励性措施和奖学金。为了克服教学人员的可能短缺,制定适当的招聘程序和教育安排,鼓励其他专业领域的合格人才转而从事教师职业;为了通过教师教育者(Teacher Educators)培养具有适当的学术资格和专业资格的教师,并吸引最有能力的年轻人从事教师职业,应该为教师教育者开发并提供智力性的进修计划。

(二) 教师培养和培训

1. 职前培养

联合国教科文组织1996年第80号建议《加强教师在多变世界中的作用之教育》指出,应在职前培养和创新性专业活动的要求之间建立更好的联系。全世界都存在对教师培养现状的不同程度的不满。在某些情况下,师资培养的投入与教师专业活动应满足的要求之间存在着巨大的差距。这些应满足的要求特别表现在教师对任教学科的掌握;在多样化的教学情境中,教师对教学策略的掌握;教师对终身教育的强烈兴趣;教师的创新能力和在小组中工作的能力;教师对职业伦理的遵守。职前培养应与在职培训密切结合。建立一种视职前学习和在职学习为连续统一体的教师教育和培训系统,是世界各地所共同要求的。为了进一步推进教师职前培养工作,应采取这样的措施:①将掌握教师应该传授的知识同掌握适合此知识的教学方法联系起来。由于在不同的教学情景和学习过程的各个阶段中需要使用不同的教学策略,应在培训过程中提高教师掌握、运用多种教学策略的能力。②通过在正常情况下以及在革新性教育实验和教学法研究中运用观察、讨论和参与的方法,来加强职前培养过程中教学实践的地位。教师职前培养应该重点解决每一教育系统中的主要问题。

2. 在职培训

教师在职教育(In-Service Teacher Education)是指教师入职以后所接受的各类教育和培训,是教师专业发展的主要阶段,也是教师教育三阶段中历时最长且实践性最强的阶段。在职培训对所有教育人士既是权利也是责任。教师不仅必须不断地更新自己的技能,而且还应该培养其学生在整个生活过程中创造知识所需要的态度和技能。分析表明,在职培训是一门须引起当局和教师特别关注的科目。过去的经验和未来的挑战使预测未来在职培训政策成为可能。

① 在职培训应从教育者(Educators)的权利和责任的角度予以考虑。应该注意在权利和责任之间实行一种平衡,根据各国的情况和不同的阶段而有所变化。然而,任何在职培训政策应该保证所有教师拥有最起码的接受培训的机会。

② 在职培训应尽可能在教育机构内和通过小组工作加以组织,教师自己要积极参与培训计划的制订;应对刚开始从事教师职业的教师给予特别的关注,因为他们的最初职位以及他们将要进行的工作,对其以后的培训和职业具有决定性的影响。应该在教师职业的最初阶段引进导师制和督导制。

③ 教师培训者和师资培训机构应该在加强教师作用的过程中发挥基本作用。要使教师培训者和师资培训机构者意识到职前培养的成果,并与研究者和科学家保持永久的联系,以确保其培训处于领先水平。

④ 应在教师不合格和未经培训方面采取紧急行动。这种行动应以这些教师已获得的经验性技能为基础,以他们的动机以及他们对地方情况的了解为基础。这种紧急行动的目的是加强教师的专业能力,提高他们对教育学和学科最新发展的了解,从而使在职培训成为一种持续的教育革新的过程。

第二节 联合国教科文组织教师职前培养政策

一、教师教育课程

联合国教科文组织于1966年10月在法国巴黎召开了一次关于教师地位的各国政府间特别会议,会议通过了一个题为《关于教师地位的建议》的文件。关于教师教育课程,文件中是这样描述的:教师培养课程的目的应在于培养学生的一般知识和教养、教育他人的能力、对构成国内外良好人际关系之基础的诸原理的理解、以通过教学和表率而对社会的文化的和经济的进步作出贡献的责任感。[①]

(一)教师培养课程

联合国教科文组织认为,教师教育是涵盖了职前、职后教育在内的一体化教育。教师的专业发展贯穿于职前培养与职后进修的全过程。不同阶段的教

---

① 万勇:《关于教师教育地位的建议》,《全球教育展望》,1984年第4期。

师教育由于所处的教师发展的不同阶段,因此决定了其发展的侧重点的不同,需要完成的任务的不同,在教师专业化成长过程中起着不同的作用。[①] 联合国教科文组织在教师教育领域中,对于改革课程来提高教师教育质量的问题是非常重视的。2014年联合国教科文组织就提出要重视教师课程改革和培训,发布了一系列关于课程与培训的文件。

联合国教科文组织认为,教师培养课程基本上应包括如下内容:普通教育科目;教育中所应用的哲学、心理学及社会学的概论、教育的理论及历史、比较教育、实验教育学、学校管理以及各科教学法的研究;同学生将来的教学领域有关的科目;在有足够资格的教师指导下进行的教育实习和课外活动的实习。一切教师都应在大学或者相当于大学的培养机构或专门培养教师的机构内,学习普通教育科目、专业教育科目和师范教育科目;教师培养课程的内容,可随特殊教育机构、技术学校、职业学校等各种学校对职务的要求,作适当的变更。技术学校、职业学校的教师的培养课程中,应包括工业、商业或农业所需要的某种实习。

在教师培养课程中,师范专业课程可与学术的或专业的教育、专业的技能等课程同时开设,也可置于这些课程之后。教师培养教育一般应为全日制。但是,对于年龄较大的志愿任教者以及属于其他例外情形者,可采取特别措施使课程的一部分或全部以部分时间制形式进行,但课程的内容和要求水平应与全日制等同。应考虑让不同种类的教师,无论是初等教育、中等教育、技术教育、专科教育或职业教育的教师,都在相互有机联系的培养机构或地理上邻近的培养机构内接受教育。

据此,联合国教科文组织提出了职前教师培养课程的几个原则:

① 注重实践课程开发,加强教育实习,实现知识的整合。教师教育具有"双专业性"。"双专业性"就是要求作为培养、培训对象的教师必须具备本体性知识(精深的学科专业知识和广博的科学文化知识)和条件性知识(教育学知识与技能),这两种知识是形成教师专业的知识基础。两种知识的简单叠加

---

① 曲铁华、马艳芬:《论教师专业化与职前教师教育课程改革》,《教育科学》,2004年第4期。

并不能形成教师的专业素质,更不能促进教师专业能力的提高。只有通过实践性知识的参与和整合,使二者内化为教师的专业素质,它们才真正成为专业化教师所拥有的知识素质,才能促使教师专业化职能的提高。①

② 宽基础,广视角,培养学习能力,为终身学习奠定基础。教师教育具有终身性,职前教师教育是教师终身发展的一个起始阶段。教师专业化发展是教师教育的总体目标,职前教师教育只是实现这一总体目标的第一步。因此,职前教师教育没有必要也不可能实现教师教育的全部目标。因而,在设计职前教师教育课程时,必须从观念上明确职前教师教育在整个教师教育体系中的地位和所能发挥的作用,以此来确定职前教师教育课程的深浅、宽窄、难易和繁简。职前教师教育阶段属于"准教师培养阶段"。这一阶段一方面需要为未来的工作做入职准备,另一方面还要为以后的继续教育阶段打好学术基础和积蓄学习潜力。因此,职前的教师教育课程设置需要整体地考虑到职前职后全程教育的一体化,还要考虑入职教育的基础准备。

③ 职前教师教育课程设置的特点:第一,门类广。在教育类课程的设置方面,应打破"老三门"的局限,多开设一些能够开阔学生视野的课程。在专业课设置方面,应从强调专业对口向拓宽专业口径转变。同时增设文化基础课,为专业发展奠定广博深厚的文化基础。第二,内容精。教师的专业发展是一个持续的、终身的发展过程,其知识和能力也会在入职后得到不断的更新和完善。因而,在增加课程门类又不增加学时的情况下,就必须精简精炼课程的内容,剔除不必要的繁冗论述和讲解,做到精益求精,既保证了体系的广泛,又保证了丰富的信息含量。第三,突出学习能力的培养。教师的专业发展空间是无限的。因此,在其职业生活中需要不断地完善知识结构,充实和提高智慧和才能。因而,职前教师教育课程的设置,必须有助于教师现在和未来专业性的发展,使他们具有终身学习的能力,培养他们独立获取所需知识的能力等。

---

① 李其龙、陈永明,《教师教育课程的国际比较》,教育科学出版社,2002年版,第153页。

(二) 教师教育课程设计的理论指导

任何一个教育框架,都有一个指导理论,教师教育课程也不例外。美国著名学者舒尔曼认为,教师学习与发展要在一个专业发展社群中,教师有愿景、有动机、知道如何去做,并能在自己的经验中学习,那么教师学习必备的关键元素就是:愿景、动机、理解、实践、反思、社群。哈姆内斯(Hammerless K)、达林·哈蒙德(Darling Hammond L)、科克伦·史密(Cochran Smith M)、泽切那(Zeichner K)等人也共同提出了一个教师学习的框架(见图2-1)。①在学习中他们要建立一个愿景,又称课程愿景,这是一种对可能性的勾画,蕴含着教育的价值观与目标,指导着教师以后的学习与教学。②还要建立一种对教学、学习、儿童的理解,包括理解知识、教育目标、方法、学科的结构、学科知识的概念图,理解知识是如何发展的、如何被证实的。③还要有一种如何运用这些知识的倾向,就是一种态度立场,比如相信所有儿童都能成功。④他们需要有机会实践他们的信念。⑤教师还需要工具(Tool),就是一些工具理论、方法、策略、资源,比如课程资源、评价工具。① 提出者强调,这些学习元素只有在

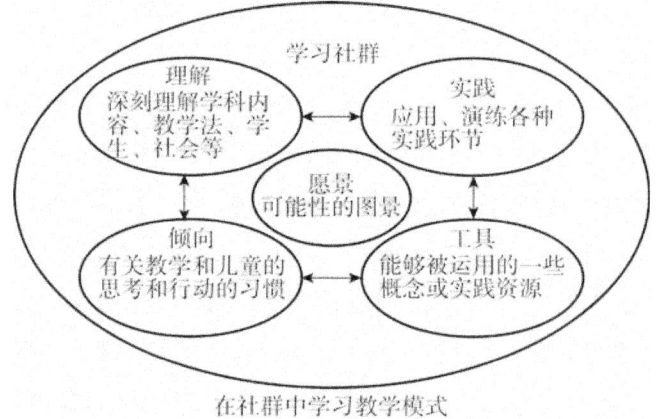

图 2-1 在社群中学习教学模式

---

① Darling Hammond L. Bransford J(2005), Preparing Teachers for a Changing World: What Teachers Should Learn and be Able to Do[M].SanFrancisco,CA: Jossey-Bass, p. 387.

社群学习中才能实现。这些教师发展的元素适用于职前教师、新教师甚至专家教师,贯穿整个教师生涯。

二、教师教育政策

(一) 教师教育政策的重要性

教师对学生的学习具有非常重要的影响。研究表明,提高教师素质,是最有可能导致学校各方面的水平和能力得到改善的一种政策。教师政策会影响到很多人,并能对学校预算产生大幅影响。近年来由于经济的影响,教师政策有所变化,并为学校现在进行的变革打下了基础。学校系统一直从事课程的改革,并把重点放在学校内的性别平等以及信息和通信技术上,这对进一步促进学生发展特别有帮助。教师需要理解一系列复杂的因素:社会、学校系统水平和办学水平,并要了解这些因素是如何相互影响、相互作用的。此外,了解教师劳动力市场的运作显得尤为重要,主要包括整合教师的需求和供给因素、教师激励机制的反应能力、政府在面临教师供需矛盾时的平衡能力和教师对学校分配机制的反映。

(二) 教师教育的焦点

经合组织提出的一个重要政策是在学校发展和保持有效教师。经过对25个国家的数据统计和研究,经合组织分析了影响教师和他们工作的关键因素,并为世界各国制定政策提供了参考。同时,经合组织提出了一个长期的问题:学校系统如何招聘熟练的教师,以及如何提高教师的工作效率。经合组织项目的重点是关注25个国家的教师政策:澳大利亚、奥地利、比利时(弗拉芒语区)、比利时(法语区)、加拿大(魁北克)、智利、丹麦、芬兰、法国、德国、希腊、匈牙利、爱尔兰、以色列、意大利、日本、韩国、墨西哥、荷兰、挪威、斯洛伐克、西班牙、瑞典、瑞士、英国和美国。他们发现,在招聘、教师教育、教师工资和工作条件、教师聘用、评估和职业结构这些方面,各国之间存在一些显著的差异。国际分析提供了更多的机会了解一个国家或几个国家的经验,以及教师政策产生的不同影响。该报告提供了很多世界各国的创新案例。大批新教师将在未来 5—10 年内进入行业。这些新教师有可能发挥学校的潜力。但是,如果教师不被视为一个有吸引力的职业,同时教学不改变基本方法,那么有一种风险,即学校的活力会有所下降。①

(三) 教师教育的困境

教师是知识的传递者,教师要传递给学生知识,就要不断地充实自己,教师自己的知识、教学方法、教学策略都是很重要的。教师教育又有很大的难度,难就难在它不像律师和医生那样,只要掌握一门专业技能就可以,教师要一次面临 20—30 位学生,教师必须平衡这些变量,有时候伴随着相互矛盾的目标,每一个学生和团体的需求也是不一样的。教师必须要知道学习知识的发展、交往内容和文化、语言和表达能力、课程和教学,对于不同的学生还要把各种知识都结合在一起。②

见习期要求新教师掌握新的教学方法。对于新教师来说,最大的挑战是如何成为经验丰富的教师。在实习期,新教师不仅要学着在外表上像个教师,而且在行动上也要像个教师。新教师所受的教师教育太理论化了,而教师在教学训练中不仅要知道怎么学和什么样的教学策略能帮助他们,而且也要知道怎么把信息清楚地表达和呈现。学校方面应组织不同团队开展学习,给他们指导以及管理他们的行为。同时,新教师还要学会在困境中如何有效地做出决定,要能掌握课堂上多方面的事情,并平衡每天每时的目标。

---

① UNESCO. Teacher Education Policy [EB/OL]. http://www.unescobkk.org/education/ict/ict-in-education-projects/training-of-teachers/next-generation-of-teachers-project/.

② Darling-Hammond L. Bransford J (2005). Preparing Teachers for a Changing World: What Teachers Should Learn and be Able to Do[M]. SanFrancisco, CA: Jossey-Bass, p. 37.

三、教师招募

据估计,要在 2015 年前实现全球普及初等教育的目标,约需要 170 万名新教师。下面两个表格是关于各地区初等教育和中等教育对新教师数量的需求(2015—2030 年)。

表 2-1 新教师职位数量的需求(初等教育)

区域	2011 年小学教师的数量（以千计算）	要获得新教师的数量			
		2015	2020	2025	2030
阿拉伯国家	1,931	213	345	399	454
中欧和东欧	1,127	84	170	166	111
中亚	340	26	68	64	45
东亚和太平洋地区	10,378	57	52	65	90
拉丁美洲和加勒比海地区	3,102	36	26	34	38
北美和西欧	3,801	128	237	256	302
南亚和西亚	5,000	130	187	187	196
非洲撒哈拉以南地区	3,190	902	1,295	1,718	2,100
世界	28,870	1,577	2,281	2,886	3,335

资料来源:联合国教科文组织研究所统计库数据

表 2-2 新教师职位数量的需求(中等教育)

区域	2011 年小学教师的数量（以千计算）	新教师要获得的数量			
		2015	2020	2025	2030
阿拉伯国家	1,198	341	449	529	583
中欧和东欧	1,570	109	272	374	331
中亚	406	8	39	71	67

(续表)

区域	2011年小学教师的数量（以千计算）	新教师要获得的数量			
		2015	2020	2025	2030
东亚和太平洋地区	5,833	282	308	274	230
拉丁美洲和加勒比海地区	2,160	167	109	118	122
北美和西欧	2,555	38	127	162	170
南亚和西亚	2,460	991	1,065	1,081	1,040
非洲撒哈拉以南地区	1,096	1,575	1,893	2,214	2,541
世界	17,280	3,512	4,263	4,823	5,086

资料来源：联合国教科文组织研究所统计库数据

联合国教科文组织在教师招募、选择和用人上都是有政策保证的。教师政策需要确保招聘到最好的教师，以及部分学校有他们需要的教师。国家要考虑选择关于招募、选拔、聘用教师和发展的政策。在一些国家，教师一般都是公务员，一旦获得教职就是终身雇用。但所有教师都要通过教师评价机制和问责制来审查他们的技能。政策选项包括每五至七年教师更新他们的教师证书，教师评价建立在公开、公平和透明的制度基础之上。对新教师需要扩大选择的标准，以确保能识别最有潜力的申请人。有证据表明，学校参与教师甄选和人员管理有助于提高教育质量。无论准备得多么充分和获得多大的支持，一些教师开始找到的工作并不符合自己的期望。一个正式的试用程序可以为教师和他们的雇主提供一个机会，以评估教学对他们来说是否是合适的职业。在一些国家，学校之间教师的活动受限，限制了新的思路和途径的传播，并导致教师具有多样化职业经验的机会很少。流动性的缺乏可能意味着在某些地区师资短缺与过剩平行，因此，提供更大的流动性激励和消除障碍是未来需要出台的重要政策。

教师是提高教育质量的决定性因素，教学是激发学习并保证学生习得有用知识、技能、价值观念的基本条件。无数的教育理论研究和实证研究成果都表明，不同国家、不同教育制度对于教育质量的含义和提高学习成绩的方法有多种不同的视角。学习是极其复杂的一个过程,而学习过程的核心是学生与教师的互动关系。但这种相互关系受到学校资源、课程目标、教学实践的很大制约,同时师生的互动关系又受到学校外部社会、经济、文化环境的重要影响。教师队伍的质量以及对他们持续的专业教育与培训,依然是高质量教育的核心。然而时至今日,全世界的教师群体,无论是数量还是质量,无论是教学实践还是教师培养,都面临一些系统性的挑战。这种情形必须得到改善,因为在2015年全球将有910万名符合国际教学标准的新教师入职。联合国教科文组织坚信:通过全面、系统的方法以及对信息技术技能的强化,可以优化教育和师范体系,从而使上述问题得到解决。联合国教科文组织提出一系列倡议,包括支持已有的教师教育实习基地、加强利益相关者的合作关系、提高决策者能力、发展教师的信息化技能标准等,从而将信息化与教师教育融为一体。联合国教科文组织还认为,针对教师数量缺口的问题,应加强机构培养教师的能力,提供尽可能多的合格教师。

第三节 联合国教科文组织教师职后发展政策

古语曾说:"授人以鱼不如授人以渔。"要成为好的教师,应该不断地提升自己的教学能力与水平。国家和学校不仅应为教师提供更多知识资源,替教师考虑得更细致,同时要教会教师如何持续获取知识和研究他们的工作。教师在教学过程中应仔细观察,合理分析,时刻保持开放和敏锐的思维状态,对学生抱有责任心。将教师训练成为课堂的研究者和专家合作者是非常重要的,这样他们可以相互学习。因为当教学的知识范围无限扩大时,个体根本无法完全掌握,同时学生的学习呈现出无限多样化,要求教学不断改变从而与之适应。因此,教师需要不断的培训,不断地丰富自己的知识,提高自己的教学与实践能力。

一、教师培训

长期以来,人们认为一次性的师范教育可以使教师终身受用,教师的在职进修则是可有可无的。因此,世界各国早期的教师教育主要指教师的职前教育,忽视了教师职后的继续教育。随着知识数量的增长和知识的分化,人们越来越清醒地意识到,师范教育不可能在短时间内将全部的知识传授给学生,应该将职前师范教育和职后培训有机地结合起来,贯穿于教师的整个职业生涯。20世纪60年代以后,终身教育思想席卷了教育领域的各个角落,并在联合国教科文组织及其他一些经济、文化合作组织的推动下得到丰富和发展。1966年,联合国教科文组织在《关于教师地位的建议》中提出提高对教师专业知识和专门技能的要求,进而形成了教师教育的概念,包括职前教育、入职教育和在职教育三个阶段。因此,真正意义上的教师教育在20世纪60年代以后才开始受到人们重视,并逐渐发展起来。至20世纪90年代,终身教育在理论和实践上逐步形成了一个完整的体系,世界各国也普遍拓宽了师范教育的概念,把终身教育的理念引入师范教育领域。所以,从"师范教育"到"教师教育",不仅仅是简单的概念替换,同时也标志着教师的培养进入了一个新的历史阶段。

教师的在职培养与提高成为许多国家教师教育迫切需要解决的重要课题,改变传统的、仅局限于职前培养的教师教育体制,将教师的在职培训作为职前教育的继续是教师教育不可缺少的一部分。20世纪90年代以来,世界各国在积极进行教育改革的过程中,尤其注重师资队伍建设,并且将教师的培养、任用、进修作为三个连续的阶段贯穿于教师职业生涯的始终。1996年,联合国教科文组织发表《教育:财富蕴藏其中》报告,指出终身教育理念超越了职前教育和继续教育的传统界限,可以使教师应对飞速变化的世界所提出的挑战。

从20世纪70年代开始,詹姆士·波特(James Porter)从终身教育的视角出发提出的"师资三段培训法",为教师教育提供了理论指导。

(一) 詹姆士·波特的"师资三段培训法"

1975年,联合国教科文组织在日内瓦召开第35届国际教育会议。会议上,英国巴尔默谢教育学院院长詹姆士·波特根据会上讨论的问题和提出的主张,结合其长期从事师范教育的经验,提出了"师资三段培训法"。詹姆士·波特将师范教育划分为三种类型:第一种是以专门培养教师为目标的师范学院进行的教育,称为"定向的师范教育",这种教师培养方式目标单一、集中,专业性较强;第二种类型是普通的综合性大学对教师进行的教育,称为"非定向的师范教育",这种培养方式目标多样,课程设置广泛灵活,师资、设备条件优越,但对教师培养的任务不够明确,专业性不强;第三种类型是所谓"驻校培训"的教师培养方式,主要是为中学毕业后马上从事教学的人所设的在职师范教育,这种方式花钱少、见效快、影响大,但教师本身基础差、底子薄,影响教学质量。

鉴于三种类型的师范教育各有优缺点,詹姆士·波特主张将三者的优点结合起来,实施一种三个环节密切联系的培养教师的方法,即"师资三段培训法"。他认为作为一个教师的三个必要的条件是:教师的个人教育、师范初步训练、较高的智力水平和自学能力。据此,他提出,教师的培养必须经过以下三个不可缺少的基本环节:第一,个人教育环节,即高中毕业生在相应的大学或师范学院学习2—3年,课程以专业科目为主,包括一些教育科学基础理论知识。主要培养学生从事研究能力和社会工作的能力,修业期满后,授予个人高等教育证书。第二,师范初步训练环节。这一环节是高等教育的组成部分,学生主要在大学中进行为期两年的学习:第一年主要结合教学实习,学习教育、教学、课程等方面的理论知识,也叫"实习阶段";第二年以在实习学校从事实际教学为主,也有理论学习,也叫"试用阶段"。这一环节要求学生充分掌握教育教学的基础理论和基本训练,毕业后达到相当于大学学士的水平,可授予教育证书,成为正式的合格教师。第三,在职继续教育环节。这是整个师范教育中不可缺少的重要组成部分,也是前两个环节的补充和继续。詹姆士·波特反对将师范教育改革的重点放在师范院校学制的不断延长和课程的无限增加上,主张加强教师的在职继续教育,包括专业学科知识的提高和对教育理论、教学方法、课程改革以及其他各种教育问题的研究。詹姆士·波特认为,这三个环节是教师培养的持续的、完整的过程。

(二) 提高教师培训机构的质量

教师职业从经验化、随意化到专业化,经历了一个发展的过程。20世纪60年代中期,许多国家对教师"量"的急需逐渐被对教师"质"的需求所代替,对教师素质的关注达到了前所未有的程度。20世纪80年代以来,教师专业化则形成了世界性的潮流。要求高质量的教师不仅是有知识、有学问的人,而且是有道德、有理想、有专业追求的人;不仅是高起点的人,而且是终身学习、不断自我更新的人;不仅是学科的专家,而且是教育的专家,具有像医生、律师一样的不可替代性的专业。这就要求教师的培养培训机构及国家的教师管理保障制度,都实现相应的重大变革。

联合国教科文组织在1966年的《建议》中提及:"教师培训机构的工作人员应有资格在相当于高等教育的水平上教授自己的学科。教授教育科目的工作人员应具有在学校教学的经验,并且在可能的情况下应通过借调到学校从事教学工作定期更新这一经验。"在1997年的《建议》中提出:"教师培训计划的目的应是让每位学生发展自己的普通教育和人格文化,培养自己教导和教育他人的能力,提高对保持国内外良好人际关系原则的认识,以及加强通过教学和榜样为社会、文化和经济发展做出贡献的责任感。从根本上说,一项教师培训计划应包括:(a)普通学科;(b)学习哲学、心理学、教育社会学、教育理论和教育史以及比较教育、实验教育、学校管理和各种学科的教学方法的主要内容;(c)与学生选定的教学领域相关的研究;(d)在完全合格的教师的指导下从事教学实践和举行课外活动。"

因此,联合国教科文组织提出,在教师短缺的国家中,当务之急是要扩大现有的教师培训机构的覆盖范围并提高其培训的质量,尤其是通过大学教育学院/大学混合式学习方式,更广泛地利用现有的开放教育资源来培训教师。联合国教科文组织将制定一个专门的计划来扩大现有培训机构的能力,特别是通过集约技术支持的方案,如开放学习和远程学习,来解决这个问题。

为了配合校本教师培训要求,应重新考虑目前的教师编制方法。[①] 由于资源有限,班级人数过多,学校需用多元化的教师培训策略,其中包括晋升机制、为新教师的成长提供帮助等。联合国教科文组织将审查现行的教师培训和专

---

① 联合国教科文组织.非洲与阿拉伯国家教师短缺问题最为严重[EB/OL]. http://www.nn.org/chinese/News/story.asp? NewsID=20647.

业发展策略,给予相关的建议,并支持所选定的目标国家的教师教育领导团队,给予完善制度的建议。

当代学校的课程,采取以学生为中心的方法,注重成果和流程,强调能力,促进集成知识及跨学科的发展。教师要做好准备,面对这个重大模式转变。教师教育必须提升其竞争力,以确保他们的专业性得到发展。同样,教师培训需要国家和国际网络社区的共同努力。联合国教科文组织将在教育协会与相关国家网络或机构中传播科学研究的最新发展和教育研究的最新成果,阐述一种有意义的经验的教师培训的理念,培养知识共享和跨机构合作。

(三) 实施初任教师培训

2014年联合国教科文组织实施了"通过ICT准备下一代教师"项目(下称"下一代教师"项目)。该项目是关于新教师培训方面的,具体内容如下:

1. 实施背景

近年来,在社会及其相关的劳动力市场,技术和经济的快速发展给教育带来了显著的变化。越来越多的企业想要寻求拥有信息能力和有效通信技术(ICT)的员工,谁拥有发挥信息通信技术的潜力,就可以在工作场所提高生产力。学校是学生准备适应社会和工作的场所,因此教师需要掌握新技能。教师需要变换新的角色和发展自己新的教学能力,以适应21世纪所需要的技能的发展。在此压力下,教师教育机构(师资培训机构)必须考虑职前教师的有效教育方案。这些方案必须让见习教师可以获得信息和通信技术的操作技能,使他们有能力在教学中整合信息和通信技术,在材料制备中利用信息和通信技术。教师必须做好角色转换的准备——从知识的提供者转变为学习促进者。目前,师资培训院校在职前教师教育课程设计方面并不是特别的理想。在认识到这一点后,联合国教科文组织教育组发起了这个"下一代教师"项目。

2. 项目目标

项目的目标是使亚太地区的下一代教师有能力利用信息和通信技术提高教学和学习效率。通过这个项目,利用信息和通讯技术提高整个地区受训教师的师资培训的灵活性,以提高教育质量。这个为期三年的项目将重点建设师资培训机构的能力,以服务于教师。以这种方式,在知识社会,下一代的教师将能满足学生的需要。

3. 主要活动

来自亚太地区10个国家参与了"下一代教师"项目,每个国家都有师资培训院校参加,亚太地区共有30所师资培训机构和数百名受训教师受益于该项目。正当世界大部分地区的高等教育充分运用信息技术时,其他阶段的教育却仍在这方面乏善可陈。在基础教育阶段推进教育学研究、帮助提升教师能力的过程中,信息技术的运用依然只是星星之火。信息化应当面向所有年龄段、语言、文化、环境的人群。任何试图将信息化应用于教育的政策都应当满足教师群体的需求。联合国教科文组织大力提倡把信息化应用于教师培训,不论是职前教育还是在职培训,并给予技术指导与建议。

二、教师专业发展

(一) 教师专业化的发展过程

1. 教师专业化的概念

教师专业化是指教师职业具有自己独特的职业要求和职业条件,有专门的培养制度和管理制度。教师专业化的基本含义是:第一,教师专业既包括学科专业性,也包括教育专业性,国家对教师任职既有规定的学历标准,也有必要的教育知识、教育能力和职业道德的要求。第二,国家有教师教育的专门机构、专门教育内容和措施。第三,国家有对教师资格和教师教育机构的认定制度和管理制度。第四,教师专业发展是一个持续不断的过程,教师专业化也是一个发展的概念,既是一种状态又是一个不断深化的过程。

教师职业有自己的理想追求,有自身的理论武装;有自觉的职业规范和高度成熟的技能技巧,具有不可替代的独立特征。教师不仅是知识的传递者,而且是道德的引导者、思想的启迪者、心灵世界的开拓者、情感意志信念的塑造者。教师不仅需要知道传授什么知识,而且需要知道怎样传授知识,知道针对不同的学生采取何种不同的教学策略。教师职业的专门化既是一种认识,更是一个奋斗过程,既是一种职业资格的认定,更是一个终身学习、不断更新的自觉追求。

20世纪60年代中期以后,随着出生率下降而对教师需求量的降低和经济下滑等原因,教师培养机构成为政府削减公共开支的对象。同时,公众对教育质量的不满引发对教师教育的批评,提高教师"质"的要求取代了对"量"的急需,对教师素质的关注达到了空前的程度。1966年联合国教科文组织提出《关于教师地位的建议》,首次以官方文件形式对教师专业化作出了明确说明。

1986年,美国的卡内基工作小组、霍姆斯小组相继发表《国家为培养21世纪的教师作准备》《明天的教师》两个重要报告,同时提出以教师专业性作为教师教育改革和教师职业发展的目标。报告倡导大幅度改善教师的待遇,建议教师培养从本科阶段过渡到研究生教育阶段。1989—1992年,经合组织(OECD)相继发表了一系列有关教师及教师专业化改革的研究报告,如《教师培训》《学校质量》《今日之教师》《教师质量》等。1996年,联合国教科文组织召开第45届国际教育大会,在会上提出:"在提高教师地位的整体政策中,专业化是最有前途的中长期策略"。

2. 教师培养范式

到目前为止,教师培养共经历了六种范式:①知识范式:在教师培养过程中,人们首先认识到的是教师必须具备一定的知识。因此,教师教育中非常重视文化知识的传授,认为教师的专业化就是知识化。②能力范式:20世纪60年代,人们逐渐认识到教师不仅要有一般的知识,而且要有综合的能力,要有把知识表达出来、传递出去、教会学生的能力,要有与学生进行沟通、共同处理课堂事务的能力。于是,教师培养由知识范式转向能力范式。③情感范式:同样是在20世纪60年代,许多学者经过大量的调查研究发现,一个教师仅仅拥有知识和能力,也不足以成为好教师,"当教师的知识水平达到一定程度时,影响教师教学水平和教学质量的是情感性因素"。因而,强调教师对学生的爱心,即教师能否注意和关心学生的情感发展,教师自身是否具备情感人格方面的条件。④"建构论"范式:随着皮亚杰对人的认识发生机制的研究以及建构主义哲学思潮的影响,认为知识是不固定的,是不断扩展的,是在学习者和教学者之间互动共同建构的。因此,强调教师是成长过程中的人,需要不断地建构自己的知识体系,把知识变成完全个人化的而不是外在于自己的东西。⑤"批判论"范式:强调教师不仅要关心书本知识,还要关心学科之外的社会政治、经济和文化的合理性。教师应当对课程之外、学校制度之外的整个社会保持一种关心、兴趣和审视的眼光,应当主动地介入社会生活,并保持一种独立立场。因而,主张培养教师的独立思考能力。⑥"反思论"模式:主张教师的成长应该培植起"反思"的意识,不断反思自己的教育教学理念与行为,不断自我调整、自我建构,从而获得持续不断的专业成长。这种培养范式正逐渐成为国际教师教育的主流。①

(二)联合国教科文组织的教师专业发展

联合国教科文组织认为,除了数量上的短缺是挑战的一个方面,教师及其教学质量对取得良好的学习成果同样是至关重要的。这就要求教师进行专业化的发展。为此,学校必须吸引和留住一支训练有素、有干劲、有成效、性别平衡的教师队伍;学校必须建立一种支持教师的课堂教学及其终身专业发展的制度。由于教师地位下降、工资不高、教学条件和学习环境不好、缺乏职业发展前景和职业培训机会,导致教师产生不满情绪并促使大量教师离职,有的教师仅仅服务了几年之后便退出了教师行业。

教师专业化是教师质量不断提高的过程,也是根据教师专业标准来提升教师道德价值、知识基础和教学技能等方面专业素质,促进教师专业学习和专业成长的根本途径。联合国教科文组织认为,一些成员国,特别是教育基础薄弱的国家,遇到的具体问题主要集中在初等教育、专业资格合同或社区教师及教学辅助人员方面。另外,在大多数国家中,要加强机制建设,以提高现有教师的质量,加强对技术支持解决方案的利用。在这方面,需要展开以下行动:

---

① 刘微:《教师专业化:世界教师教育发展的潮流》,《青年教师》,2002年第1期。

1. 通过加强教师专业发展和技术支持的解决方案来改进教学

根据各个国家的需求,优先在初等教育(阅读、写作、计算)中将识字作为重点,在中等教育将数学和科学作为重点,以及在性别讲座中将艾滋病毒和艾滋病的观点作为重点。联合国教科文组织将通过混合式培训的策略和方式,促进教师专业发展、课程发展和教师教育发展,同时注重确保后续新加入的教师获得足够的支持。联合国教科文组织将帮助教师改进教学理念,特别是对于新教师提供支持,以确保他们能找到一种有意义的方式来推动他们的日常教学实践。鉴于学习科学和教育研究的进展以及现有技术,在提高质量教学和学习过程中,还无法大范围地培训教师,因此,应以有效的方式编译和传播现有知识来加强基础教学,特别是在关键的学科领域。联合国教科文组织将进一步发挥其信息交流中心的作用,如在教学传播工作中通过提供技术网络支持,推广基层创新和知识共享的经验。

2. 创新教学实践的方式

目前,世界各国已经作出了多方面的努力,来增加教学专业的吸引力。有证据表明,最重要的挑战之一是如何支持改善创新教学实践的方式。通过督导、询问导师或协作活动专家的意见,可以起到促进教师发展的作用。联合国教科文组织与其他国际机构和组织,在这一领域进行的实践分析,特别是在薄弱国家进行的实践分析项目,有助于支持成员国和教师组织改进教学专业性的发展。①

3. 提倡分享

联合国教科文组织指出,教育改变发展,教育在减少赤贫、推动广泛的发展目标方面具有不可比拟的力量。教育能促进宽容,教育能帮助人们理解民主,促进宽容和信任,调动人们参与社会的政治生活。教育也倡导分享,在分享的过程中获得各自的进步。② 教师可以定期开展学术沙龙,交流座谈,参加

---

① UNESCO. Strategyon Teachers 2012－2015 [EB/OL]. http://unesdoc.unesco.org/itnages/0021/002177/217775E.

② 联合国教科文组织. 教育改变发展 [EB/OL]. http://www.unesco.org/new/zh/media-services/in-focus-articles/new-unesco-data-proves-education-transforms-development/.

会议等,不断与同行分享教学的经验,提高教学能力。

三、教师待遇

联合国教科文组织于 1966 年通过的《关于教师地位的建议》第 114 条指出:"在评价教师地位的各种因素中,应当特别重视他们的待遇。因为不可否认,根据目前世界上越来越明显的趋势,诸如教师的社会地位及人们对他们职能的评价等其他因素,像在别的许多类似职业中一样,在很大程度上取决于他们的经济地位。"[①]而所谓经济地位,其实就是经济待遇。因为如同其他专门职业一样,除工资以外的其他要素,诸如给予教师的地位或尊敬、对教师任务重要性的评价等等,都很大程度上依赖于教师的经济地位。教师的工资应反映教育对于社会的重要性,从而反映出教师的重要性以及教师从就任教职之日起便肩负起来的一切责任;应比支付给类似或同等资格的其他职业的工资更高;应保证教师本人及家属的合理的生活水平,并为教师通过进一步进修和参加文化活动来提高素质提供条件;应考虑到教师的地位将需要更高的资格和经验并将被赋予更大的责任等情况。政府应认识到,没有比改善教师的社会地位和经济地位、生活条件、劳动条件和工作条件,更能吸引大量有足够资格的人来从事教职并长期坚守在教育岗位上。表 2-3 的内容来自 2013 年 9 月世界银行的经济数据,体现了不同国家和地区教师的收入水平情况。

表 2-3 不同国家和地区教师的收入水平情况

收入水平	国家和地区
高收入	文莱、中国香港、中国澳门、日本、新加坡
中高收入	中国、伊朗、马来西亚、泰国、马尔代夫
中低收入	不丹、印度、印度尼西亚、老挝、巴基斯坦、菲律宾
低收入	阿富汗、孟加拉国、柬埔寨、朝鲜、缅甸、尼泊尔、斯里兰卡、越南

资料来源:联合国教科文组织研究所统计库数据

[①] 张国才:《国外对高校教师的激励措施》,《教育评论》,1992 年第 3 期。

联合国教科文组织提出了几种提高教师待遇的方法:

① 提高教师的工资标准,吸引优秀人才从事教师职业。法国的中小学教师一直享有高于其他行业的工资待遇。英国中小学教师平均工资比一般职员平均工资高35%。比利时、荷兰、挪威、新西兰、丹麦、瑞士等国中小学教师的起点工资和最终工资都高于工业部门同等学历者。一些发展中国家也实行了教师高工资制。如朝鲜,教师的工资比其他职业同等学历者高20%左右。匈牙利、毛里塔尼亚、叙利亚等国的教师工资均高于同工龄、同学历的其他行业人员。一些原来教师工资较低的国家近年来也都积极采取措施,较大幅度地提高教师工资,如日本、美国等。

② 提高教师的福利待遇。日本教师除每年领取各种津贴外,所有教师每年发给三次奖金,总额相当于5个月的工资。在大学,从助教到教授每年可领取10万日元左右的年度研究旅行费。中小学教师55岁以上退休者可享受全部年薪。法国教育部准许部分教师享有半年至一年的学术休假,休假期间工资照发。以色列、赞比亚等国允许教师子女免费入学。

③ 制订增薪办法,鼓励教师进行培训。日本规定,教师以良好的成绩完成本职工作的,每年晋升一级工资;教学成绩特别优秀的,每年可晋升两级工资。美国、英国、法国、朝鲜等国都有相应的政策鼓励教师进修。

④ 提高教师的社会地位。日本、美国、英国、法国等国规定,中小学教师享受国家或地方公务员待遇,以确保他们职业稳定、收入有保障。在朝鲜,国家十分关心教师的政治待遇,对在教育工作岗位上有特殊贡献的教师,由国家正式颁发政令,授予"功勋教师""人民教师"等荣誉称号。[①]

---

① 汤无水:《国外提高教师待遇的几种做法》,《职业教育研究》,1993年第3期。

第四节 联合国教科文组织教师教育政策对中国的影响

中国是联合国教科文组织的创始会员国。自 1971 年 10 月 29 日联合国教科文组织恢复中华人民共和国的合法席位以来,中国与联合国教科文组织的合作日益深入,联合国教科文组织的各种政策和文件为中国的教育事业带来了多方面的有利影响。20 世纪 70 年代末 80 年代初,中国教育刚刚摆脱十年浩劫,百废待兴。面对改革、发展的艰巨重任,我国教育部门在实现"三个面向"的过程中,既渴望获得资金、设备的支持,也需要吸收借鉴新的思想、观念,探寻自己的发展道路。作为国际智力合作机构的联合国教科文组织恰恰可以在后一方面提供帮助和支持。联合国教科文组织历来最重视教育,对教育活动的经费投入占该组织总投入的 40%。联合国教科文组织的教育活动内容广泛,形式多样,尤其注重教育研究、人员培训、传播信息、交流经验等方面的活动。

我国从 20 世纪 70 年代末开始参与联合国教科文组织教育领域的活动,与该组织总部和亚太地区办事处逐步建立和发展了密切的合作关系。我国利用联合国教科文组织提供的智力合作和资金支持,在国内举办一系列大型国际专题讨论会,有选择地邀请一些国家教育部门负责人和知名人士参加,对我国及世界教育发展的共同问题和热点问题进行深入探讨。近几十年来,我国举行了"高等教育改革研讨会"(1988年)、"面向21世纪教育研讨会"(1989年)、"国际农村教育研讨会"(1991年)、"国际职业技术教育研讨会"(1993年)、"市场经济与教育改革国际研讨会"(1994年)、"环境教育与发展研讨会"(1995年)、"市场经济与教育机会均等国际讨论会"及"21世纪教育研讨会"(1997年)等。这些学术讨论会的召开给我国教育科研和决策部门带来许多重要启示,为我们逐步形成诸如优先发展教育、不断革新教育体制和结构、提高教师地位和素质、发展终身教育、多渠道增加教育投入等战略决策,提供了借鉴和宝贵经验。

在教育方面,联合国教科文组织有两大功能:一是引导全球智力合作与发展方向,二是帮助发展中国家提高教育能力与水平。近年来,中国在这两个方面的作用和影响都有明显提升。中国经济的快速增长,得益于改革开放政策下实施的教育优先发展战略。中国的扫盲运动以及2000年确定的全民教育目标等政策,不仅提升了中国社会整体教育水平,同时也带动了世界统计数据的巨大改善。2012年,中国出资800万美元,首次在联合国教科文组织设立了教育信托基金,以4年为一个周期,用于对8个非洲国家开展教师培训。党的十八大发出要建设学习型社会的号召。这表明,国际社会一直追求的理想即将在我国变为伟大的现实。我国与联合国教科文组织于2013年在北京举办了全球首届学习型城市大会,这既是宣传十八大提出的建设学习型社会的宏伟目标和重大举措,展示我国学习型城市建设的成果,也有利于我们学习国际先进的理念和经验,进一步推动我国终身教育体系的建立和完善。

总的来说,中国教育的发展与联合国教科文组织的教育政策有着密切的联系。在教师教育政策方面,联合国教科文组织在教育信息与通讯能力、教师专业化等方面都对中国的教师教育产生了积极的影响。

一、教育信息与通讯能力方面

联合国教科文组织在1996年的《加强教师在多变世界中的作用之教育》

中指出,新的信息和通讯技术服务于提高全民教育的质量。国际21世纪教育委员会的报告已经清楚地阐明了新技术所带来的意义:"新技术通过消除距离的障碍而有助于形成明日的社会"。由于这些新技术,明日的社会将同以往的任何模式毫无共同之处。最准确和最新的信息都可为世界上任何地方的任何人所获取。然而我们不该忘记,相当部分处境不利的人口仍然被排斥在这些发展之外。此外,应该牢记的是,教育的计算机化(Computerization)是实现新的教育范式的最重要手段之一。在这种新教育范式中,强调获得的重点从实现更实用的狭窄专门化的目标转向跨学科的基础知识。通过更新教育内容,这种新范式能极大提高教育的社会价值。新技术的应用并不仅仅局限于学习过程,在学校的管理和地方社区的管理中运用这些新技术,可以节省教师和其他教育人员的时间并改善他们的行为表现,以便让他们更多地致力于解决学生的学习问题。从教师职前培养和培训及长期专业发展的角度来看,教师不仅有机会为教学目的掌握新的技术和其他的教育技术,而且有机会对发展教育软件和方法做出贡献。联合国教科文组织还建议,应该对教师专业化中远距离教育予以特别的注意。

2007年,联合国教科文组织与思科、英特尔和微软等跨国公司以及美国的国际教育技术协会(ISTE)合作,开展了面向下一代的教师计划,并于2008年1月在伦敦召开的青年人才交流会上,向100多个国家的教育部长和媒体发布了《教师信息和通信技术能力标准》。联合国教科文组织指出,现代社会越来越依靠信息和知识,所以需要:①建立一个具备ICT技能的团队来处理信息,团队成员要会反思、有创造力,善于解决问题并能形成知识体系。②使公民获得更广泛的知识和资源,这样他们能够有效地管理自己的生活,并能过上充实且满足的生活。③鼓励所有公民充分参与社会生活,并对那些影响他们生活的决策产生影响力。④培养跨文化的理解力以及和平解决冲突的能力。为了实现上述社会发展目标与教育目标,教师需要武装自己。因此,联合国教科文组织开发了《教师信息和通信技术能力框架》,对教师运用ICT进行有效教学所应具备的能力进行了详细描述。

联合国教科文组织的《教师信息和通信技术能力框架》对不同经济形态、

不同社会背景的国家和地区的教育发展和教师专业发展都有一定的启示和帮助作用,其框架既可以作为一个国家和地区长期政策制定与战略发展的依据,也可以作为教师短期培训与发展的框架。

二、教师专业化方面

联合国教科文组织认为,各国各地区的情况差异很大,但改善教师的地位通常成为加强教师作用的必要条件。但是,这种改善不可能是单一措施或单一因素的结果。在这一问题上,改善教师的物质环境,尤其是他们的工资和其他社会收益,虽不是改善其地位的充分条件,但却是必要条件。在提高教师地位的整体政策中,专业化是最有前途的中长期策略。

我国早在20世纪30年代就对教师职业展开过讨论,当时有一种很鲜明的观点:"教师不单是一种职业,且是一种专业,……性质与医生、律师、工程师相类似"。我国有关法律也已经为推进教师专业化提供了基本的制度保证。1994年我国开始实施的《教师法》规定:"教师是履行教育教学职责的专业人员",第一次从法律角度确认了教师的专业地位。1995年国务院颁布《教师资格条例》,2000年教育部颁布《教师资格条例实施办法》,教师资格制度在全国开始全面实施。2000年,我国出版的第一部对职业进行科学分类的权威性文件《中华人民共和国职业分类大典》,首次将我国职业归并为八大类,教师属于"专业技术人员"一类。2001年4月1日起,国家首次开展全面实施教师资格认定工作,并进入实际操作阶段。

但至今,对教师是不可替代的专门职业仍未形成共识。教育部师范教育司有关负责人认为,原因可能有三方面:一是在中小学教师数量尚不能满足需求时,教师队伍中难免有一部分人不合格、不称职;二是中小学教师这一专业在我国发育的不够成熟,专业性不够强,中小学教师整体素质不高;三是这一职业有一定的特殊性,教师的劳动成果通过学生的知识、能力、素质、个性、品性等诸方面的提高来体现,某个教师的直接教学效果难以定量确定,不易看到即时成效。因此,当前还有不少人认为教师职业有一定的替代性,或者起码只能处于一个准专业的水平,误认为只要有一定的学科知识就能当教师。幸运的是,教育部于 2011 年 12 月公布的《中小幼师专业标准(试行)》为教师培养、准入、培训、考核等工作提供了基本依据,这三个标准是适用全国的入职教师标准。

中国教育学会前会长顾明远教授认为,专业化与开放性是我国教师教育当前面临的两大问题。教师是专门职业,必须经过专门的学习和训练。要提高教师的专业化水平,目前教师教育的专业结构必须调整,要重建适应课程综合化和多样化要求的专业;加强实习实践环节;延长学制,兼顾学科专业学习和教师职业训练。[1]

此外,教师专业化是教育国际化的有机组成部分。《国家中长期教育改革和发展规划纲要(2010—2020 年)》提出扩大教育开放,提高教育国际化水平,同时提出制定教育质量国家标准,并把加强教师队伍建设作为实现纲要目标的首要保障措施。[2] 能把教育国际化和教师专业化两者统一起来的就是提高教育质量的政策目标。

---

[1] 刘微:《教师专业化:世界教师教育发展的潮流》,《青年教师》,2002 年第 1 期。
[2] 熊建辉、陈德云:《从教育国际化看教师专业化——访国际教育专家周南照教授》,《世界教育信息》,2012 年第 4 期。

第三章

经合组织教师教育政策

经济合作与发展组织(Organization for Economic Cooperation and Development,以下简称经合组织)的前身是"欧洲经济合作组织",在1961年成立,总部设在法国巴黎。目前,经合组织已有34个成员。根据1960年12月14日签订的《经济合作与发展组织公约》,经合组织的宗旨有三条:第一,使各成员国达到最高的经济持续增长与就业,不断提高生活水平。同时,保持金融稳定,促进世界经济发展。第二,在经济发展过程中,促使各成员国和非成员国实现合理的经济扩张。第三,遵守国际义务,在多边与平等的基础上,促使世界贸易的扩展。从这三条宗旨看,经合组织是一个综合性的经济组织,与教育发展似乎离得很远。实际上,在经合组织建立初期,并未规定自己须关注成员国的教育和促进成员国的教育发展,而在后来的发展过程中,教育问题才逐渐得到经合组织成员国领导人的重视。但是,从它的发展历程及其对成员国与世界教育发展的实际影响看,它是当今世界不可忽视的、对教育发展影响巨大的国际政府间组织。

经合组织的第一个教育机构是1970年设置的"教育研究与革新中心",现在仍然担负着实施各类教育项目的任务。经合组织的教育职能主要由教育司负责,掌管下属的教育委员会和教育司的办公室、教育与培训政策处、教育统计处、教育管理及基建处、非成员国教育处和后勤保障处等机构,机构之间分工合作,相互支持。① 经合组织教育司的宗旨是:"协助成员国和合作伙伴实现全民高质量终身教育,并为个人发展可持续的经济增长和社会融合作出贡献。"2003年的经合组织成员国教育部长会议确定了教育司的六项战略目标:①促进终身学习,改善教育与社会和经济的联系。②评价和提升教育结果。③促进高质量教学。④在全球经济中考虑高等教育的发展。⑤通过教育建设融合社会。⑥建设教育新未来。

在教师教育方面,经合组织相继发表了一系列有关教师及教师专业化改革的研究报告和文件,这些报告和文件蕴含着经合组织的政策取向,如2002年《教师需求和支持:提高教师质量,解决教师短缺》(Teacher Demand and Supply: Improving Teaching Quality and Addressing Teacher Shortages)、2005年《教师重要:吸引、发展并留住有效教师》(Teachers Matter: Attracting, Developing and Retaining Effective Teachers)、2009年《产生有效的教和学环境:来自TALIS的第一手结果》(Creating Effective Teaching and Learning Environments: First Results from TALIS)、2011《建设一个高质量的教师专业:来自世界的经验》(Building a High-Quality Teaching Profession Lessons from around the World: Lessons from around the World)、2012年《为21世纪培育教师及学校领导:来自世界的经验》(Preparing Teachers and Developing School Leaders for the 21st Century)、2013年《21世纪的教师——以评促教》等。

---

① 张民选:《国际组织与教育发展》,上海教育出版社,2007年版,第238-244页。

第一节 二战后经合组织教师教育政策的发展

经合组织相信,教学质量是学生学习的关键,而教学质量又取决于教师的质量、师范教育和在职培训的质量以及工作环境和实践的质量。此外,在经合组织成员国中,教师费用占据了教育开支的大部分,约占60%左右。所以,教师的工作和职业发展受到广泛讨论,议题包括怎样吸引新教师,怎样给予教师明确的奖励以提高其绩效,怎样吸引教师到艰苦地区工作等。①

在经合组织的发展过程中,教育问题逐渐得到重视,经合组织从20世纪70年代开始开发教育指标体系,研究与呈现教育系统的变化及发展趋势,通过比较各国教育系统发展状况信息来评价各国教育成果的优劣。从1992年起年报性质的《教育概览》(Education at A Glance),到经合组织的教师教育相关会议,再到2008年开发的"教与学的国际调查"(Teaching and Learning International Survey,TALIS),经合组织教师教育政策发展呈现了以下四个阶段性特点:

---

① 张民选:《国际组织与教育发展》,上海教育出版社,2007年版,第272-273页。

一、关注教师教育外部因素

经合组织从20世纪70年代开始开发自己的教育指标体系,指标体系显示经合组织对于教师教育的关注点在相关的社会外部因素上。1973年经合组织发表的一套教育发展指标体系分为6个部分,46个指标,用来衡量教育对个体和社会的影响。这6个部分分别是:①教育在知识传递过程中的作用。②教育在争取机会平等和社会流动中的作用。③教育在适应社会经济需要方面的作用。④教育对个体发展的作用。⑤教育在价值传递和演变过程中的作用。⑥在争取上述政策目标过程中资源的有效利用。①

这一指标体系基于"情境—过程—结果"框架,但是存在着不合理之处,存在着只能显示教育系统的静态特征、无法呈现社会机构的特征、易将教育指标系统视为生产函数导向等问题。② 因此,经合组织一直在对该框架概念和指标体系进行研究和调整。

二、关注教师教育数量特征

教师教育是学校教育系统质量的重要保证。不当、不足的教育会影响社会组织及经济发展。在分析教育和培训制度基础上,经合组织将教育发展情况刊登在一本关于事实与数据的年度概要上,即《教育概览》。前三版《教育概览》虽然仍沿用了"情境—过程—结果"框架,但从1996年开始,经合组织对其指标体系进行了彻底改革,在概念框架上完全跳脱出了"情境—过程—结果"的模式。

1998年的教育指标体系共有31项指标,增加了"教师的年龄和性别分

---

① OECD(1992). Making Education Count: Developing and Using International Indicators[R]. Paris: OECD.
② 陈学军:《OECD教育指标体系概念框架及其内容的演变与发展》,《比较教育研究》,2006年第8期。

布",用来分析教师群体的结构特征。2000年的教育指标体系中则新增了"新教师的职前培训"。2001年又新增了"教师的年龄与性别分布及教育中的教职工"和"教师的信息通讯技术培训"。

在这一阶段,经合组织的教师教育分析仍侧重于对其进行量化,理清教师的总体情况和群体分布,并未对教师的质量和发展提出要求。

三、关注教师质量

2002—2004年经合组织对25个国家的教师政策开展了研究。当时20世纪六七十年代教育大扩张时期聘用的大量教师即将退休,大批新人将在未来的5—10年中加入教师行列。这对许多国家来说,既是个大挑战,又是前所未有的机遇:虽然教育系统将失去大批经验丰富的熟练教师,但也拥有了千载难逢的调整师资队伍的机会。新教师掌握了先进技术,拥有新的观念,可以令学校焕然一新。而且新教师工资低,教育系统可以省下一笔人员经费投入发展。不过,如果给教师的工资不够高,教学工作不够吸引人,学校的质量很可能会降低,造成难以反转的恶性循环。[①]

在三年研究之后,2005年经合组织发布了影响深远的《教师重要:吸引、发展并留住有效教师》(Teachers Matter: Attracting, Developing and Retaining Effective Teachers)。报告指出,发达国家普遍建立、更新或者完善了教师专业标准,教师的职业角色正在发生变化,教师质量对学生学习至关重要,然而高质量的教师数量正在减少,教师工资逐年降低,对于教育发展已构成一个必须直视的问题。

以此报告为标志,经合组织对于教师教育的重视日益增强。各成员国的教师教育情况给成员国敲响了警钟,如果教师质量堪忧,优秀的教育无从谈起。此后,经合组织对于教师教育的相关文献大量出现。

在经合组织图书馆中用"teacher education"作为关键词在题目和摘要中检索到文献831份,而2005年之后的就有782份,占总数的94.1%。

---

① 张民选:《国际组织与教育发展》,上海教育出版社,2007年版,第273页。

四、关注教师发展

2008年,经合组织开展了一项新的国际调查——"教与学的国际调查"(Teaching and Learning International Survey,简称TALIS)。它是一项研究学校教师的专业发展、工作条件和学习环境的国际问卷统计调查,旨在通过提供关于教师教学的相关政策分析,帮助各国评价并制定有利于培育有效的学校教育条件和教师专业发展的政策。[①] 在教师教育相关的评价领域有教师专业发展、教师的教学信念、态度和实践以及对教师的评价与反馈。

2013年3月13日至14日,第3届教师专业国际峰会在荷兰阿姆斯特丹召开。此次峰会由荷兰教育、文化与科学部,经合组织和国际教育工作者联盟合作举办。经合组织秘书长安赫尔·葛利亚在大会上做了演讲。二十多个国家和地区的教育部部长和教师工会领导人出席了此次峰会。峰会主题围绕"教师质量"展开,探讨教师专业标准、教师评价等问题。[②]

此前,经合组织围绕相关主题为每届峰会提供背景报告,2011年发布了《建设一个高质量的教师专业:来自世界的经验》,2012年发布了《教师教育及教师成长为21世纪学校领导者——源于世界各地的经验》,2013年发布了《21世纪的教师——以评促教》。这些报告聚焦教师教育,旨在为建设高质量的教师队伍建构起完备的教师保障体系。此外,"教与学的国际调查"(TALIS)和"国际学生评估项目"(PISA)对成员国的教师现状提供详尽的数据资料,进行全面的分析和总结。

可见,经合组织对教师教育的关注从教师质量转移到了教师专业发展。21世纪是一个变化迅速的时代,教师专业只有跟随时代、教学环境、学生能力的变化而变化,才能培养出能够适应时代变化和国际化的学生。

[①] 高光、张民选:《经济合作与发展组织的三大国际教育测试研究》,《比较教育研究》,2011年第10期。

[②] 郭婧:《第三届教师专业国际峰会关注教师质量》,《世界教育信息》,2013年第8期。

第二节　经合组织职前教师教育政策

职前教师教育是教师进入教学岗位的第一道门槛,是获得专业、优质的师资的基础。经合组织的职前教师教育政策主要从职前教师教育标准、教师教育课程、教师招募这三个方面进行阐述。

一、职前教师教育标准

经合组织重视未来教师的专业标准,在2012年3月发布的《为21世纪培育教师及学校领导:来自世界的经验》中指出,在当今这个快速变化的世界中,教育需要强调的是如何培养学生的终身学习能力,培养学生的复杂性思考能力和工作方式,而这些是无法被计算机所替代的。这就意味着21世纪的教师应满足以下五方面的要求:①教师必须精通自己所教的科目,善于采用不同的方法,甚至改变他们的教学方法来使学生获得最好的学习成果。②教师需要多样化的教学策略,运用一定的方法和策略将知识及其运用相结合,包括直接的全体教学、引导、小组学习、自学和个人发现等。③教师需要深入了解一般情况下学习是如何发生的,学生的动机、情感及其在教室外的生活。④教师需要高度协作的工作方式,在同一组织或不同组织的其他教师、专业人员和辅助专业人员在一起,形成专业团体和网络来进行合作,其中可能包括实习教师。⑤教师需要获得强大的技术技能,将技术作为一种有效的教学工具,同时优化数字资源在教学中的利用并使用信息管理系统来跟踪学生的学习。①

二、教师教育课程

教师教育课程是教师在进入教学岗位前必须接受的专业训练,对于培养教师的教学理念、塑造教师的教学能力至关重要。在如何保证高质量的教师教育课程方面,经合组织通过《建设一个高质量的教师专业:来自世界的经验》报告进行了说明。

报告指出,高绩效的国家已经找到办法,在教师教育中使教师成为更加有效的行动者,在改革中发挥积极的作用。教师教育在不同国家表现出很大的差异性,然而,经合组织的研究发现了一些基本原则:②

(一)对于教师应该知道什么、能在某学科领域做什么,应该提供简明、清晰的概况说明,这样将使整个教育系统受益

这样的概况说明可以指引新教师教育、教师资格认证、教师在职评估、专业发展和职业晋升,而且可以帮助评估这些不同要素的有效程度。这样的概况说明可以反映学校的学习目标,并促进专业理解——明确怎样算是成功的教学。

---

① OECD. Preparing Teachers and Developing School Leaders for the 21st Century [R/OL]. http://www. oecd-ilibrary. org/education/preparing-teachers-and-de-veloping-school-leaders-for-the-21st-century 9789264174559-en.

② OECD(2011). Building a High-Quality Teaching Profession Lessons from around the World: Lessons from around the World[R]. OECD publishing.

（二）很多国家的教师教育专业已经开始转型，更加注重在学校情境中的专业准备，在理论和实践中寻求平衡，而不仅仅是强调学术准备

在这些项目中，教师可以更早地进入中小学课堂并在课堂中度过更长的时间，在此过程中获得更好的支持。这能包括两个方面：一是让学生做更多关于如何教学的课程作业——特别强调在艺术级的教学实践基础上（State-of-the-Art Practice）进行研究；二是学生要在大学就读期间到指定学校教学一年以上，在此期间他们应能够开发并试点创新型实践，承担教与学的研究课题。

（三）结构更加灵活的教师教育专业可以更有效地开拓教师生涯发展新路，而不仅仅是在传统方式中寻求折中办法

在职前教师教育阶段，引入专业发展需要与教师的终身学习框架建立内在联系。在很多国家，教师教育不仅仅是提供一些所谓基础的学科知识、学科教学论和教育概论知识，而且也力图培养反思性实践的技能和在职研究技能。职前教师教育日益重视在培训中发展教师的能力，从而能够迅速、准确地诊断学生的问题，并从多种可能的解决方案中找到适合于该问题的办法。一些国家培养教师的研究能力，从而使他们能够以系统的方式改善自己的实践。例如，在芬兰和中国上海，教师被培养成为实践中的行动研究者，使他们能够找到各种办法，确保起点不高的学生得到有效的帮助。

此外，一些国家还转变了教师教育系统。原有的系统是招募教师进入很多教师教育的专门学院，入学的门槛相对较低。新的系统是在大学中建立少量的教师教育学院，入学标准提高，并且教师教育学院在大学中享有较高地位。

三、教师招募

面对如何招募高质量教师的问题，许多地方的教育系统都会遇到巨大的挑战，在教师缺乏的地方这种情形体现得尤为明显。面对该问题，不同国家采用了一系列不同的策略。例如，为教师开出具有竞争力的薪酬，为教师设计良好的生涯发展前景和多样化的生涯发展路径，赋予教师作为专业人员的责任等。积极的教师招募活动可能要强调教师作为专业人员的丰富内涵，并且力图吸引那些也许没有考虑过当教师的群体。如果要使教师成为一个具有吸引力的专业，就需要通过选择性的招聘办法提高教师的地位，使教师们觉得，他们所从事的行业是一个要经过严格筛选才可以进入的专业生涯领域。教师职前教育也要更好地为新教师做好准备，让新教师能够在教育事业发展中发挥更加积极的作用，成为教育事业的设计者和运行者，而不仅仅是按照标准化的实践流程从事按部就班的工作。

经合组织在2002年的《教师需求和支持：提高教师质量，解决教师短缺》报告中指出：近年来许多国家都出现了教师短缺的现象，并且现有的教师质量不能提供理想的有效教学，此问题已经得到教育权威和政策制定者的重视。教师短缺是由多种原因造成的，各个国家制定了多样的政策来吸引新教师。

一些国家政府给予财政支持以扩充师资。美国教育部从2002年至2003年斥资3100万美元，吸引有充分能力的非教师专业人才或具有学士学位、成绩优良的大学毕业生加入教师队伍。不少国家和地区也对选择中小学教师职业的教师给予签约奖金。在美国马萨诸塞州、德拉华州、爱荷华州和纽约州等地，这一奖金高达两万美元。1997年开始，新西兰设立了教师生涯启动津贴。一些国家也对退休返聘教师给予了优惠政策。英国政府为了鼓励退休教师重返岗位，规定如果全职任教六个月或半职任教一年，养老金不会受到损失。新西兰还对到学校任教的教师提供有限度的安置津贴。除此之外，还有一些辅助的激励政策，如美国开展的军人教师项目，鼓励退伍军人加入公共教育从事教学工作。目前，已有数以千计的军人通过此项目进入美国中小学。新西兰政府则开展了一轮大型的多媒体广告宣传,鼓励离职的教师重新回到专业领域,同时吸引毕业生从事教育工作。

师资短缺的结果是教师的专业竞争日趋激烈。这一有趣的现象在英语国家尤为突出。为了展开国际竞争,吸引外籍教师,英国政府2002年4月出台新规定,将外籍教师在英的工作时间延长了两倍,还取消了以前外籍教师不能在同一所学校连续任职4个月以上的规定。新西兰则放宽了移民入境门槛,使高素质的优秀教师更容易进入,还为第一年工作的海外教师配备了教师生涯启动津贴和安置补助。[①]

经合组织看重教师招募的质量和作用。为了使教师成为具有吸引力的生涯选择,经合组织在2011年的《建设一个高质量的教师专业:来自世界的经验》报告中针对教师招募提出了以下建议:

(一) 在招募高质量教师时,教育系统不能仅仅提供充足的薪酬,还要为教师提供一个作为专业人员的工作环境

"国际学生评估项目"(PISA)的结果显示,表现最好的教育系统是为大多数学生提供友好的、高质量的教育;而表现中等的教育系统仅仅服务于一小部分精英学生。这就要求世界各国为所有学生提供卓越的教育。为了达到这一点,许多国家的教师招募政策都力图招聘到像其他领域专业人员一样好的教师。但那些能够成为专业人员的人们往往特别注重工作条件,如果学校组织的工作环境只允许教师按照预定的规则进行工作,用官僚化的管理来指引教师的工作,那么这些人们很有可能不会选择当教师。[②]

因此,许多教育系统改变了他们学校的工作组织,用专业标准代替行政管理形式,为教师提供专业工作所应具备的地位、薪酬、专业责任、专业自主权以及高质量的专业教育。同时,许多教育系统还倾向于为教师创建一个有效的社会对

[①] Santiago P(2002). Teacher Demand and Supply: Improving Teaching Quality and Addressing Teacher Shortages[R]. OECD Publishing.
[②] OECD(2011). Building a High-Quality Teaching Profession Lessons from around the World: Lessons from around the World[R]. OECD publishing.

话系统。最后，许多教育系统还创建了具有吸引力的教师聘用模式，在教师工作的稳定性和灵活性之间寻求平衡，并授予学校足够的人力资源部署权和管理权。在许多教育系统中，这些方面都日益成为国家和地方政策的核心关注点。

要做到这一点，就必须仔细地分析劳动力的供给与需求，并同时考虑如何吸引人们加入教师队伍以及如何改善教师短缺问题的策略。无论在哪个地区，政策制定者也都承认，教育质量在很大程度上取决于教师的人才库。产业部门选择专业人才的人才库是受与专业相关的一些综合因素的影响，其中包括专业地位、工作环境、个人贡献感以及经济回报等。教师政策的制定者必须仔细地考虑这些方面，尤其是那些发达经济体。发达经济体已经面临着教师短缺的问题，而且随着近期教师退休高峰的到来，该问题将更加严重。即便在教师总体供需相对平衡的国家，也有很多国家面临着紧缺学科教师的短缺问题，以及薄弱学校、偏远学校的教师短缺问题。

相关政策应该包括两个方面。第一，要考虑到教师行业的特性以及教师的工作环境。这方面的政策要提高教师的整体地位以及教师专业在劳动力市场上的竞争力。第二，要特别关注特定类型的教师短缺问题。其实，教师行业并不仅仅是一个劳动力市场，而是有一系列劳动力市场可供选择，这些劳动力市场分类的标准就是学校的类型以及任教的学科。在教师招募过程中，同样要考虑到教师自己为什么选择这份工作。据调查显示，教师们选择这份工作的理由包括：教育对社会发展具有重要作用；可以与年轻人一起工作；具有创造性；具有自主权；可以与同事们一起工作。

不同国家的实践都表明，政策可以对教师专业的吸引力产生巨大影响。必须说明的是，教师的专业地位不是固定不变的，在一些国家，教师专业地位发生了巨大的变化。在新加坡、英格兰和芬兰，通过强有力的干预措施，可以大大加强教师相对于其他行业的吸引力。一些国家采取了非常有效的措施：第一，为"非传统型"教师入职对象提供"促进"项目。第二，拓展新教师的选择标准，目的是识别最具潜力的教师候选人，包括面试、预备课程计划、教学技能展示等。第三，改变资深教师在决定教师分配中的作用，从而避免新教师被任命到更难教、更不受欢迎的学校，或者教差生，这些都会隐性地影响教师的生涯发展。第四,对于教师专业来说,还有很多素质是难以测量的(例如专业热情、责任感、对学生需求的敏感度)。在申请教师资格时,这些素质都必须给予一定考虑。相对于传统对学历和实践年限的重视,这些素质对教与学的质量产生着更为直接的影响。

新加坡在其教师培养过程中,努力鉴别、培养教师人才而不是取消相应机会。新加坡政府特别强调吸引优秀青年加入教师队伍,如果初中毕业生中前1/3 的学生愿意选择教师专业,在校期间,新加坡政府就将为其按月提供补贴,补贴的额度与其他领域中应届毕业生的工资相当。作为交换,相应的,这些未来的教师必须承诺,将至少在教师岗位上服务满 3 年。在挑选这前 1/3 的学生时,新加坡政府强调的首要因素是学术能力,同时也非常重视学生应具有教师专业道德,愿意服务于不同的学生群体。在高中阶段,新加坡就开始培养未来教师的种子,让学生参加教学见习,同时设计了职涯中期登记系统(A System for Mid-Career Entry),将真实世界的经验带给学生。新加坡同样非常注意监控不同职业的起始工资,并相应调整新教师的工资水平。事实上,新加坡希望吸引最具资格的候选人从事教师专业,并使他们在从事教师专业后能够获得像其他专业一样具有吸引力的报酬。

英国教育当局通过改革薪酬、改善工作环境、启动有效招募运动,应对严重的教师短缺问题。英国设计了一个复杂而有效的教师招募项目,由培训与发展署(Training and Development Agency)提供了坚强的政治和经济后盾。该运动花费 1.5 亿英镑委托了国际一流的宣传与招聘机构,对选择教师行业的动机和障碍做了广泛的市场调查,并提出了具有操作性的市场策略。除此之外,每个接受教师职前培训的学生都获得了一次性的、免税的 6000 英镑奖学金,从而帮助他们完成学业。对于特别短缺的学科的学生,例如数学和物理,每位学生还可以获得最高 4000 英镑的高额聘用金(Golden Hello)奖学金。该宣传运动启动三个月之内,拨打国家教师招募热线电话的人就翻了三倍。到 2003—2004 学年,所有学科的教师空编率(Vacancy-to-Employment Rate)均已低于 1%。而且,紧缺学科的教师招募取得了很大成绩,例如,新招募的数学教师数量到 2005 年几乎翻了一番。

最后但同样重要的一点是,研究表明,相对于那些与学校没有直接联系的人,与学校联系紧密的人通常对教师持有更加积极的态度。例如:在教室进行辅助工作的家长、有学生在实训项目学习的雇主。这就要求在学校和社区之间建立强有力的联系,从而加强教师的专业地位。在加强学校和家长、社区的联系时,教师和学校领导者可以发挥非常关键的作用,而这也是促进有效学习的重要组成部分。为了发挥这样的作用,教师和学校领导者应努力获得持传统教育期望的利益相关者的支持,与他们交流如何可以使学生学到更为有效的知识。同时也要与学生和家长建立个性化的联系,例如课后辅导或补充学习项目,为家长提供学习环境上的支持,进一步解释正式学习和校外生活之间的联系等。

雇主们越来越意识到,需要提供给员工好的工作条件,使他们可以在工作和生活中寻求更好的平衡,并能够把工作、家庭责任和其他活动结合起来。一些国家允许教师在专业生涯期间通过学术休假、停薪留职和企业的工作交换的形式参加兼职工作或机会来获得校外经验。尽管这些激励手段都要花费成本,但这些成本的付出能够换来的收益是教师流失率降低、教师士气提升,而且可以给学校带来新的知识和技能。

(二) 当教师真诚地不断提高自己的时候,他们的工作可能会更具价值

专业性工作的本质在于,从业者可以按照自己的专业进行工作,而不是由监督者督促工作,专业人员拥有足够的知识去作出重要决定,例如需要提供什么样的服务、如何提供这样的服务等。专业工作者主导的组织应简化管理层级,重要事项应咨询员工的意见,员工能够按照对顾客需求的分析来决定提供什么样的服务。事实上,在许多专业领域,专业人员同时也是管理者,甚至在一些国家中同样也是所有者。

芬兰通过提高入职标准、给予教师高度的责权、使教师成为"行动研究者",使得教师成为广受欢迎的专业。尽管芬兰教师已经享有了高度的社会尊重,芬兰仍在提高教师专业的地位,其手段之一是提高入职标准,另一手段则

是赋予教师更大的课堂自主权和工作条件自主权,并将这两个手段结合起来。芬兰教师利用专业能力作出专业决策来管理课堂,并对各种挑战作出回应,使所有学生成为成功的学习者,由此也使芬兰教师赢得了家长和社会各界的信任。

同样,在教育领域,政策制定者经常发现,自上而下的激励手段常常不足以带动深入、持久的实践变革,原因在于改革的聚焦点离教和学的核心太远,因为改革假设教师知道他们如何去做,但实际上教师确实不知道如何去做,还因为教师们会同时面对很多相互冲突的改革,也可能是因为学校和教师对上面的改革策略并不买账。在过去的十年中,许多教育系统都将更多的权力分配给学校校长和教职员工——教师们觉得这是教师专业之所以能够吸引人的因素之一。"国际学生评估项目"(PISA)的结果也显示出,在问责办法适当的情况下,学校和教师的自主权与学校绩效具有很大相关性。芬兰和安大略州的案例展示了集权化系统转型的重点:第一,改善教学行为;第二,特别细致地关注实施过程,注重让教师获得机会去实践新的想法,并向同事学习;第三,开发整体性策略,为教师和学生建立期望;第四,争取教师和工会对改革的支持。

在一些国家,无论教师队伍整体还是教师个人,都被赋予极大的自主权。在另一些国家,办学情况好的学校被赋予自主权,而办学困难的学校自主权就少一些。有的国家学校校长的权力比教师带头人多一点,但另外一些国家的教育行政部门仍在指导着校长的办学方向和教师管理。

"国际学生评估项目"(PISA)的结果显示,强调一线教师的专业责任与建立集中化的标准和评价并不矛盾,相反,二者可以携手并进。

(三) 可以在更广阔的背景下招聘教师,从而改善教师招募手段

世界各国都在尽力吸引不同类型的人加入教师群体,不仅仅是为了应对教师短缺,也是为了扩展教师群体的背景和经验。

以下是不同国家所采取的一些有效的技巧:第一,对具有教育之外相关经验的个体开放教师专业,而不仅仅是教师教育专业毕业生(有些国家会吸引具有产业部门工作经历的人做教师)。第二,对教育领域之外的技能和经历进行认定,并在起始工资中予以反映。第三,适当地放宽入职资格要求,比如成年的教师教育专业学生,可以允许他们在正式获得教师资格证之前就开始工作并发放工资。第四,提供更多灵活的教师教育途径:允许兼职学习和远程学习,对相关的资格和经验认定学分。这样的选择性途径可以对教师群体中比例较低的群体产生特殊的吸引力,比如男性和少数民族背景的人。

(四) 教师的工资比大多数大学毕业生都要少,但通过精心设计激励措施并灵活地加以运用,可以利用有限的资源吸引教师到需要的地方

事实上,1996年到2008年期间,所有OECD国家的教师工资都实现了增长,但仍低于其他行业同等学历毕业生的工资水平(见图3-1)。

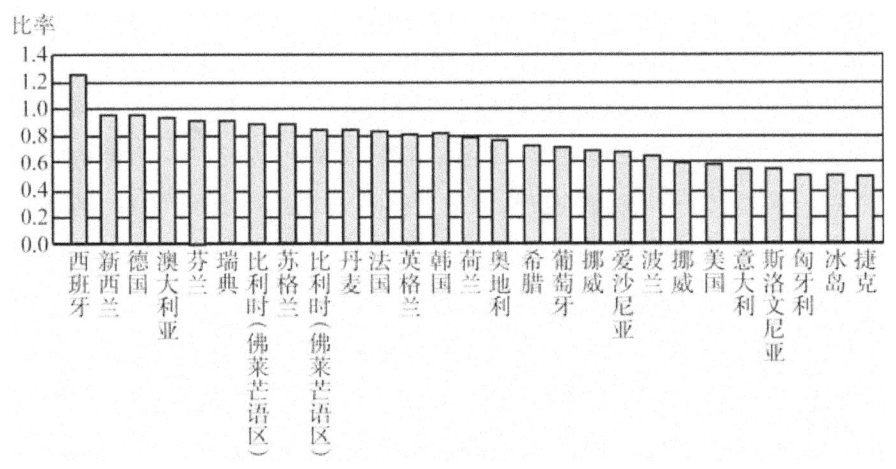

图3-1 教师工资与其他具有大学学位的员工工资之比较

资料来源:OECD. Creating Effective Teaching and Learning Environments: First Results from TALIS[R]. Paris: OECD Publishing, 2009. 表3.1

如果一名教师有15年教龄,在25岁至64岁之间的具有大学文凭的人群中,他的工资水平只有该人群平均工资水平的80%或者更低。在捷克、匈牙利、冰岛、意大利、斯洛文尼亚和美国,这个比例甚至要低于60%。然而,教师的其他聘用条件,例如假期、相对工作保障及退休金,通常要比其他专业更好。OECD的研究显示,当教师工资低于其他同等资质要求的行业时,教师的供给显得更具有价格弹性(Price-Elastic):如果增加一定的教师工资比例,潜在教师的供给就会大幅度增加。而在教师工资已经很高的国家,教师的供给就缺乏这样的弹性:如果增加一定的教师工资比例,潜在教师的供给只能少量增加。

然而,教师队伍非常庞大,如果要为全体教师涨工资,即便只增长很少的百分点,也需要很多费用。而且,教师的劳动力市场是多种多样的,教师招募的困难程度会因学校、学科和地区的差异而异。在很多国家,教师短缺和教师流失的问题在薄弱学校尤为严重。因此,一些国家对有特殊需要的学校和教师群体增加工资。例如,一些政策激励手段定位于吸引某些学科的教师,如数学、科学、技术和专业教育学科。

如果要吸引这些人接受教师教育,可以采取减免学费、奖学金和可免除贷款(Forgivable Loan)①等财政激励手段。对于特别短缺的领域,如果持有该领域的证书的话,可以认定其工作经验,并提供额外的薪酬。一些国家允许为困难地区的教师发放补充工资,为远郊地区的教师提供交通便利,或者为在短缺领域的技能教师提供奖金,从而帮助确保所有学校的教师质量保持均衡。

同样值得注意的是,还有一些非工资性的策略,例如,在困难地区或具有特殊教育需求的学校,可以减少上班时间,或者实行小班化教学。

总而言之,如果政策是要激励更多的人进入教师行业,那么就要让高质量的候选人能够得到教师岗位。最好的教师候选人在其他行业也会有很好的工作前景,他们可能不愿意排在一个很长的队伍后面,或者在困难学校从事短期教学服务。因此,作为结构优良、资源配置合理的教师选拔过程和教师培训项目,应保证最优秀的教师候选人能够得到教师工作。在遴选候选人的时候,如果降低资深教师决定的权重,可能有助于减少新教师被不恰当地任命到困难学校的风险。

---

① 获得该贷款作为学费或生活费后,如果从事教师行业满一定年限,可由政府代为偿还。

第三节　经合组织职后教师教育政策

教师在进入其职业生涯之后,学校应该为教师提供良好的工作环境,重视教师的职业发展,进行人力资源配置,鼓励教师评价与报酬挂钩。教育系统得益于教师的高质量,完善的教师职后发展政策能够对教师的职前培训、教师资格、继续发展提供有效的帮助。经合组织十分重视教师职后发展,在2011—2013年每年一次的教师专业国际峰会上,经合组织在描述和说明各国相关现状及问题的基础上,对教师职业的专业化发展提出了建议。经合组织建议各国政策制定者,寻求教师职前教育、入职培训和专业成长之间的联系,为教师创设终身学习的框架。

一、教师专业发展

教育还远远没有成为一个知识产业。虽然在其他许多领域,人们往往通过证据和实验来决定某个职业的人群应该做什么以及如何做,但教育领域不是这样。改变教学不仅仅涉及高质量的招募和职前教师教育,它也要求那些正在从事教学的人适应不断变化的需求。在职教师的有效发展需要更多的以及不同的专业发展模式、适当的专业结构和专业多样性。很多时候，课程是孤立的，与学校改革互不关联。专业发展的更有效形式往往是教师自己乐于接受的，这些教师往往愿意在这样的教育上付出时间和金钱成本。个人专业发展与集体学习是同步的，教师可以交换意见和合作，以便改善课堂实践，但是目前能以这种方式进行有效专业发展的教师并不多。通过灵活的专业发展和就业条件可以支持现有教学力量。虽然终身的工作正变得越来越少，但拥有兼职工作和新的专业发展机会，有助于提高教师专业的吸引力。

经合组织在其2011年的《建设一个高质量的教师专业：来自世界的经验》报告中提出，必须通过改造部分当前的教师队伍来实现教师专业发展。教师在其职业生涯中，应该能够适应新知识和新需求。改善教师的个人发展，以及加强教师之间的合作能够提高教学质量。[①]

在许多国家，学校的作用和职能正在发生变化，这也对教师提出了新期望。他们被要求在文化日益多元化的教室里授课。他们必须更重视在班上融入具有特殊学习需要的学生，不管是有特殊困难的学生还是有特别天赋的学生。他们需要更有效地利用信息和通信技术来开展教学。他们被要求更多地参与评价和问责框架的规划。他们也被要求在使家长参与学校的有关教育活动方面做得更多。不管教师的职前教育开展得多么好，都不能期望它能让教师做好所有准备，应对专业生涯中面临的所有挑战。因而必须开展持续的专业发展，从而使教师有条件、有机会以各种方式更新技能和知识。

教师专业发展能为多种目的服务，包括：根据学科领域的最新进展，更新个人的相关知识；根据新的教学技术和目标，根据新环境和新的教育研究，更新个人的技能和方法；使个人能够运用课程或教学实践方面的变革成果；使学校能够开发和应用课程以及教学实践其他方面的新策略；在教师与他人（如学

---

① OECD(2011). Building a High-Quality Teaching Profession Lessons from around the World: Lessons from around the World[R]. OECD publishing.

者和企业家)之间交流信息和专业知识;帮助教学水平不高的教师成为有效教师。

为了满足教师专业发展的要求,政策制定者既要考虑如何支持和鼓励教师参与,又要考虑如何确保发展机会与教师的需求相匹配。这需要财政和教师时间方面的成本保持平衡。经合组织研究确定了以下几个方面,作为成功地弥合理想学习环境和日常实践之间差异的核心。

第一,在新教师获得全日制专业教师的所有权利和责任之前,结构良好、资源丰富的入职培训可以帮助他们过渡到完全的教学责任。在一些国家,一旦教师完成了他们的职前教育,并开始他们的教学,他们会有一两年时间得到大量的教学指导。在此期间,新教师最初通常会被减少工作量,接受老教师的指导,同时继续接受正式教育(见图3-2)。

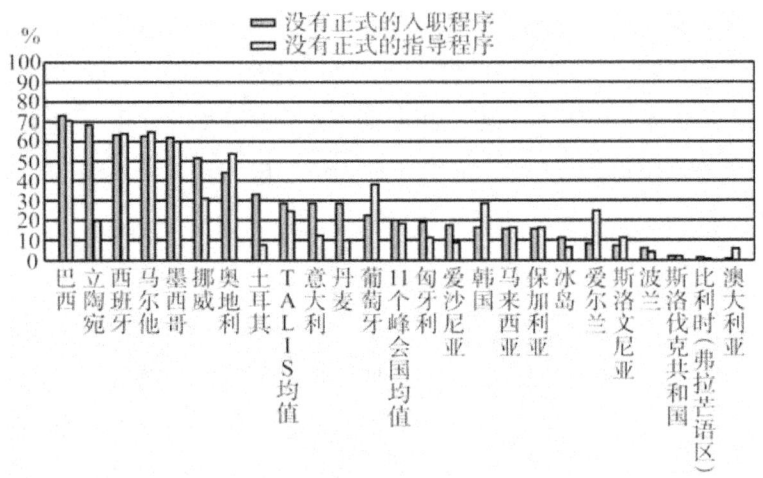

图3-2 没有指导和入职教育的教师比例

资料来源:OECD. Creating Effective Teaching and Learning Environments:First Results from TALIS[R]. Paris:OECD Publishing,2009. 表3.6.

第二,有效的专业发展需要持续进行,包括培训、实践和反馈,并提供足够的时间和后续支持。成功的项目能推动教师参与集体学习活动,并鼓励发展教师的学习型社区。

第三,教师发展需要与更广泛的学校和系统发展目标相联系,与实践以及学校评估相联系。

第四,我们往往需要重新审视阻碍跨学科实践的因素,为教师提供更多的空间,让他们顺利地开展深入学习,并采用调查研究和小组合作的方法,特别是在核心的课程和评估领域。

但是,在不同国家之间和各国内部,在职教师教育的程度有很大不同。在一些国家,持续的专业发展已经起着重要作用。上海市要求每位教师五年内开展240小时的专业发展活动。新加坡赋予教师每年100小时专业发展的权利,让教师跟上世界的快速变化,并能改进自身的实践。同时,在不同国家和各国内部,教师参与专业发展的频率和强度也有相当大的差异。和年轻教师相比,老教师往往较少参与专业发展。

美国波士顿实行了创新性的教师准备方案,其教师实习项目(The Boston Teacher Residency, BTR)让成绩优秀的毕业生准备好填补城市学校教师的短缺。该项目开始于2003年,招聘表现优秀的大学毕业生和专业人士,让他们为在波士顿的学校任教做好准备。这个项目侧重于让准教师掌握今后在公立学校有效教学所需的技能,强调临床训练以及将实习教师与经验丰富的课堂教师配对。项目初期,实习教师先在暑期学院里学习两个月,然后在第一学年,每周花四天待在课堂上,第五天上课和参加研讨会。这种方法有利于实习教师同时掌握教学的理论和实践。第一学年后,实习教师获得新教师执照和教育硕士学位,并继续获得波士顿教师实习项目的支持,形式包括入职指导、课程和研讨会,以及在学校的协作群体中承担工作。一项有关该项目对学生成绩影响的研究正在进行中,其成功的早期指标包括:招聘和选拔过程相当严格,只有13%的申请人被录取,三年下来教师的保持率为85%(远远高于美国城市学校的平均值);该项目的产出不断增加,填补了波士顿每年所需数学和科学教师的60%空缺,并得到学校校长的高度好评,96%的校长说他们会推荐其他校长聘用该项目毕业生。最近,波士顿教师实习项目得到美国教育部"创新基金投资"500万美元的拨款,该基金试图促进教师教育及其他领域大有可为的实践的发展。

教师们认为,更好的和更有针对性的专业发展是改进实践的重要杠杆。TALIS数据显示,即使不清楚专业发展在多大程度上触发或回应了新技术的引进,教师参与专业发展仍与他们掌握更加多样的课堂教学方法密切相关。TALIS数据还确定,专业发展与积极的学校环境氛围、教学信念、教师合作以及教师的工作满意度密切关联。

大多数在职培训仍旧采取一次性的形式,而不是在教师看来影响最大的"资历提升"或"合作研究"的形式。学校和系统需要更好地让专业发展的成本与收益、供应与需求相匹配。TALIS的研究结果显示,在各个国家,相对较少的教师参加他们认为对其工作影响最大的专业发展类型,即"资格项目"以及"个人和合作研究",虽然那些在这些课程上花费大量时间和金钱的人认为它们是有效的(见图3-3)。相反,那些教师认为效果较差的活动类型,即一次性的教育会议和研讨会,却有相对较高的参与率。但是,对不同专业发展活动类型的频率和强度如何影响学习结果的研究仍旧是较为缺乏的。

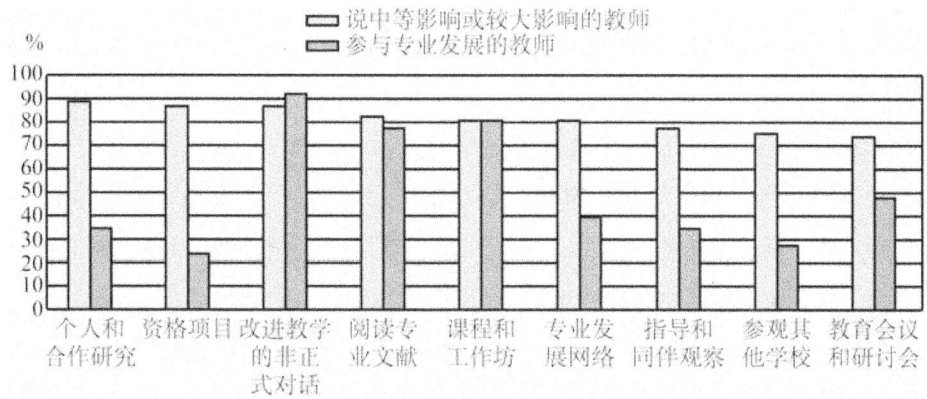

图3-3 各类专业发展活动的影响和参与比较

资料来源:OECD(2009). Creating Effective Teaching and Learning Environments:First Results from TALIS[R]. Paris: OECD Publishing. 表3.2和表3.8

教师专业发展的需求往往得不到满足,有时是因为缺乏时间,有时是因为缺乏机会。尽管专业发展活动的参与率较高，但是，大量教师的专业发展需求经常得不到完全满足。TALIS调查发现：第一，55%的被调查教师指出，在18个月的调查期间，他们希望获得比他们所接受到的更多的专业发展。未获满足的需求程度在每个国家都相当巨大，从31%到80%以上不等。第二，各国公立学校未满40岁的女教师更可能说需求未得到满足。第三，各国教师工作中发展需求最大的是"教育有特殊需要的学生"，其次是"信息和通信技术的教学技能"与"学生纪律和行为"。

是何种因素在阻碍教师的专业发展？几乎一半参与TALIS相关调查的教师提出，最常见原因是专业发展活动与他们的工作日程发生冲突（见图3-4）。然而，几乎同样多的教师认为他们缺乏合适的专业发展机会。

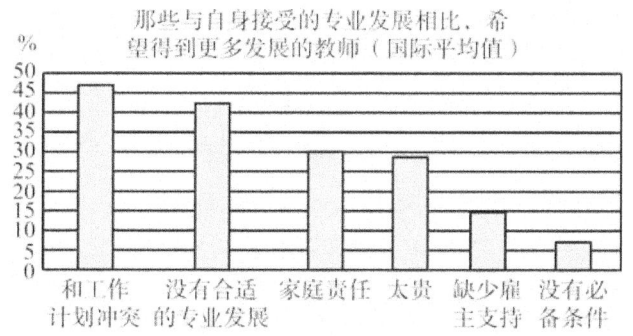

图3-4　不参加更多专业发展的原因

资料来源：OECD(2009). Creating Effective Teaching and Learning Environments: First Results from TALIS[R]. Paris: OECD Publishing. 表3.7

图3-4中列出的相关因素有可能破坏教育系统适应不断变化需要的能力，特别是在某些领域，如采用信息通信技术和服务于不同背景的学生。而教师们一致指出，他们专业发展面临的最需要解决的问题包括，学习如何处理学生学习方式和背景的差异，如何有效利用信息和通信技术，如何改善学生行为（见图3-5）。对这些问题的回答为未来措施应关注什么指出了一些方向，并表明对专业发展的供给和支持进行的完善评估是非常重要的。

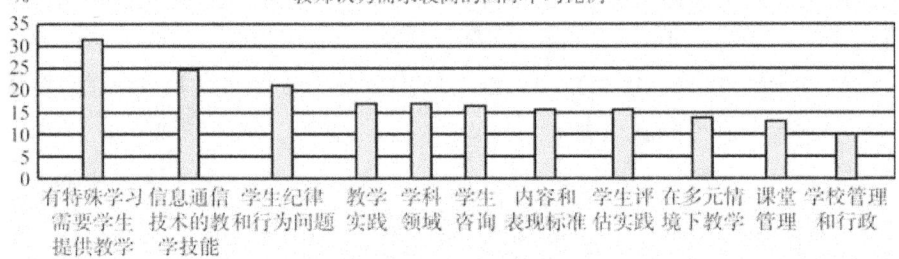

图 3-5 教师专业发展最需要的领域

资料来源:OECD. Creating Effective Teaching and Learning Environments: First Results from TALIS[R]. Paris: OECD Publishing, 2009. 表 3.4

当然,在某种程度上未得到满足的需求是预料中的事。在一些国家,绝大多数的教师指出,他们需要比目前更多的专业发展。专业发展的不足肯定会在一定程度上对这些教师的有效教学造成损害。

大多数专业发展是免费提供的。但在一些国家,支付费用的教师往往更多参与这些活动,并从中受益更多。TALIS 数据表明,即使没有任何国家的教师专业发展是完全免费的,但是大多数国家的教师认为,他们在经费的时间方面获得了巨大支持。在参与调查的国家中,平均约 2/3 的教师没有为这些活动支付任何费用,相同比例的教师获得了参与专业发展所需要的时间。学校和政府主管部门在教师专业发展上显然进行了大量投资。

相当比例的教师同意负担专业发展的成本,这一事实证明,如果找不到质量相当的免费项目,大多数教师会分担推进其专业生涯的成本。实际上,数据显示,当教师为自己的专业发展付费时,他们往往参与更多的发展活动;那些支付所有费用的教师参与的教师教育课程是免费接受这类课程的教师的两倍。这部分反映了一个事实,即支付费用的课程往往授予专业资格,并耗费更多的时间。这表明,至少当教师试图进一步发展其事业,改善收入前景时,比如当他们准备成为级别较高的校长、督学或教师时,免费供给不一定是刺激其参与的唯一途径。

2012 年,经合组织发布了题为《为 21 世纪培养教师和学校领导者》的报告,作为当年3月在美国纽约举行的第二届国际教师职业峰会的背景报告。该报告一如既往地关注教师专业发展,明确了21世纪教师所需要的技能,强调了教师培训应以市场为导向。报告还介绍了上海在发展教师教育方面鼓励教师参与行动研究和让成熟型教师指导新入职教师的有效举措。[①]

二、教师待遇

除了教师专业发展政策,教师的薪酬待遇政策也是对教师的有效激励,如何设计出有效的教师报酬体系成为每一个国家都必须面对的课题。

(一) 各国教师工资存在差异

职业晋升机会、薪金和工作条件对吸引、培养和留住熟练的优秀教师来说至关重要。由于目前教师薪金是学校教育最大的成本,所以报酬方案是决策者考虑的核心,他们一方面设法保持教学质量,另一方面试图维持教育预算的平衡。有关薪酬的决定需要协调各种相关因素,如生师比、班级人数、为学生规划的教学时间及指定的课时数。TALIS的数据显示,表现好的教育系统往往优先考虑教师质量(包括给予富有吸引力的报酬),而非其他因素,尤其是班级人数。

在竞争性的劳动力市场中,一个国家内各类学校和各个地区教师工资的平衡率,会反映教师的供需。但教育的情况一般并非如此,因为教师工资和其他工作条件往往由中央统一设定。虽然这在一些国家有所改变,特别是瑞典,政府现在只设定最低的起薪,工资由校长和教师共同协商,但在大多数国家,教师薪金和工作条件仍受政策影响,而这两者的变化也会接着影响到合格教师的数量是否能满足系统的需求。如前所述,各国教师的薪金水平大相径庭,但往往显著低于其他行业。

在瑞典,教师的工资现在由校长和教师共同协商决定,这是目前最激进的教

---

① 陈烨、生兆欣:《完善教师的职业生涯——对国际教师职业峰会背景报告的分析》,《世界教育信息》,2013年第21期。

师报酬体系之一,联邦政府确定最低起薪,校长和教师每年就教师个体的薪金进行协商。如果教师要求协助,教师工会可以参与协商。在瑞典,中央经谈判后设定的教师固定工资方案于1995年废止,这是一个一揽子计划的一部分,旨在提高地方在学校系统中的自主权和灵活性。政府承诺五年内大幅提高教师薪金,但条件是并非所有教师都有相同的增幅。这意味着没有固定的上限,中央只商定最低基本工资,并确保教师薪金总量上升。教师被聘时可与雇主就聘用初期的薪金达成协议。个体的协商涉及:①教师的资历领域:高中教师的薪金高于义务教育阶段的学校教师或学前机构的教师。②劳动力市场状况:在教师短缺更加严重的地区,教师获得的薪金更高。某些学科(如数学和科学)的情况亦是如此。③教师的表现:中央的协定要求工资的增长与表现的改进挂钩,允许学校向承担相同任务的教师支付不同工资。④教师的职责范围:如果教师比通常期望的更加努力工作,接受更多的任务,那么校长可以给予奖励。

现在,瑞典教师的工资差异比过去大得多,短缺领域的教师以及表现更好的教师可以获得更高的薪金。中央政府的拨款系统确保低收入城市可以有效地吸引教师和其他服务部门的员工,从而支撑了这一报酬体系。于1995年引入教师个体工资体系的瑞典是一个特殊的国家案例,它试图把教师工会制度的浓厚传统与磋商过程结合起来,为学校的灵活反应和非标准化的工作条件提供机会。这一报酬体系最初遭到工会和教师组织的强烈质疑,如今在工会教师中的支持率却超过70%。

在美国,根据卡内基教学专业工作小组(Carnegie Task Force on Teaching as a Profession)的建议,国家教学专业标准委员会(National Board for Professional Teaching Standards)于1987年成立,目的是"确立有造诣的教师应该知道且能够达到的严格的高标准"。标准委员会效仿其他专业的相关委员会,目的是识别杰出教师并为其发放证书,为教师的专业发展提供框架,并创造一个体系,以便杰出教师能够获得补充薪金,且在学校中承担新的职责。委员会的发展得到了美国教师联盟(American Federation of Teachers)和国家教育协会(National Education Association)的积极支持,如今它拥有25种不同学科和不同发展阶段的证书。教师需在一年多的时间里完成十项测评后,其中包括学生课业档案、课堂教学录像、影响学生学习的例证、同僚评论、专家评估和学科知识评估,才能获得标准委员会的证书。目前,九万多名教师获得了标准委员会的相关证书,32个州和700多个区为这些教师提供学费支持或补充薪金。国会曾授权对该委员会的效能进行研究,发现获得委员会证书的教师往往比没有获得证书的教师更高效。该研究总结道,现有研究"既未肯定也未否定"委员会证书可以提高效能这一说法。其他许多国家正考虑把委员会的标准和方法作为一种可能的模式。

而在美国的科罗拉多州丹佛市,教师获得的额外工资与专业的提高、好的评估结果和学生进步等因素相挂钩。这项专业报酬(Professional Compensation)制度是由区、工会和社区代表组成的联合工作组发起的。这项工作始于2002年,2004年工作组的提案得到教师表决通过。该制度最初由地方拨款,2006年起通过"教师奖励基金"(Teacher Incentive Fund)项目获得联邦政府的资助。

(二) 各国薪酬结构各不相同

对比职业生涯中不同时期的薪金水平,可以发现在教师职业生涯中工资如何增长。一些国家对教师的加薪集中在职业生涯早期,一些国家把更高的酬金留给经验更加丰富的教师,在另一些国家,教师薪金增长的幅度在其整个职业生涯中是稳定的。一些证据表明,相当比例的教师和学校管理人员不想升到学校等级体系的更高位置,比如做校长。这也许是因为升职的消极影响超过积极影响(如加薪、威望及其他奖赏)。如果情况确实如此,则可通过改变该职位的职责和要求,或改变薪金及其他奖赏,让升职更具吸引力。

在许多行业,递延报酬是激励工人的关键诱因。它奖励员工留在组织或专业中,并达到既定的绩效标准。大多数国家的教师薪金结构中,含有某种形式的递延报酬。在经合组织成员国,有15年教龄的小学、初中和高中普通教师的法定薪金,分别比起薪平均高出38%、39%和43%。此外,这三类教师从起薪到最高薪级的平均增幅分别为71%、70%和74%。

在不同国家,教师从最低薪级升至最高薪级花费的时间大相径庭。初中教育阶段,澳大利亚、爱沙尼亚、丹麦、新西兰和苏格兰教师在六至九年内可达薪级顶端,所以物质奖励的作用消失得比其他国家快。如果工作满意度和表现至少部分取决于对加薪的期望,那么当教师达到年龄收入曲线的顶峰后,可能会出现问题。

许多国家的教师薪金既有急速上升,又有平稳上升,两者在教师的整个任职期间不断变化。例如,德国和卢森堡的教师在从教的最初15年内有同样加薪机会,但此后的增长速度便大不相同。卢森堡的薪金上涨速度较快,德国的涨幅较小。所以,这些国家的决策者必须考虑如何留住经验更加丰富的教师。

(三) 各国额外薪酬有所不同

除基本的工资等级表外,学校系统越来越多地为教师提供额外薪酬或其他奖励。这可以采用酬金和/或减少课时数的形式。在希腊和冰岛等国家,对从教时间长的教师的奖励是减少其课时数。葡萄牙的教师在执行特殊任务或活动(如教育实习教师、指导咨询)时,可以得到加薪,并减少课时数。此类薪酬加上起薪,可以影响一个人进入或留在教学专业的决定。从业初期的额外薪酬可能包含为在某些地区工作的教师提供家属津贴和奖金,给予拥有高于最低标准的教学证书或资质的教师(如拥有多门学科的从教资格,或为有特殊教育需要的学生提供教学的证书)更高的起薪。有关额外薪酬的数据大致可分三类:第一,基于教师所负责任和特殊情况的额外薪酬,如额外的管理责任,或在需求较高地区或薄弱学校执教;第二,基于家庭状况或个人背景特征的额外薪酬;第三,基于教师资质、教师教育和表现的额外薪酬,如高于最低标准的资质及/或完成专业发展活动。

在经合组织成员国中,根据教师的家庭状况或个人背景特征提供额外薪酬的不足一半,且在大多数情况下,这类薪酬按年度发放。许多国家根据教师的资历、专业发展和表现发放额外薪酬。基于教师初始教育和资历的最常见的额外薪酬,是为高于最低要求的起始教育资历和/或高于最低要求的教师证书和教师教育提供的额外薪酬。大约2/3的经合组织成员国提供这样的薪酬,半数国家提供以上两类薪酬。几乎所有国家都把它们作为基本工资的标准。18个国家为成功完成专业发展活动的教师提供额外薪酬。在一些国家,校长、地方政府、地区政府或国家每年定期或不定期地调整教师基本薪金。是否把这些薪酬作为教师基本工资之外的附加物,以年度薪酬、不定期或"一次性"的方式发放,各国做法不同。

(四) 教师表现与报酬紧密联系十分困难

13个经合组织成员国和2个非经合组织成员国为有杰出的教学表现的教师提供额外薪酬。在其中2/3的国家,这是可随意支配的薪酬,在10个国家,这主要是教师薪金之外的年度额外薪酬。值得注意的是,在这15个提供额外薪酬的国家中,13个国家(奥地利、捷克共和国、丹麦、英格兰、爱沙尼亚、芬兰、匈牙利、墨西哥、荷兰、新西兰、波兰、斯洛文尼亚和瑞典)的学校可以决定是否发放额外薪酬。一些国家开始运用包括学生成绩在内的衡量方法,但大多数地方在决定是否为某个教师发放额外薪酬时依据的是同事的评判。

经合组织成员国的绩效奖励体系可分为三类:一是"绩效工资",一般根据学生的学习结果及其他方法衡量教师表现,并为表现出众的教师发放更高工资,有时还提供晋升机会。二是"基于知识与技能的报酬",一般指为教师表现出来的知识与技能提供更高的工资,而这些知识和技能被认为能够改进学生的表现。三是"校本报酬",一般是基于小组的资金奖励。支持绩效奖励的人说,奖励表现好的教师比给所有教师一样的工资更公平;绩效工资激发教师动机,改进学生表现;在学校开支与学生表现间建立更清晰的关联,可以赢得公众的支持。反对绩效工资的人往往认为,要开展公平、准确的评估是困难的,因为无法客观地测定教师的表现;它会减少教师间的合作;资金奖励不能激发教师的动机;教学狭隘地以评估标准为核心;实施绩效工资的成本过高。目前,在这方面开展研究非常困难,可靠的研究很少。

尽管经合组织成员国在绩效奖励体系方面的经验依然有限,但在奖励什么、奖励谁和怎样安排奖励等方面,经合组织突出强调了许多共同的制度设计。

1. 奖励什么

绩效奖励意味着奖励与文凭和教龄无关,它们被证实是评价教师效能的弱指标。研究表明,有效的教学是可以评估的,它与学生学习结果有关,所以理论上讲,可以把教师表现评估和学生表现评估都纳入教师报酬体系。无论选用什么样的标准,它们都应该对教师来说清晰易懂,且被一以贯之地执行。

教师表现的测量必须有效、可靠,并得到教师的认同,以确保其公平、准确。在一些国家,受过培训的评估者用标准化的规则,在多次观察的基础上评价教师的表现,而教师相信这些标准化的规则能反映自身教学实践的成功与否。测量教师表现的其他方法可能包括对学校成绩改进的贡献,或根据外部证书评价其在特殊领域的表现。

一些测量方法把学生的表现纳入教师奖励体系,这要求拥有健全的数据管理系统,能够把学生数据与教师数据连接起来。特别是,如果运用"增值"测量,数据库必须能够追踪学生的年度进展,从而明确某位教师为学生的成就作出了贡献。"数据质量运动"(Data Quality Campaign)指出这样的测量方法对数据提出了许许多多的要求。测量学生表现的方法包括测验分数、修读"提高课"的学生人数、学生出勤率、学生毕业率和学生辍学率。学生作业分析是另一种测量学生表现的方法,但它需要时间和经费。如果用测验来确定学生所取得的增值(即用统计方法,根据学生过去的表现来分析其现在的分数,从而准确地解读学校/教师对学生表现的影响),那么测验就必须有一定的设计,以便分析学生个体每一年的进步。

2. 奖励谁

一个重要的问题是:奖励教师个人、教师小组还是整所学校?每种选择都既有长处也有短处。

奖励个人:可以选拔最高效的员工,激励个体更加努力地工作,让他们感觉到可以直接通过自己努力获得奖励的机会,但可能难以把教师个体的影响与前任教师或其他因素(如学校环境)的影响区分来开。

奖励小组:把一组教师的表现视为一个整体,如年级组、学科组或其他适合学校结构与使命的分组方法。这种奖励方式有利于增进员工的团结和公平感,提高其生产力标准,可以促进教师间知识传递和相互学习,从而改进结果。奖励学校:这种方式有利于鼓励教师合作,从而确保学校达到奖励标准,但它可能存在缺陷,如淡化个人努力与奖励的关系。

任何群体奖励方法都有"搭便车"的风险,不过一些体系通过把群体控制在较小的规模,或通过设计方案来施加社会压力,监测同僚对群体表现的贡献,努力减少这一风险。另一件需要考虑的事是,是否奖励课堂教师之外的其他员工。校长和校长助理也许不上课,但他们的工作对创造有利于提高学生成绩的环境来说至关重要。

3. 怎样安排奖励

是把奖励支出作为固定的总经费,根据教师表现等级发放(如为表现最好的1/4教师发放奖金)? 还是把它作为奖金,发给每一位达到既定绩效水平的教师? 前者的好处是一开始就确定了一个区或国家将要开支的最高额度,但如前所述,会让那些觉得自己不可能做得比同事更好的教师灰心丧气。但当教师评价或学校评价考虑到环境因素(如社会经济背景、以往成绩),让为最薄弱的学生提供服务的教师看到自己有获得较好评价的希望,那么这种抑制作用便会有所减少。

新加坡建立了一个一致、全面的教师评价与发展体系,确保优秀毕业生能够在从业初期获得与其他专业相比具有竞争力的薪金。为此,它在教师的整个职业生涯中,把各种激励措施融为一体,并与系统目标保持一致,使之能够挑选和留住有效的教师。这一体系与时俱进,遇到新问题或新情况时,便会作出改进。

新加坡教学队伍可根据年度评估结果,获得相当于基本工资10%—30%的绩效奖金。新加坡的"强化绩效管理体系"(Enhanced Performance Management Systems)中包含一项教师评估,评价其对所教学生学业和品格发展的贡献、与家长和社区团体的合作,以及对同事的发展和整个学校的贡献。工作表现杰出的教师可从学校的奖金总额中获得一份奖金。评估也明确指出需要作出改进的地方,作为制定下一年个人专业发展计划的基础。每年,所有教师都可以获得无需其付费的 100 小时专业发展活动时间,用来推进其个人发展计划。表现糟糕的教师会得到帮助,以便其提高,未能提高的教师则被解雇。

此外,教师每年还会获得补偿金,补偿其提高知识与技能、订阅专业杂志、语言学习或技术培训的费用。为了留住有效教师,新加坡还提供富有吸引力的退休金。

另一种方法是给达到既定绩效水平的学校或教师固定奖励。这就需要明确说明教师为达到这一要求,必须做些什么。它让更多教师有可能赢得奖励,鼓励他们提高技能,更有效地工作,但它可能会增加用于奖励的经费数额。在给教师的奖励支出上食言,必然会令奖励方案失败,因为教师会质疑方案所代表的提高绩效的承诺。是把等级排序标准还是固定表现标准作为绩效工资的基础,也许取决于可用的资源,但各国也可以选择将两者合一。

三、教师评价

经合组织对教师教育的关注点发生了一些明显的变化,其关注的主题越来越具体。从 2011 年对教师政策的全局性关注,到 2012 年关注学校领导的培养和突出强调按市场供求培养未来教师,再到 2013 年以教师评价为焦点展开讨论,可以说,经合组织的关注内容越来越明确,在对各国政策描述和调查的基础上,提出的政策建议也越来越具有针对性。

2011 年,经合组织在其发布的《建设一个高质量的教师专业:来自世界的经验》报告中对教师评价进行了详细的讨论。

(一) 寻找有效的教师评价体系

近年来,教师评价的作用发生了变化。过去,大多数国家的教师评价以监测为核心,确保其奉行中央制定的程序、政策与实践。现在,在大多数教育系统,教师评价的新途径试图通过促进教师专业发展,让教师负责,改进学习结果。①

留住有效教师不仅意味着所有教师都有持续改进和高水平工作的机会、支持与动机,而且意味着低效的教师不滞留于这一专业。在公开讨论中,一些群体希望主要关注后者,因为这有损于绝大多数教师的形象和成就。而另一些群体不愿意承认低效教师真的是一个问题。

有效的教师评价有助于改进教师的实践(改进功能)。这包括帮助教师了解、反思和调整其实践。教师评价还可以促使其对自身提高学生学习的表现负责(问责功能)。这通常需要绩效导向的职业晋升与/或工资、奖金,一些国家可能对表现不佳的教师给予处罚,还往往在教师职业生涯的某些节点评估其表现。

但同时,实现上述目标是比较困难的。将改进功能与问责功能融入同一个教师评价程序会面临许多挑战,对不同模式的成效开展比较研究也只是刚刚起步。例如,当评估以改进校内实践为目标时,教师往往愿意暴露自己的不足,以便更有效地确定发展需求和教师教育方向。但当教师觉得评价可能对其职业生涯和工资带来影响时,他们就不太想暴露自己的不足,而以评估者和被评估者间互信为基础的改进功能可能遭到损害。在实践中,各国往往对这些方法进行组合,使之能满足多重目的。

除此之外,任何教师评价体系都必须审慎施行。这包括调和各有关方面的利益,仔细分析各种政策抉择及其可能的影响,并与各有关方面就此进行探讨,以便达成共识。教师可以而且确实积极地看待评价和反馈。例如,80%参加TALIS调查的教师说,评价有助于发展其教师工作;几乎半数教师说,评价带来了教师发展或培训计划,有利于其改进教学。确保教师积极看待此类评价的一个方法,是让他们参与学校评估,特别是组织学校自评,把它作为教师承担责任的集体过程。

---

① OECD(2011). Building a High-Quality Teaching Profession Lessons from around the World: Lessons from around the World[R]. OECD publishing.

虽然教师评估标准也评价教师资格和课堂中创造的学习环境等重要因素,但其核心是学习结果。尽管提高学生的成绩是教师工作的核心目标,但其不是衡量教学质量的唯一尺度。在各经合组织成员国,评判教师的是一系列标准,例如:教师资格,包括教师文凭、工龄、学位、证书及其他相关专业发展;教师在课堂中如何行事,包括态度、期望和个性,以及与学生互动时采用的策略、方法和举止;在评价教师提高学生成绩的程度,及其自身专业知识和教学实践的基础上,衡量教师效能。

在各国,评价这些标准的工具各式各样,包括标准化学生评价分数、课堂观察、学生给出的评分、同僚评分、校长和/或管理人员评分、自评、教师访谈与卷宗、家长评分、能力测试和其他间接的测量方法。但关键是这些标准必须与国家和学校的目标相一致。教师评价可以突出学校政策目标的重要性,激励教师和校长达成这些目标。

(二)最大限度地扩大教师评价的影响

虽然许多国家有创新的教师评价体系,但在一些国家,评价体系仍较为罕见或影响有限。在参加 TALIS 调查的教师中,有 1/5 的教师所从教的学校在过去五年中没开展过自评,1/8 的教师在过去的 18 个月里未获得有关其工作的评价或反馈。此外,只有少数教师说评价和评估影响了他们的专业发展(1/4)、职业晋升(1/6)或工资(1/10)。3/4 的教师说,他们教学质量的提高不会得到承认;相同数量的教师说,他们的创新不会得到奖励;只有刚刚超过 1/4 的教师说,教师会因为一贯表现不好而被解雇。这在以下学校系统更是令人担忧的缺陷:这些系统鞭策教师在快速变迁的学习环境中寻找创新的教学方法,但更倾向于按年资而非自我发展或革新给予报偿,即便教师表现不佳。

这表明在改进评估、评价和反馈的影响方面,存在巨大的空间。一些国家的经验显示,评价和改进之间的关系可以是低调和低成本的。评价可以包括自评、非正式的同僚评估、课堂观察、结构性交谈以及校长和富有经验的同僚的定期反馈。除表彰优质教学、识别需要改进的方面外,评价还可以为奖励好教师提供基础。计时津贴、公休、开展校本研究的机会、支持其攻读研究生或提供在职学习的机会,只是奖励模范表现的几个例子,如果因预算紧张无法提高工资,便可给予这样的奖励。

改进后的评价和反馈可以对教师产生好的影响——提高其工作满意度,推动其个人发展,有效促进教师实施个人发展的优先项目。TALIS 调查的数据显示,当教师获得有关其工作的反馈时,他们更倾向于认为反馈是公正的,而不是一种威胁。平均而言,参加 TALIS 调查并获得反馈的教师中,8/10 认为反馈是公正的,在除韩国之外的其他所有国家,这一比例超过 60%。3/4 以上的教师还认为这有助于自己的工作,大多数教师说这提高了其工作满意度,推动了教师发展,且未降低工作的安全感。这些发现是重要的,因为有人担忧与问责挂钩的评价和反馈对教师不利。此外,评价有助于教师树立自信:在 TALIS 调查中,教师得到的有关其工作具体方面的反馈越多,他们就越相信自己在这些方面的能力。他们还说,具体的评价为教学中的这些方面带来了变化。有时候,评价的焦点反映了学校评估的重点,帮助决策者建立起一个框架来影响教师的工作,并在教师工作政策与改革及教学实践之间建立协调的关系。

研究表明,强化教师评价和反馈体系还有助于校内教学技能的发展。例如,进一步强调学校教育的评估框架,可以强化学校评估与教师评价和反馈之间的关系。评价结果也常被用于制定教师个人的专业发展计划。反之,加强评价与职业晋升之间的关系有助于解决教师所说的对其发展极度缺乏认可,教师奖励未与其表现适当挂钩的问题。

这一切表明,如果学校和学校系统的评估文化是建设性的、合作的和形成性的,就有可能克服对评价实践的忧虑。对决策者、管理者、校长和教师来说,这些发现强调了评价和反馈对教师个人及教学发展的双重效益。

把认可和奖励与教师效能相结合,不仅指实施评估,还要求校领导采用有效方法,鉴别好的表现。在接受调查的教师中,说校长不能鉴别有效教学的教师人数,几乎四倍于说自己最近没有得到评估的教师人数。这一事实表明,必须在评估后有所跟进。这强调了:教师评价有效性的关键,是确保那些设计评估活动、开展评估活动和使用评估结果的人,都具备所需的技能。特别是,成功的反馈机制要求相关人员清楚地知道自己的职责,并为履行其职责建设所需的能力。

因此,利用反馈来改进实践的能力,是确保评估和评价程序有效的核心。为改善表现而开展评价,要求把教师等行动者纳入学校发展和改进的过程。所以,把评估和研究技能的培养一起纳入教师的职前教育是恰当的。同样,校领导的培养应该包含教育领导力,其中应对反馈机制给予一定的强调。督导等特殊群体也有很好的条件,参与塑造和传播学校评价与教师评价等方面好的实践。

教师认为评价和反馈有助于其发展,这说明这些体系也有助于学校的改进。教师评估及后续反馈可以帮助有关人员作出更明智的抉择,从而改进学校。

第四节 经合组织教师教育政策对中国及成员国的影响

一般来说,国际组织对于教育的影响主要通过传播全球教育价值与规范,研究全球教育制度与问题,开展教育援助与开发来进行。经合组织作为世界上重要的国际组织,通过组织强大的政策优势与人力、资金资源,积极开展专门的教育政策和教育计划的研究,依靠一定渠道来影响各国的教育发展政策。[1] 经合组织在政策层面和实践层面对其成员国的教育发展都产生了深远影响。虽然中国并未成为经合组织的成员国,但是经合组织的教育研究对我国仍然具有借鉴意义。

一、对中国的影响

由于国际组织在国际社会中的特殊地位和作用,参与国际组织重大的政治、经济与文化活动,就成为衡量一个国家参与国际活动能力的重要指标。由

---

[1] 杨启光:《国际教育组织及其对国家教育发展的影响论析》,《西南大学学报》(社会科学版),2012年第6期。

于中国并非经合组织成员国,经合组织教师教育政策对中国的影响主要集中在两方面:

(一) 国际组织教育学术研究

近年来,国内的学者对于经合组织的研究热情持续高涨,通过中国知网的检索,以"OECD"和"教师"作为关键词,得到的检索结果共有4204条,其中2000年有28条,2001年有60条。此后迅速增加,在2008年有318条,2012年有666条,2013年有708条。可见对经合组织的教师教育研究日益受到重视。

学者从教师发展的各个方面对经合组织的政策进行深入研究,涉及教师政策、入职指导、教师队伍建设、薪酬状况、教师继续教育、领导力建设等多种个方面。通过研究分析,对比我国教师教育发展现状,一些学者指出了我国存在的问题,并提出了可行的建议。如张倩、李子健研究了TALIS2010教师专业发展主题报告后,指出:"要提高中小学教师队伍整体素质,造就一支高素质、专业化的教师队伍,迫在眉睫的是转变教师培训思路,提高教师专业发展活动的效能,这需要在国家教师培养政策层面,以开展专业资格认证为手段,推动教师教育与教师专业发展的制度化融合,建构教师专业成长的连续体;在地方教师专业发展方案层面,以满足教师实际需求为动力,提升教师的专业学习意愿;在区域教育系统层面,以建立长效机制为愿景,跟踪教师专业发展活动的效果;在学校组织层面,以学校脉络为立足点,鼓励教师进行反思实践和探究协作;在教师专业发展活动的组织者层面,以实践情境为依托,发展对教师学习的理解和支持。"[①]

这些对于国际组织的学术研究避免了我们被动卷入世界发展趋势,而是积极参与,为我所用,将西方教育的一些指标作为我们的参照系,来检视我国的教育发展效能。

---

① 张倩、李子建:《国际比较视域下的教师专业发展——以TALIS2010教师专业发展主题报告为基础》,《教育发展研究》,2011年6期。

（二）国际组织教育活动参与

上海从 2010 年开始参与 PISA 项目，从 2014 年开始参加 TALIS 项目。PISA 项目作为一个全世界范围的项目，在世界教育领域被看作是风向标。PISA 是对于我国上海初高中生的测试，一定程度上反映了我国学生的质量，而教师对于学生的成绩有着不可磨灭的影响，从我们优秀的学生身上也可以一窥我国教师的素质。上海两次在 PISA 项目中取得世界第一的成绩，对于我国和上海的教师教育来说，是一个重新审视自我、振兴自信、改进不足的绝佳时机。不同于过去一味唱衰我国教育制度的论调，PISA 给予了我们一个全新的视角来审视我们的教师，让我们对未来的教育充满信心。

二、对成员国的影响

经合组织成员国已将经合组织的教育指标作为他们自身教育发展的参照指标。通过经合组织的各种指标体系，可以清晰地探查出成员国的教育问题和成因，成员国政府能够积极响应、及时解决问题，从而维持经济的稳步发展和社会的长久安定。

在 20 世纪 90 年代，经合组织的调查显示，其成员国在未来将面临非常严峻的中小学教师短缺问题。美国在未来十年将需要 200 万名新教师，但是按照当时的培养数量，远远无法满足需求。因此美国开始采取一系列措施来应对。首先，美国政府推出了一项"向教学转变"的计划。2002 年，又斥资 3100 万美元设立 42 个资助项目以丰厚条件吸引新教师。这些政策虽然不能完全解决教师短缺问题，但是已将损害最小化，保障了青少年儿童接受高质量的教育。[1]

---

[1] 汪怿：《OECD 国家紧急应对中小学师资短缺》，《外国中小学教育》，2003 年第 12 期。

第四章 世界银行教师教育政策

世界银行(World Bank)是世界银行集团的俗称,成立于1945年12月27日。成立之初,"世界银行"这个名称一直是指国际复兴开发银行(International Bank for Reconstruction and Development,IBRD)这一单一机构,它的使命是向发展中国家提供低息贷款、无息信贷和赠款,帮助在第二次世界大战中被破坏的国家重建。如今,世界银行已经发展成为一个由国际复兴开发银行(IBRD)、国际开发协会(International Development Association,IDA)、国际金融公司(International Finance Corporation,IFC)、多边投资担保机构(Multinational Investment Guarantee Agency,MIG)和国际投资争端解决中心(International Centre for Settlement of Investment Disputes,ICSID)五个联系紧密的成员机构组成的集团,并且世界银行的首要目标也改变为实现包容性和可持续性的全球化,减少贫困,致力于建立一个没有贫困的世界。不过,国家战后的重建仍是其工作的重要内容。[1]

世界银行于20世纪60年代初开始为发展中国家提供教育贷款,直到今

---

[1] World Bank. History[EB/OL]. http://www.shihang.org/zh/about/history.

天已经成为世界上最大的多边教育援助机构,它已经为88个发展中国家提供了教育援助和政策咨询等服务。①世界银行对这些国家在教育领域的物质帮助使得这些国家不仅得到了物质条件的改善,还增加了弱势群体的教育机会。②

  世界银行高度重视教师教育,出台了一系列报告和文件,对一些发展中国家产生了较大影响,比如1994年《高等教育:来自经验的启示》(Higher Education: The Lessons of Experience)、2004年《点名:孟加拉国教师的缺勤率》(Roll Call: Teacher Absence in Bangladesh)、2004年《世界银行中等教育报告》、2005年《学会在知识社会中教学》、2006年《贫困人口的有效学习:认知神经科学前沿的视角》(Efficient Learning for the Poor: Insights from the Frontier of Cognitive Neuroscience)、2007年《世界银行发展报告:发展与下一代》、2009年《印度的中学教育:普及机会》(Secondary Education in India: Universalizing Opportunity)、2009年《教师教育的质量保障:教师教育者和职前教育项目政策概述》(Teacher Educational Quality Assurance: Teacher Educators and Initial Education Programs Policy Brief)、2010年《初等教育中受过培训的教师》(Trained Teachers in Primary Education)、2010年《提高教师教育》(Improving Teacher Education)、2011年《使学校运行:来自问责改革的新证据》(Making Schools Work: New Evidence on Accountability Reforms)、2014年《印度尼西亚的教师改革:政治和证据在政策制定中的作用》(Teacher Reform in Indonesia: The Role of Politics and Evidence in Policy Making)等。

---

  ① 孔令帅:《透视国际组织教育政策背后的运作逻辑——以世界银行和经合组织为例》,《比较教育研究》,2011年第10期。
  ② World Bank. Education for Development: An Analysis of Investment Choices [EB/OL]. http://documents.worldbank.org/curated/en/1987/01/440702/education-development-analysis-investment-choices.

第一节 二战后世界银行教师教育政策的发展演变

世界银行教师援助项目的援助重心并不是一成不变的,它会随着时代的经济、社会和政治的发展以及被资助国家出现的教育问题而发生改变。世界银行的教师援助项目正式开始于 1962 年,此后,它的项目侧重点发生了许多重要的变化。概括起来,共分为四个阶段:

一、注重教师教育的实用性阶段
(20 世纪 50 年代初—70 年代初)

世界银行对教育的关注,最初起源于人力资本理论。世界银行发现,在促进国家的经济发展中,人力也是不可缺少的资本,因为与经济相关的设施建设工作需要相关的技术援助和支持,这就产生了对人才和劳动力的需求,但是向国外聘请这些人才的金钱花费非常高,最有效的方法便是在本国培养需要的人才和劳动力。[①] 因此,世界银行在这一阶段对教育的资助主要以实用性为导

---

① 沈雪霞:《提高基础教育质量:世界银行的立场》,华东师范大学硕士论文,2011 年,第 20-24 页。

向,强调教育必须为国家经济的发展服务。

1963年10月,世界银行总裁乔治·伍兹(Geroge Woods)发表教育政策报告书《世界银行拟议的教育政策》(Proposed Bank/IDA Policies in the Field of Education),开宗明义地提出主张:"在国家发展历程中,教育居关键重要地位。大多数的发展中国家最急迫需要的是:①扩充技术与职业教育和训练,包括技术学校、农业学校和商业学校和企业行政;②扩充普通中等教育,提供政府、工业、商业和农业中级管理(Middle-level Management)人才,让更多人进入高等教育和专业职业训练,以及培育更多的初等学校教师。"①

同时,世界银行对发展中国家教育经费的援助有着严格的限制,要求其只能用于发展中国家教育的实用性方面,例如信息技术、职业教育和教师培训等方面。它规定:教育经费的援助只能用在工程、技术、管理或者与世界银行项目密切相关的职业教育等方向,不能用于资助小学教育和文科院校方向。② 20世纪50年代初到70年代初,由于所有的国家都坚信,对于教师培训的援助能够提高学生的学习成绩,从而使学校教育质量也会不断地得到改善,并且培养出适合社会经济发展的优秀人才,因此,世界银行在这一时期十分注重教师尤其是职业技术教育的教师培训方案。

二、重视教师教育的效益评估阶段

(20世纪70年代初—80年代中期)

在1974年,一项对于拉丁美洲国家的"教师培训是否能够决定学生成绩"的研究表明:大学毕业直接上岗教学的教师教授的学生表现与接受过培训的普通学校教师教授的学生表现同样优秀。此研究结果导致发展中国家一直以来坚信的结论产生了变化。同时,许多发达国家也开始质疑教师培训的重要

---

① 殷敏:《世界银行对非洲教育援助政策研究》,浙江师范大学硕士论文,2011年,第13-33页。
② World Bank. Education for Development: An Analysis of Investment Choices [EB/OL]. http://documents.worldbank.org/curated/en/1987/01/440702/education-development-analysis-investment-choices.

性:"迄今为止的研究发现学校资源的多少对于学生的成果输出,特别是成绩,并没有产生明显的影响。"

为了审查上述问题,世界银行委托了第三方对"教师培训质量和学生成绩两者之间关系"进行了研究。研究发现,上述的对教师培训的质疑结果在发展中国家的经验中是不合理的。此后,世界银行又审查了32份报告,得到的结论是,发展中国家的教师培训能使学生的学习成绩变得不同,教师的任职资格、经验和大量的知识都和学生的成绩息息相关。这一结论因为国际能源机构(IEA)对19个国家的学生科学成绩的数据进行分析而变得更有说服力。而且,分析还表明,如果智利和印度的教师培训水平提高,那中学生的考试平均分数也会增长。这也表明,国家对教师培训项目的投资将会提高学生的认知分数。①

因此,世界银行在此后的时间里主要是注重于对于1974年的教师教育的结论进行验证,并结合各个发展中国家的国情,制定适合各国的教师教育的政策,而不是盲目地注重实用性。

三、关注教师教育的软件设施阶段
（20世纪80年代中期—21世纪初）

到了1985年,世界银行开始针对发展中国家的基础教育(包括非正式教育)进行援助,其中包括对课程改革、教科书修订和其他软件设施的援助。并且,世界银行制定了教育援助战略的五条原则:①在有效资源和条件允许的情况下,基础教育必须提供给所有的孩子和成人。且经过一个长期的时间后,正式和非正式教育的体制发展必须达到所有等级。②为了增强社会的多元化和公平性,教育机会的提供必须无性别、种族背景或社会与经济地位的差异。③教育体制应努力实现在管理、分配和利用有效资源上的最大内部效益,通过增

---

① World Bank. Efficient Learning for the Poor: Insights from the Frontier of Cognitive Neuroscience [EB/OL]. http://documents.worldbank.org/curated/en/2006/06/6892301/efficient-learning-poor-insights-frontier-cognitive-neuroscience.

加数量来改善教育的质量。④教育应该与工作和环境相关,以保证能够运用定性和定量的研究来提高有利于经济、社会和其他发展必要的知识和技能。⑤为了达到以上的目标,发展中国家需要完善和保持他们的教育机构能力,以便来设计、分析、管理和评估教育培训的项目。①

通过上述五条原则可以看出,世界银行对于教育的政策开始关注软件设施,对于教师教育政策也同样如此,不仅关注教师培训是否能够获取合格证书,也开始关注教师培训的公平性和有效性以及教师培训课程等方面。

此外,在 20 世纪 90 年代初,在世界银行不断强调基础教育重要性的同时,一些关注高等教育功效以及高等教育衰退带来长期负面效应的报告开始受到重视。②世界银行 1994 年的报告《高等教育:经验与教训》(Higher Education:The Lessons of Experience)的重要主题就是提倡高等教育发展的多样化,其中也指出了高等教育中存在的教师人员不足的危机:由于许多国家的教师工资低于其实际工资,因此,高等教育的公立机构难以吸引和留住合格的教师,优秀的教师会跳槽到收入条件更好的学校。因此,世界银行提出了一系列关于改善高等教师教育的政策。③

可以看出,世界银行在这一阶段并非像前几个阶段一样只侧重于职业技术教育与基础教育的教师培训政策,也开始侧重于高等教育的教师发展,强调教师教育存在的危机。

---

① World Bank. Education for Development: An Analysis of Investment Choices [EB/OL]. http://documents.worldbank.org/curated/en/1987/01/440702/education-development-analysis-investment-choices.
② 牛长松、殷敏:《世界银行对非高等教育政策及其影响》,《比较教育研究》,2009 年第 11 期。
③ World Bank. Higher Education: The Lessons of Experience [EB/OL]. http://documents.worldbank.org/curated/en/1994/05/437287/higher-education-lessons-experience.

四、发展教师教育的多样化阶段

（21世纪初至今）

自从20世纪90年代初全民教育运动兴起以后，世界银行越来越重视教育，越来越多地参与教育活动。世界银行的教育资助和教育政策开始自成一套管理体系，还单独设立了教育主管部门。该部门是世界银行开展教育事务活动的执行机构，专门负责制定世界银行的教育政策，实施教育援助项目，定期发布《教育部门战略》(Education Sector Strategy)，或是对之前的行动进行总结与评论，或是对接下来的行动进行展望。

这一时期世界银行的教育领域的活动有很多主题，大主题之下还分设小专题。例如其大主题有"全民教育"(Education for All)、"教育经济学"(Economics of Education)、"为知识经济的教育"(Education for the Knowledge Economy)等，而在"全民教育"这个大主题之下又有"早期儿童发展"(Early Child Development)、"快速轨道计划"(EFA Fast-track Initiative)、"教育与弱势"(Education and Fragility)等小专题。[1] 这些主题、专题的区分表明世界银行在教育领域的项目越来越细化、多样化。同样，世界银行的教师教育政策也变得更加多样化，并不仅仅局限于教师的培训项目，世界银行发布的报告《点名：孟加拉国教师的缺勤率》(Roll Call: Teacher Absence in Bangladesh)除了提到教师培训的方案之外，还提出了教师的工资、出勤率等问题，并针对这些不同方面的问题提出了一系列的发展举措。

世界银行教师教育政策的发展演变向我们展示了世界银行在教师教育领域的政策和项目是根据对时代的教育以及相关领域的认识和判断的变化做出调整的，并不是一蹴而就的，也不是一成不变的，而且世界银行教师教育项目越来越强调定性和定量相结合的研究，日益强调依据各国教师教育的实际问题来给予帮助，并更加关注教师教育援助项目的公正性和有效性。总的来说，世界银行的教师教育政策的发展日益成熟。

---

[1] 沈雪霞：《提高基础教育质量：世界银行的立场》，华东师范大学硕士论文，2011年第20—24页。

第二节　世界银行职前教师教育政策

教师作为教育领域的主要工作者,教师教学能力对国家教育事业的发展起着至关重要的作用。世界银行从开始关注发展中国家的教育问题以来,就将"教师"作为发展教育事业的重点,因此世界银行制定了许多教师教育政策来促进发展中国家的教育发展,这些政策涉及教师教育的众多方面。

一、教师教育课程

一直到现在,教育者们关于职前教师教育课程本质的争论从未终止,他们的争论始终围绕着职前教师教育课程是支持"学科方面的知识内容"还是崇尚"教学、教法或者其他相关知识的学习"。传统的观点认为,职前教师教育的课程应该是关于教师怎样进行课堂管理、怎样进行有效教学以及怎样对教师自身的教学进行评价等相关知识的学习。同时也有研究证明,教师对"教学、教法或者其他相关知识的学习"与学生的学习成绩有着更加密切的联系,而不是"学科方面的知识内容"。

但是,最新的研究发现,职前教师们学习"学科方面的知识内容"更重要。

"学科方面的知识内容"指的是教师对特定年级的学生教授的特定学科领域和教法的具体知识和技能。"学科方面的知识内容"意味着职前教师能有效地对学生教授阅读、写作和理解方面的知识,而不是简单地解释单词的意思;意味着职前教师们能使年轻人在较深的层次水平来理解数学,并且在实际生活中运用这些算术技能,不仅是只会算术的运算;意味着职前教师们能使学生将外语作为有用的沟通技巧,不仅是单纯地阅读或解释外语;还意味着使学生拥有在日常生活中运用科学的能力,不仅是认为科学知识是对事实的记忆。① 因此,世界银行认为职前教师教育课程的本质是关于学科方面的知识内容。

此外,大学教师的课堂教学氛围也很重要。2014年,世界银行在《印度尼西亚的教师教育改革:政策及其制定的依据》(Teacher Reform in Indonesia: The Role of Politics and Evidence in Policy Making)报告中也提出了当今教师教育改革的重点,认为重点要放在关注教师的课堂教学上,教师的课堂教学不仅包括持续长久的、切合实际的自我学习,还涵盖了教师教育、研究、合作、指导、反馈的教育文化的创造性以及可持续的教师专业发展。世界银行指出,教师教育的改革是个全面深入的过程,并不是断断续续,零碎杂乱的。各国未来发展教师教育最好的战略就是针对学校整体进行改革,其中包括全体教师、学校领导、家长教师会,而且社会也将作为一个整体进行参与。②

二、职前教师的培养方式

(一) 加大师资培训机构的投入

在印度,由于公立和私立学校都必须达到"十一五规划"招生指标,因此产

---

① World Bank. Teacher Educational Quality Assurance: Teacher Educators and Initial Education Programs Policy Brief 4[EB/OL]. http://documents.worldbank.org/curated/en/2009/12/16465551/teacher-educators-initial-education-programs.

② World Bank. Teacher Reform in Indonesia: The Role of Politics and Evidence in Policy Making [EB/OL]. http://documents.worldbank.org/curated/en/2014/01/19456226/teacher-reform-indonesia-role-politics-evidence-policy-making-vol-2-2-executive-summary.

生了对新教师的巨大需求。中央和地方政府提出要增加公共资金的投入来加强对教师教学技术的支持,特别是公共资金需投放在供不应求的职前教师的培训上(例如数学专业)。同时,职前教师的培训仍可能需要私人机构来提供,但是,民办教师培训机构在职前教师教育的公共认定方面需要增强和提高透明度。中央和地方政府对于这些机构的公共资金投入需要增加,要对这些机构的改革和质量的提高进行奖励。

(二) 发展多种教师资格证书的路径

虽然印度某些地区(如喀拉拉邦)的职前教师能力培训过剩,但是像印度这样的发展中国家的职前教师,最缺乏的还是对其能力的培训。世界上很多发达和发展中国家需要面对的问题均是如何促进不同方式的教师资格认定。例如,英国"教学先行"的两年项目,它是为那些期望走上教师岗位的教师候选人、毕业后暑假期间希望增强就业基础的准教师、在第一年的教学中希望获得额外的支持与培训并在第二年的教学之后能够达到顶峰的新教师所准备的项目。在美国,有超过20万的新教师通过50个地区的47种路径获得教师资格证书。因此,开展针对不同群体的不同教师资格认定方式是十分有必要的。而世界银行正在这样做,它主张采用"多选择的教师资格认证项目"来支持职前教师的资格认定,该项目共包括四种不同的职前教师培养方式,职前教师们能够灵活选择任意一种或者多种方式来接受教师资格认定。

第一种方式是短期的资格培训项目,即教师们利用周末或者假期的时间在有相应资质的师资培训机构或者大学完成培训,也可以利用多媒体广播、电视、网络和文本的远程学习方式来获得教师资格。第二种是监督在职培训项目,也就是说职前教师在某位"大师级"的老师或监督者之下,通过远程学习或者亲自学习和工作来完成认定。第三种是前期学习的鉴别方式,此方式通常是考查职前教师前期所学的专业技能。第四种则是书面测试,它没有一定指标,也没有额外的课程作业、文件或者对前期学习的认证,但是在很大程度上能够通过测试来区别素质较好和较差的职前教师。

"多选择的教师资格认证项目"受到众多的支持者推崇和赞赏,他们认为该项目是以市场为导向,专门为在地理区域和学科领域需求较大的教师设计,体现了对教师们的关怀。其次,该项目的实施能够有效地消除人为的和不必要的许可要求,国家和地区按照标准来聘任教师,也无须管理过多的职前教师。再次,该项目的早期就将招聘到的有前途的老师任命到具体教学岗位中去了,能够增强培训项目的效能。最后,该项目能够促进职前教师们与"大师级"的老师们一起工作交流,有利于职前教师们吸取大师们的优秀教学经验,快速成长为一名优秀的教师。

"多选择的教师资格认证项目"提高了国家或地区与负责培训的机构之间的合作,从而使培训更加具有针对性和实用性,并促进了传统的职前教师培训项目的发展。[1]

三、教师招募

在世界银行看来,一位优秀的教师首先应该具有硕士或者博士学位,或者有着专业的学科背景知识,例如数学学科教育专业,其次是拥有学校教学经验。教师招聘由基本知识和技能的测试、面试、所教年级的学科领域测试、四年制的大学学士学位认定、入职考试中的几个步骤或者所有步骤组成。[2]

2014年,世界银行发布的《印度尼西亚的教师教育改革:政策及其制定的依据》(Teacher Reform in Indonesia: The Role of Politics and Evidence in Policy Making)报告进一步强调教师的招募。该报告指出,印度尼西亚为了吸引较高水平的优秀人才进入教育这一行业,其教师招聘系统已经在运用积极有效的招聘策略。印度尼西亚开始支付给教师比其他行业更高的薪酬,同时,更严格的教师筛选制度和对教师的更明确定位以及择优晋升的考核制度也被

---

[1] World Bank. Secondary Education in India: Universalizing Opportunity [EB/OL]. http://documents.worldbank.org/curated/en/2009/01/10567129/secondary-education-india-universalizing-opportunity-vol-1-2.

[2] World Bank. Teacher Educational Quality Assurance: Teacher Educators and Initial Education Programs Policy Brief 4 [EB/OL]. http://documents.worldbank.org/curated/en/2009/12/16465551/teacher-educators-initial-education-programs.

提上了该国的议事日程,这些举措都将会促进教学向更专业化的方向发展,促进国家教育事业的竞争力不断提高。[1]

世界银行 2009 年 12 月 30 日发布的《教师教育质量的保证:教师教育和初任教育项目政策概况 4》(Teacher Educational Quality Assurance : Teacher Educators and Initial Education Programs Policy Brief 4)报告指出:美国的科罗拉多州一项强有力的研究证据表明,美国学校的大量儿童经过学习后没有掌握"基础知识",造成这种结果的原因是学校教师并未掌握与学生"基础知识"相应的主题知识。因此,为了解决美国科罗拉多州这种状况,其对于职前教师教育提出了一系列标准:①对即将成为教师的学生采用全面的招聘制度。②培训教师和教育工作者正确地选择教师候选人。③课程和实地培训,即通过整合理论与实践,对教师候选者进行教学方法、实践练习和教学过程的教授,特别是教学模型中的内容标准。④每名教师候选者至少完成 800 个小时的特定学习标准领域的教学经验和专业的发展学习。⑤每名准教师,在毕业前必须达到指定的州所认可的专业技能知识水平,包括文学知识、数学知识、教学标准和评价的知识、知识要点、课堂和教学管理的知识、个性化教学的知识、信息技术的知识以及民主、政治教育和职业教育等知识门类。⑥对教师要提供全面持久的评估,包括对每位准教师的专业知识和专业技巧的运用都要进行评估。不仅是美国的科罗拉多州对职前教师教育提出了六条标准,美国的其他州也对职前教师上岗存在着一定的要求,例如大多数州要求职前教师必须掌握教学知识和在课堂上能够流畅地展示教材,并且要通过各州的合格考试,以保证教师有足够的教学能力。[2]

---

[1] World Bank. Teacher Reform in Indonesia: The Role of Politics and Evidence in Policy Making [EB/OL]. http://documents.worldbank.org/curated/en/2014/01/19456226/teacher-reform-indonesia-role-politics-evidence-policy-making-vol – 2 – 2-executive-summary.

[2] World Bank. Teacher Educational Quality Assurance : Teacher Educators and Initial Education Programs Policy Brief 4[EB/OL]. http://documents.worldbank.org/curated/en/2009/12/16465551/teacher-educators-initial-education-programs.

第三节　世界银行职后教师教育政策

一、教　师　培　训

从世界银行关注教育领域的问题以来,教师培训就是其关注点中的重中之重。世界银行认为:教育是为国家的经济发展服务的,要想促进国家的发展,就需要大量的技术人才,而学校是培养这些技术人才最合适的场所。教师作为培养优秀人才的直接相关者,提高其教学能力的培训也是必不可少的。

(一)教师培训的背景

2007年的《世界银行发展报告:发展与下一代》提出,当今的青年正处在一个充满风险和机会的年龄,这不仅是对于他们自己而言,对于他们的家庭、社会以及他们自身的经济能力而言也同样如此。而当今青年的经历至关重要,这将决定着下一代劳动者、父母和领导人的素质。因此,国家的政策制定者对于开发他们的技能,帮助他们走上经济独立的道路以及从事更加广泛的公民社会活动等方面,有着义不容辞的义务。在这个发展报告中,政策制定者就青年人自身和家庭面对的一些问题提出了改革方向。其中,在扩大青年人的机会政策中,首先要求的是改善青年人的基本技能,即在生命周期的早期就应该对青年的教育质量问题进行干预和重视,要求普及初中教育;同时必须设定一系列的措施来保证初中教育的质量,例如:设定教学标准、制定考核和教学的评价制度、开展教师培训和调动教师的积极性以及提高学校管理者对家长、学生和当地社区的责任感等。世界银行期望通过这些做法能够有效地提高青年学生的基本技能,使他们适应以后的工作。①

(二) 教师培训的类型

2004年12月,世界银行发表了《2004年世界银行中等教育报告》,阐述了21世纪世界中等教育面临的核心问题。该报告的目的是帮助发展中国家和经济转型国家政策制订者调整中等教育制度,满足全球化与知识经济提出的新要求。

世界银行《中等教育报告》共分为九章,在该报告的第六章,专门从教学职业,包括教师教育和职业发展、招聘和解雇相关问题的视角,论述如何应对扩大中等教育入学机会和提高中等教育质量的双重挑战,探讨在中等教育中引进信息和交流技术的潜在危险和美好前景。

第六章强调了高质量的、自我激励的中等学校教师队伍的重要性。在知识社会中,学生的学习需要、能力和技能要求与中等教育教师在教师培训学院和在职培训项目中获得的教师技能很不匹配。培训高质量教师没有低成本的捷径,中等学校教师的职前培训依然是至关重要的。然而,基于学校的新教师培训和指导比传统职前核心教学或职业技能培训更加有效,花费更少。从职前培训到基于学校的在职培训,教师教育政策重新分配资源的某些转变可以获得积极的回报。教师短缺对中等教育质量具有负面影响,为增加中等教育入学机会制造

---

① 世界银行.2007年世界发展报告:发展与下一代[EB/OL]. http://www.360doc.com/content/09/0723/09/80077_4397444.shtml.

了障碍。吸引和留住高质量教师的综合性激励政策应该是多样化的,这些政策应该影响到职业性发展问题、教师解雇、班额政策和问责制度等。①

此外,第六章详细地阐述了教师应该是高质量的师资队伍,并且指出了教师培训应该是包括职前教师、新教师以及有经验的教师等多种类型的教师培训。

(三) 教师培训需解决的问题

世界银行在《提高教师教育》(Improving Teacher Education)报告中指出圭亚那(Guyana,拉丁美洲国家)的教育质量低下主要是由三方面的问题造成,而这三大问题都亟须通过教师培训来解决。

首先,圭亚那的教育质量低下是教师的教学能力不足造成的。研究表明,优秀的教师是提高教育质量的重要条件。在圭亚那,许多教师虽然在教育行业中工作,但是他们并没有专业的教学技能和所必需的学历要求,还有一些教师未接受过专业的培训。有数据表明,2008 年,圭亚那全国所有学段的 8946 名教师中,有 40% 从未接受过培训,即没有作为一名教育工作者的正式资格(详情见表 4-1)。另外,一些接受过训练的教师在教学中仍是使用传统的教学方法(以教师为中心)来讲授课程,这阻止了学生的有效学习方法、较高的认知水平和问题解决技能的发展。这些问题已被确定为造成学习成绩不佳的主要问题。因此,教师培训已经被放在无效教学和学生学习质量低下的前面,成为最需解决的问题。

表 4-1 圭亚那 2007—2008 年的学校教师数量

学校/学段	接受过培训的毕业生(有教师资格证和学士学位)	未被培训的毕业生(无教师资格证,有学士学位)	受过培训的教师(有教师资格证)	未被培训的教师(无教师资格证)	总计
幼儿园	122	3	865	767(44%)	1757

---

① 张家勇:《〈2004 年世界银行中等教育报告〉解读》,《教育发展研究》,2005 年第 2 期。

（续表）

学校/学段	接受过培训的毕业生（有教师资格证和学士学位）	未被培训的毕业生（无教师资格证，有学士学位）	受过培训的教师（有教师资格证）	未被培训的教师（无教师资格证）	总计
小学	246	2	2115	1611(40%)	3974
中学					
中学部	21	1	153	243(58%)	418
社区高中	46	12	179	186(44%)	423
普通中学	362	155	1129	746(31%)	2392
总计	797	173	4441	3553(40%)	8694

资料来源：Guyana Digest of Education Statistics 2007-08, Ministry of Education

其次，圭亚那的教师培训比其他地区的教师培训花费的时间更长。圭亚那当前的教师模式延长了培训完成的时间，但依旧被证明效果低下，并且容易产生教师不足的问题。圭亚那的教师培训模式造成有些教师会重复学习一些学士学位课程以及获得一些相同的证书，甚至还因为有些导师同时在学院和大学里教学，造成有些教师重复跟随一位导师学习，但是只要这些教师想获得教育学位就必须进行重复学习，修满七年。而且圭亚那的大学工作人员认为从学院毕业的学生质量是很低的，必须继续进行大学的课程学习来提高学院学生的自身竞争力。因此，教师们平均需要在学校里学习七年（三年的学院学习和四年的大学学习时间）才能完成所有的入门资格课程学习来获得学位，获得学位后，还必须有两年的教学经验之后才能申请教育学的学士学位。在圭亚那，获得教育学士学位需要九年时间，比世界上的其他国家多四到五年时间。

最后，教师培训的质量低下。升级教师教育和填补教师空缺是学院和大学教育最重要的任务。在圭亚那，任职教育机构讲师的最低要求是有教育学士学位以及拥有担任某所学校高级职位的五年经验。调查表明，圭亚那的大学对教育工作者的学历要求是很高的，在Turkeyen校区中约82%的工作人员的学历水平是硕士或以上,在 Berbiee 校区中,一位讲师正在读研究生,其余的 28 位(4 名全职讲师和 24 名兼职讲师)有学士学位。但是,这些大学和学院的教师们的教学依旧是以教师为中心,缺乏创造性的教学或者鼓励学生的自主学习的行动和实践。①

(四) 教师培训的改革

2009 年 11 月,世界银行和专责小组(Task Force)组成的工作小组带领圭亚那的利益相关者一起从政府的角度提出教师教育改革的活动策略,阐明圭亚那的长远发展战略。通过双方的努力,确定教师培训改革的重点,分别是:①创立圭亚那学校教育与人文大学(the University of Guyana's School of Education and Humanities),支持西里尔·波特教育学院和圭亚那学校教育与人文大学合作,从而产生具有较好衔接性的、高竞争性的教师教育培训项目,缩小地区的教学差异和提高地区的教学质量。②在西里尔·波特教育学院和圭亚那学校教育与人文大学中提高人力资源能力,改善教育系统中教师提供的教育质量。③提高科技教育水平。④增强西里尔·波特教育学院和圭亚那学校教育与人文大学的信息通信技术及其相关能力,使二者成为真正的双模机构,能够将信息通信技术整合进教学和学习过程。⑤扩大图书馆的服务范围,提高其研究能力。②

二、教师专业发展

世界银行在 2005 年发布了一份题为《学会在知识社会中教学》的研究报告,

---

① World Bank. Project Information Document (PID) Appraisal Stage: Improving Teacher Education [EB/OL]. http://www-wds.worldbank.org/external/default/WDSContentServer/WDSP/IB/2010/04/27/000267706_20100427153245/Rendered/PDF/Project0Inform1t0110Appraisal0Stage.pdf.

② World Bank. Project Information Document (PID) Appraisal Stage: Improving Teacher Education [EB/OL]. http://www-wds.worldbank.org/external/default/WDSContentServer/WDSP/IB/2010/04/27/000267706_20100427153245/Rendered/PDF/Project0Inform1t0110Appraisal0Stage.pdf.

对知识经济时代背景下的高素质教师的概念进行了全新的诠释,指出了高素质教师所需的专业知识,并提出了教师的个性特质也是教师专业素质的重要构成。

(一) 专业知识

该报告认为,高素质教师的知识包括学科内容知识、学科教学知识以及教育情境和学生方面的知识三大方面。

学科内容知识包括数量和质量两方面。从数量上看,并不是学科知识"越多越好",过多的学科专业知识学习并不能给师范生未来的教学带来积极的影响。一些学者如蒙克等提出了学科专业课程开设门数的"阈值效应"概念,认为不同的学科都有特定的阈值,学科专业课程应该控制在4—6门为宜。从质量上看,则强调教师的学科知识的质的独特性,即简明性、自觉性、便于传授等。教师必须深刻理解任教学科的概念、定义、原则、学科本身的结构及其在学科林中的地位等,同时需要掌握任教学科的研究及其发展的知识与方法。教师学科知识的质的独特性要求在建构学科知识体系时须遵循学科知识本身的结构和教育对象的认知规律。

学科教学的知识是学科内容与教育学科的整合,偏向于教育学知识,主要包括教育目的、教学目标等方面的教学定向知识、与课程有关的知识与信念、关于学生认知规律的知识与信念、关于学习评价的知识与信念、关于指导策略的知识与信念等。学科教学知识是教师知识结构中的重心,强调学科教学知识对教师理解教学的重要性。

关于教育情境与学生方面的知识,该报告认为,教师选择适切的教学策略、实现成功教学的前提是教师对自己所处的教学情境和教学对象的理解。而随着社会的变化发展,教育环境和学生需求越来越复杂多样,因此,这种知识的重要性正在日益凸显。

(二) 教师能力

世界银行将教师的能力结构划归为3大领域、12种能力。具体为:第一,专业领域的能力,主要包括:批判性反思知识与文化教育的目的与目标的能力;有效地进行个体专业和群体专业发展的能力;依据专业伦理和专业责任履行职责的能力。第二,教学领域的能力,主要包括:科学设计教学方案和教学情境的能力;静心实施教学的能力;正确评价教学过程及学生的能力发展结果的能力;计划、组织和管理学生的小组合作学习的能力;根据学生的多样性开展教学的能力;有效地将信息技术运用于教学、班级管理和专业发展活动之中的能力;在不同的专业场景中,能清晰而又正确地运用专业语言与他人进行书面、口头交流的能力。第三,学校领域的能力,主要包括:与学校员工、家长以及各种社会机构合作的能力;与其他教育团队进行促进专业发展、学生发展等方面的合作能力。教师教育阶段的不同,对这些能力的关注侧重点应有所不同。对于职前教师教育而言,教学领域的能力最重要。

(三) 教师的个性特质

教师的个性特质至少包括三个方面的内容:一是与品德相关的,包括友爱、诚实、公正、乐于助人等;二是与成就相关的,包括有创造力、有抱负、主动进取、乐于奉献、喜欢挑战等;三是与内在气质相关的,包括热情、理解、耐心、平和、合作、感召力、有趣等。[①] 以下以教师的发展动机和自我效能感为例进行分析。

第一,教师的教学动机发展:有些具有动机的行为很容易被分辨,但是却很难对其进行定义和使其得到改善。它是直接指向一个目标,并且持续到其实现。当人们存在动机时,他们会变得灵敏,会集中注意力以及进行提高。在教育领域中,我们所面临的挑战是如何将教师教学的内在动机和外在动机有机地结合起来。此外,在教育行业中的人都说教师应该教学,校长应该监督教师的教学,督导应该检查教学。但很多情况下,教育工作者们并没有做好自己的本职工作,究其原因即是教育工作者们拥有不明确和贫乏的动机。

世界银行鉴于教师内外动机的重要性,强调教师的培训应该关注"长远考

---

① 雷晓云:《职前教师教育改革的理论基础探析》,《教育导刊》,2011年第12期。

虑"和加强个人的优秀教学,强调教师应该考虑学生的成功,只有这样做才会在社区或社会中拥有好名声,不仅如此,还要求教师考虑与文化相关的其他动机因素。同时,世界银行也强调许多研究的实验需要理解教师工作的内外在动机。

第二,教师的自我效能感和永无止境的任务挑战:自我效能感是指人们在自己完成特定要求的行为和目标后,对自己能力产生的自信和肯定。一个人的自我效能感越强,他就会更愿意付出努力和坚持来完成任务。例如,学生的自我效能预期(并不是实际的能力)在于愿意去考虑未来的各种职业。从各种方法和分析策略的证据发现,人们自身能够察觉到自我效能感和个人目标可以提高自己的动机和绩效。对25个国家的超过1.9万名参与者的研究表明,自我效能感确实是个全球性、跨文化的现象。在西非,一份研究发现教师的满意度与学生的成绩积极相关,而不是与工资水平直接挂钩。

自我效能感和任务的重要性决定着人们是否有动机去完成它。不了解这些主要原因的教师们会感觉到他们的教学没有作用,从而会试图避免此种状况的发生,同时如果考试或者是好的教学表现被认为不重要,那么动机则会变低。更重要的是,当目标太高,并且他们不确定是否能够完成时,他们的动机也会降低。似乎只有当原因清楚、目标的完成时间是短期之时,教师才会行动。但是这种动机趋势会对教学产生不利的影响,有教师认为重复的、永无止境的任务缺乏阶段性目标和实质的进展,不会达到真正的顶峰结果。

世界银行需要解决的难题则是怎样使教师较早地完成任务。有研究表明,应该将看似无止境的任务分成许多便于管理的部分。如果教师被分到特定的区域和增值的子目标,或规划好怎样完成这些目标的行动计划,他们便会变得更关注工作,也更能准时完成工作。例如在日本,教师团队会花费很多时间思考如何通过发展"研究课程"来使不同教师教授不同的概念,而不是思考每位教师怎样完成教学任务的过程。[①]

[①] World Bank. Efficient Learning for the Poor: Insights from the Frontier of Cognitive Neuroscience [EB/OL]. http://documents.worldbank.org/curated/en/2006/06/6892301/efficient-learning-poor-insights-frontier-cognitive-neuroscience.

综上所述,在世界银行看来,教师的专业发展不仅包括其专业伦理、专业知识、专业能力三大方面,还包括教师自身的个性品质等方面,这些领域和维度相互之间存在着联系,共同构成了一个有机的整体。

三、教师待遇

在许多国家,公立的高等教育机构能否留住合格的教师是个持久性的问题,优异的教师往往会跳槽到收入更好的学校。还有一个更加普遍的现象是,公立学校的教师们会因为工资过低而将大量的时间花费在赚取外快上。有数据表明,在尼日利亚,公立大学1992年的教师工资价值仅仅相当于1978年的10%。由于缺乏吸引力的薪酬方案,马来西亚大学流失了很多优秀教师。在保加利亚,由于经济的衰退,1991年的教师实际工资下降了35%,从而导致了众多教师的离职。而俄罗斯也同样如此,目前的经济危机造成所有研究机构人员的工资减少,许多研究者开始流失。

针对教师工资不高的现象,世界银行出台了创收活动的策略,期望众多国家可以通过此类活动来增加教师的收入,为教育领域留住优秀的人才。创收活动包括短期的职业培训以及合同研究和咨询服务等两大类。第一类是短期的职业培训,该培训的对象是企业与个体人员,它是指组织培训人员完成常规的教学和研究活动,从而产生有效的收益。短期的职业培训课程能够为学校的工作人员提供额外的收入,为大学和学院产生额外的效益,以及为经济社会提供市场相关的技术支持。在越南,到目前为止,市场经济的转变对提高技术的短期培训课程产生了巨大的需求。几乎所有的大学与学院都在提供英语语言的学习项目和举办电脑与信息技术的夜校课程。近期的调查表明,越南的大学收益的8%是来自于他们的培训课程。第二类是合同研究,合同研究包括除了实用的科学与技术研究之外的商业服务与政府和私有工业的经济研究,它通常采用独立的法律和管理结构以确保能够提供有效的服务。韩国科学技术高级研究所(The Korean Advanced Institute for Science and Technology)就是在独立的管理之下提供这类服务。公立高等教育机构也被鼓励通过此种方式追求更多的外部资金,例如在新加坡,政府就会通过高等教育机构来获取私人机构的资助。[①] 世界银行认为,发展中国家政府要鼓励这种做法,因为它可以利用外部机构的增量资源,来避免政府对公共机构减少预算所产生的抑制作用。公立高等教育机构可以将政府的配套资金与某些外在收入以一定的比例相挂钩,或者将外部资源的创收作为教师工资的一部分,从而来增加教师的收入,提高教师的工资待遇。

四、教师评价

世界银行指出,在教师的评价与考核中,使教师、学校对学习特别是学习成绩更加具有责任感,已经成为发展中国家的一个主要挑战。首先,私立学校的教师责任感较低。在世界银行研究的样本里,私立学校教师的缺勤率比公立学校高。[②] 其次,发展中国家教师责任感普遍偏低。2004年,世界银行对六个发展中国家的教师旷工研究表明:平均每天20%的教师会缺勤,这就显示了教师对工作出勤和教学表现的责任感低。2009年,对拉丁美洲的典型学校的课堂观察结果的分析发现,由于教师迟到早退或者被其他事情占用时间,超过30%的教学时间被浪费。2006年的国际学生评估项目(PISA)数据表明:在众多的发展中国家,教师应征者是来自初等或高等教育中的差生,他们对基础教育中的知识内容的掌握并不牢靠。综上所述,在发展中国家,大部分教师的责任感是偏低的,教师的责任感已经成为教师评价与考核中十分重要的一方面。[③]

通过对世界银行关于提高教师责任感的政策解读,我们可以看出,在教师

---

① World Bank. Higher Education: The Lessons of Experience [EB/OL]. http://documents.worldbank.org/curated/en/1994/05/437287/higher-education-lessons-experience.
② World Bank. Harvard University. Roll Call: Teacher Absence in Bangladesh[EB/OL]. http://siteresources.worldbank.org/INTSOUTHASIA/Resources/Roll_Call_Teacher_Absence_Bangladesh.pdf.
③ World Bank. Making Schools Work: New Evidence on Accountability Reforms [EB/OL]. http://siteresources. worldbank. org/EDUCATION/Resources/278200 - 1298568319076/making-schoolswork.pdf.

评价和考核的方面,世界银行致力于解决教师教育中的教师缺勤问题,并对此提出了三方面的政策:第一,学校增强巡查。目前,虽然私立学校的公共资金获批与学校的绩效相关联,但是实际上很少有机构能够确保问责的制度得到切实的实行。世界银行强调,教育行政官员的当务之急是必须对中学实施有效的监督管理。第二,政策的制定者应该重新评估被他们经常吹捧的有效问责制度。一般认为,低工资水平总是导致教师高缺勤率的原因,但是研究发现,高收入教师的缺勤率会更高。在孟加拉国,教师的工资占了整个教育日常开支的97%,政府不可能有能力进一步去提高该比例。教育行政官员们首先要解决的问题是在小学阶段每天有20%的校长会缺勤的问题。第三,提供教师基本服务的教育机构被要求提供新方法。此外,必须辅之以适当的和严格的评估方法,确保政策制定者能够清楚地找出原因,从而降低教师的缺勤率。例如,当我们说中学学校的监管不力与教师的高缺勤率之间存在着紧密的联系时,如果我们没有通过具体的政策干预来进行彻底的调查,我们便不能直接得出有效的监管能够降低缺勤率的结论。①

---

① World Bank, Harvard University. Roll Call: Teacher Absence in Bangladesh [EB/OL]. http://siteresources.worldbank.org/INTSOUTHASIA/Resources/Roll_Call_Teacher_Absence_Bangladesh.pdf.

第四节　世界银行教师教育政策对中国及其他国家的影响

　　一直以来,世界银行通过提供意见和建议以及贷款条件对被资助国家施加明确而直接的影响。世界银行近年来更加坚持为发展中国家提供意见和建议,发展它们的国家能力,世界银行是一些发展中国家教育政策的主要制定者。世界银行的每一项贷款都有一系列相关研究和评估报告,如预评估、部门分析、执行报告等。被援助的国家和教育部如果忽视或拒绝这些报告中的结论和建议,会使他们的贷款处于危险之中。如世界银行每年的《世界发展报告》被广泛地作为可靠的参考观点。贷款条件也是一种直接的影响模式,如果贷款的目的是鼓励特定行为,那么在贷款中附加条件是实现这些目的的主要方式。世界银行坚决维护其所强加的条件,借助这些条件和发展建议来影响被援助国家的教育政策走向。①

---

①　牛长松、殷敏:《世界银行对非高等教育政策及其影响》,《比较教育研究》,2009年第11期。

一、对中国的影响

世界银行在1980年成功恢复了中国的成员国地位和贷款权利,并且中国在世界银行恢复合法席位后通过审批的第一个项目就是教育项目。从1981年到2009年年底,世界银行共向中国提供21个教育贷款项目,项目贷款金额达19.27亿美元。这些项目遍及了中国除西藏、台湾以外的所有省市,涉及的领域包括基础教育、高等教育、师范教育、职业教育、广播电视教育和教材建设等多个领域,并且在这些教育项目中,大多数都列有校长和教师培训的内容,部分教育项目还开展了教学改革课题研究,促进了校长办学的积极性和提高了教师的教学水平,对教育体制的改革起到了积极的作用。世界银行对我国教育的发展作出了不可磨灭的贡献,而我国也成为执行世界银行项目最好的国家之一。[①]

世界银行向中国提供的第一笔贷款支持了25所大学的设备更新,并资助大批教师和学生赴海外深造。[②] 同时,世界银行贷款的师范教育发展项目是为我国解决高等师范教育投入不足的现状而实施的贷款项目。

1986年,世界银行针对中国高等教育发展存在的问题发布了第一份关于中国高等教育研究的报告《中国:高等教育管理和财政》。在这份报告中,世界银行认为中国高等教育机构目前最重要的措施是八字方针:降低成本,提高效率。对此,它的建议可以归纳为两方面:一是在扩大高等教育招生的同时要提高内部效率,也就是降低成本和最大限度地利用所有的"投入",如教师的工作量、设施配置等;二是在政府预算之外另寻资金来源,例如对所有学生收取住宿费和学费,促进各类低成本的教育机构,如短期职业高校和各种形式的成人高等教育机构的发展。

虽然当时的中国没有完全采纳世界银行的主张,但是中国的高等教育改

[①] 刁莉、梁松、刘捷,《20世纪80年代以来世界银行对华贷款及其经济社会影响》,《中国经济史研究》,2011年第11期。

[②] 谢世清:《中国与世界银行合作30周年述评》,《宏观经济研究》,2011年第2期。

革之路还是与世界银行的主张相一致。首先,在高等教育拨款和筹资体制上,中国于1987年第一次明确了社会力量办学在国民教育体系中的地位和作用,这意味着中国的教育政策在一定程度上体现了世界银行的主张。其次,在收取高等教育学费的问题上。世界银行是一直主张发展中国家应该收取高等教育学费,而中国从1984年开始决定招收一定数额的委培生和自费生,这实质上是认同了高等教育的回报具有社会效益也有个人效益,开始在高等教育这个公共产品的传统理念中加入了其作为私人产品的理解。1989年,原国家教委、国家物价局和财政部共同制定了《关于普通高等教育收取学杂费和住宿费的规定》,同时也规定对师范院校享受专业奖学金的学生免收学杂住宿费,对家庭经济困难的学生实行减免政策。[①] 可以看出,该政策也是对世界银行主张的肯定。

"世界银行贷款职业技术教育项目"从1990年5月开始执行,到1996年12月执行完毕。该项目的目标是利用世界银行的贷款来装备全国17个省(市)的12所职业技术师范院校和59所中等职业学校,通过增添教学设施、改善实习实验条件、技术援助、人员培训等方式提高项目学校的培养能力、教育质量和办学效益,项目覆盖面较大。在教师发展方面,其方式是选派部分专业课教师在通过EPT考试后,到职业教育比较发达的国家(如美国、英国、德国、日本和加拿大等)以访问学者的身份进行为期一年的培训,重点学习先进的专业技术知识、现代化的教学方法和进行强化专业技能的训练。

在1996年,我国与世界银行再次签署了"关于实施世界银行贷款职业教育项目的协议",其执行时间是1996年9月到2002年6月,该项目的目标是:利用世行贷款改善和增加技术工人的数量,提高职业教育与培训系统的质量和效率。通过对辽宁、山东、江苏、广东和北京等5个省(市)中的80所省(市)重点中等职业学校,特别是这些学校适应当地经济发展优先需要的一、两个专

---

① 沈蕾娜:《影响和应对:世界银行和中国的高等教育》,《杭州:中国教育学会比较教育分会第15届学术年会暨庆祝王承绪教授百岁华诞国际学术研讨会》,2010年第10期。

业的支持,使之在制定教育计划、拓展教学大纲、改善师资与管理人员培训、开展国内外技术援助和交流、提高实习实验装备水平等方面得到提高。项目的重点在于改变现有教学体制,以更加灵活敏锐地适应不断变化着的劳动力市场的需求。项目选择了成组派出、中文授课的国外培训方式,即参加国外培训的人员,按照教育部的总体安排,成组前往新加坡南洋理工学院,由学院根据常规的管理方式进行培训。这样不仅减少了语言障碍,而且使各项目学校校长、骨干专业教师有机会以学校常规管理和专业课程为载体,学到了新加坡职业教育的新理念。该项目还成立了中方项目专家小组,专家们多次对项目学校进行了考察、调研、检查和指导以保证项目的顺利执行。①

在20世纪90年代期间,我国政府确定了至20世纪末基本实现普及九年义务教育和基本扫除青壮年文盲的教育发展目标,同时制定了促进贫困地区基础教育发展的政策。在此形势下,世界银行对我国教育的贷款重点在于我国农村贫困地区的基础教育项目,如"贫一""贫二""贫三""贫四""贫五"项目等,项目覆盖了西部12个省(区)。以我国的中学在职教师培训项目为例,该项目从1989年1月启动,1992年12月完成。项目总投入为1.11亿美元,其中世界银行贷款金额为5000万美元,国内配套资金2.27亿元人民币。项目受援的学校为20个省、直辖市、自治区所属的72所教育学院。该项目的目标是提高初中在职教师的培训质量和效率,扩大培训规模;加强各级教育行政部门对教师培训的管理。②

在1997年9月24日生效,2002年12月31日结束的基础教育发展项目("贫四"项目)中,我国向世界银行申请的贷款总额为0.85亿美元,该项目的主要目标是:①提高绝对贫困人群在小学和初中阶段的入学机会,并接受平等的教育,尤其需要关注女童和少数民族儿童。②提高小学和初中阶段的教育质量,同时加强对教师的培训和对培训者的培训。③通过不断提高国家、省、县

---

① 刘建同:《关于世界银行两个职业教育贷款项目的回顾与总结》,《中国职业技术教育》,2004年第2期。
② 王根顺、崔艳丽:《浅析世界银行教育贷款对我国西部基础教育的作用》,《中国农业教育》,2008年第2期。

和项目单位一级的教育管理水平,增进教育投资的利用效率。[①]

1997年,世界银行发布了对中国高等教育的第二份研究报告《中国:高等教育改革》。这份研究报告分析了中国高等教育改革尤其是20世纪80年代以来的成果、趋势和问题,并借鉴国际高等教育发展趋势中的一些有利经验,为中国高等教育在四方面提出了改革建议:政府职能的转变、大学管理改革、形式和渠道多样化的高等教育资金筹措、强调课程和教学质量的提高。随后又在1999年发布了《21世纪中国教育的战略目标》,再次肯定了上述这些改革建议。而20世纪90年代末,中国的高等教育改革不断深入,一些改革政策与世界银行的建议高度吻合。

第一,在政府职能的转变方面。世界银行建议,中央政府的职能应该是宏观管理,更多高等教育机构的管理权应下放到地方政府,而这种思路首先体现在高等教育管理体制的改革。于是在1998年,高校管理体制改革按照"共建、调整、合并、合作"的八字方针全面推进。随后,国务院多次出台文件进行改革,在21世纪初中国基本上形成以中央政府宏观管理、省级政府统筹管理为主的高等教育管理新体制。其次,增加高等教育机构招生自主权。世界银行建议政府应该给予高等教育机构在招生上最大化的自主权,但是这只取得了中国政府的部分赞同,已经开始给予一部分高校自主招生权。

第二,在大学管理改革方面。世界银行强调要提高效率,提高资源的投入产出能力。2000年,教育部出台了《高等学校仪器设备管理办法》,旨在提高高等学校仪器设备的使用效益。例如世界银行建议高校应该停止管理教职员工的住房、餐饮、学校下属的机构和校医院,主张将这些职责转移给更广泛的社会力量。于是,中国高校开始了高等学校后勤社会化改革。

第三,在高等教育资金筹措多样化方面,首先体现在中国从20世纪90年代开始全面实高等教育收费制度,并且和世界银行的建议一致,开始配合良好的学生贷款和资助政策以保证高等教育入学的普遍性。其次,正如世界银行

[①] 王根顺、崔艳丽:《浅析世界银行教育贷款对我国西部基础教育的作用》,《中国农业教育》,2008年第2期。

的建议,中国高校在拨款方式上开始鼓励效率,使得高校开始把学术实力、提高效率和资金实力联系起来考虑,从而争取更大的发展空间。

第四,在提高高等教育质量上,正如世界银行所建议的,教学质量的关键是教师,要减少人才流失。中国政府也认识到这一问题的严重性,开始设立一些高层次人才计划来提高教师的地位,并且对教师的学术成就给予激励,其中以"长江学者奖励计划"为代表。此外,世界银行建议教学评估应该转变为一种基于过程的评估方式,并且更多的是一种同行评价。

从20世纪90年代末开始,中国高校就开始努力建设质量保证和评估体系,并使之逐步制度化、规范化。显而易见的是,从20世纪80年代至今,中国高等教育中所出台的一些重大决策和世界银行所提出的建议越来越多地体现出惊人的一致性。尽管没有确切的证据表明世界银行的建议是这些改革政策的唯一渊源,或者确切地说,这种相关性无法简单地归为一种直接的因果联系。[①]

此外,我国2012年12月31日出台了《世界银行贷款云南职业教育发展项目:旅游专业教师赴瑞士培训考察报告》,其中提到了世界银行对我国云南省旅游专业的教师培训进行贷款资助。在该报告中,瑞士旅游发达的成功经验提到了教师发展的重要作用:"教师队伍国际化程度较高,不同国籍、不同文化的师资人才,形成了宽广的文化视野和全面的智慧集聚。学校往往会从世界各地聘用急需专业和新兴专业的教师,而且学校与很多国家的学校之间都签订了互派协议。以洛桑酒店管理学院为例,该院现有1750名在校生,403名教师,其中教授100名,来自33个国家。"为此,我国要想大力推进我国职业教育的发展,必须培养一批具有国际水准的"双师型"教师队伍,构建一个职业教育是根据社会需求,以文凭和各种职业资格证书相衔接的,以就业为目标的教育体系。[②]

---

① 沈蕾娜:《影响和应对:世界银行和中国的高等教育》,《杭州:中国教育学会比较教育分会第15届学术年会暨庆祝王承绪教授百岁华诞国际学术研讨会》,2010年第10期。
② 世界银行贷款云南职业教育发展项目(2012).旅游专业教师赴瑞士培训考察报告[EB/OL]. http://www.docin.com/p-637587070.html.

世界银行对我国教师教育事业的支持促进了我国教育教学的改革,提高了教师教学的积极性与水平,使我国教师的教学实践与理论能力均不断地得到提升。

二、对其他国家的影响

(一) 非洲

在世界银行的第一次有关教育领域的报告中提及了非洲的教育危机,指出了非洲教育存在的三个普遍的问题:低质量、教育与劳动力市场不符合、财政约束。报告指出,高辍学率、不合格教师和过时的课程等问题是教育低质量的重要原因;毕业生失业是教育与劳动力市场不符合的主要证据;财政危机很大程度上是由于人口的迅速增长和生均费用的增长,主要归因于教师工资偏高。在这个早期报告中,世界银行建议增加对职业和技术教育的关注,同时采用低成本的教育模式,例如加强非正规培训,提高生产率和效率,进行课程改革,使用新技术(如广播和电视)。

1988年世界银行制定了第一个专门针对非洲地区的教育政策文件《撒哈拉以南非洲的教育政策:调整、复兴和扩充》,该文件针对非洲教育的问题提出了三个建议:调整、复兴和扩充。调整是为了应付经济危机,所有国家都要使其部门财政来源多样化(增加用户收费,鼓励私立学校),并控制单位成本。通过这些措施,如减少"多余的教学土建工程"——寄宿设施、礼堂、自助餐厅和运动场所,更密集地利用现有设施,减少"幽灵"教师,降低教师工资水平。复兴是期望恢复质量,该文件强调进行统一考试,提供学习材料和课本及妥善保养楼宇和设备。扩充集中在四个领域:使普及初等教育的长期目标取得进展;更多地利用远程教育扩大中等和高等教育的入学机会;为在职人员提供培训;通过区域合作扩大科研和研究生教育,增强非洲培养自己领导人的能力。①

---

① 殷敏:《世界银行对非洲教育援助政策研究》,浙江师范大学硕士论文,2011年,第13-33页。

非洲国家通过实施世界银行对于本国教师教育的政策促进了本国初等教育的普及,提高了本国教师的质量,加强了本国对教师教育体系的规划和建设,有效地进行了教师资源的整合。

(二) 圭亚那

在《提高教师教育》报告中,世界银行指出了圭亚那的教师教学能力差、教师培训时间长和质量低下这三大问题。圭亚那为了改善这些问题,制定了一系列的国家战略:第一,政府教育战略计划的一大主要目标是增加受训教师的数量,以提高教育质量。教育部已经明确表示2013年的目标是至少有70%的教师接受培训。如果教师教育的质量不提高,学生的低成绩问题仍然会延续下去,得不到改善。正如杰内斯(Jennings)指出,"如果要改变学校教师的教学能力,学院和大学教师的教学方法也必须改变,仅仅是课程设置和模式的更改不会对他们的教学能力产生真正的影响。"第二,教育部长率先努力带领大学和学院解决当前圭亚那的教师教育无效问题。专责小组成立于2009年初,其主要成员来自学院、圭亚那学校教育与人文大学、国家教育资源开发中心(NCERD)和教育部(MOE)。他们已经产生了改革圭亚那教师教育和培训的初步设想,将所有机构设想的策略整合在一起,从而产生了协作和合理化的教师教育框架的未来路线。[①]

圭亚那制定的国家战略是对世界银行指出的本国教师教育问题的积极回应,这些战略的制定表明了圭亚那对教师教育问题的重视,也表明该国致力于从根本上来解决国家的教育问题,从而增加国家教育的竞争力,推动教育的发展。

(三) 孟加拉国

孟加拉国针对世界银行在《点名:孟加拉国教师的缺勤率》中提及的教师

[①] World Bank. Project Information Document (PID) Appraisal Stage: Improving Teacher Education [EB/OL]. http://www-wds.worldbank.org/external/default/WDSContentServer/WDSP/IB/2010/04/27/000267706_20100427153245/Rendered/PDF/Project0Inform1t0110Appraisal0Stage.pdf.

缺勤率高、责任感不高等问题也出台了适合自己国家的对策。该对策从增加教师的工资和提供更多的教师培训两大方面来解决教师的缺勤率高、责任感低的问题。

第一，增加教师工资。在小学，工资最高的是校长，但是他的缺勤率也是最高的。因此，当前的工作重点是找出校长缺勤率高的原因：是由于工作的需要，还是由于工资高低的影响。在孟加拉国，教育行政官员们首先要解决的问题是小学阶段每天有 20% 的校长会不在学校；其次要解决中学阶段的基本工资的一些争议问题，如学校收入最低的教师助教们的缺勤率最高，而收入最高的校长的缺勤率却排名第二；第三个需要解决的问题是薪酬较低的教师助理同收入较高的教师、校长助理和校长一起工作，但是他们却较少有机会升职。

第二，提供更多的教师培训。教师培训并不必然带来教师素质和学生成绩的提高。但是世界银行也发现，没有接受过培训的中学老师在工作中的缺勤率达 16%，接受过教师合格培训项目的中学教师在工作中会较少缺席，而优秀的教师培训能够增强中学教师的责任感。因此，世界银行对有效的各种类型教师培训、老师如何选择培训、其选择是否与其他的绩效标准挂钩、能够提高员工积极性的培训模块有哪些特定的组成成分进行了分析后（特别是孟加拉国的中学），建议安排培训以使得教师不会无故缺席（当学校没有会议的时候，教师不得不同意接受培训）。①

孟加拉国这些政策的实施，一定程度上降低了教师的缺勤率，提高了教师的责任感，促进了孟加拉国教育事业的发展。

（四）喀麦隆

喀麦隆在 1960 年摆脱法国统治，1961 年摆脱英国统治。20 世纪 80 年代中期喀麦隆经济得到稳步发展，20 世纪 90 年代初等教育入学机会平等情况居非洲地区前列，但是初等教育毛入学率由于教育预算经费大大减少而下降了

---

① World Bank, Harvard University. Roll Call: Teacher Absence in Bangladesh [EB/OL]. http://siteresources.worldbank.org/INTSOUTHASIA/Resources/Roll_Call_Teacher_Absence_Bangladesh.pdf.

10%,也影响了教师队伍的数量和质量。后来,喀麦隆共和国政府接受世界银行和国际社会的教育援助,加入减免债务项目,教育得到一定的发展。但是相比联合国教科文组织的新发展目标,差距仍然很大。为达到2015年100%的初等教育入学率、性别平等、初等教育完成率的目标,喀麦隆共和国制定了一份教育部门发展战略,而完成这些目标面临资金短缺问题。

为了获取资金,喀麦隆加入了世界银行的快速轨道计划(Fast Track Initiative)。该计划是世界银行于2002年开始发起的计划,它主要是一种帮助贫困国家缩小资金、政策、能力和资料四方面差距的工具,其中"全民教育——快速轨道计划"的主要内容为:合作国家必须制定良好的教育项目计划,加大国内教育投入,更加主动地引领教育活动开展和教育结果管理;援助者必须给予更多的教育资源支持,给予更多可靠、可预测的援助,时刻与合作国教育优先发展事项等教育计划保持高度一致,并协调好与其他援助者之间的教育援助活动;尤其是需要加强合作国与援助者群体之间的共同责任。

项目执行之后,喀麦隆教育取得了一定进步,教育援助效果显现出来。例如,师生比下降到51.8:1;招收了13275名合同教师,大幅度地增加了教师数量;总支出中基础教育的支出大幅增长;合同教师也被给予了同样专业发展的机会,十年之后,仍可以加入公务员教师行列。目前,该项目执行了第一期,第二期也将执行完毕。[①]

---

① 胡小娇:《国际教育援助及其效果的研究》,华东师范大学硕士论文,2011年,第27页。

第五节 世界银行教师教育政策的作用与偏差

当今世界,国家和人们都已经普遍达成了共识,认为教育是人类和经济发展极其重要的一部分,不管是何种类型的教育都应该受到重视,而且教育质量不应该仅仅包括增强学校的建筑和设备等硬件设施,还需要提高教师的教学技能和自身素质。世界银行对教育领域政策的重视也日益显现,它制定的一系列教育政策在一定程度上对其援助的国家甚至全世界产生了积极的作用,例如改善了发展中国家对教育总投入的不足,推动了发展中国家教育的普及,增强了发展中国家人力资源的竞争性等。

然而,由于世界银行将教育作为改善经济发展的工具,忽视其社会和人文价值,要求各国采取一致且强迫的教育援助政策,在其教师教育方面的政策也是如此,这就导致了世界银行在对发展中国家的教育援助上可能存在一定的偏差与问题。

我国在发展教育事业的道路上,不仅要借鉴世界银行的积极经验,推动我国教育事业进一步的发展,还要吸取世界银行的教训,以此来避免我国在教育领域犯相同的错误,使我国教育事业的发展少走弯路。这些对于我国发展教育事业,特别是发展教师教育事业,有着十分重要的作用。①

一、积 极 作 用

(一) 不断地争取世界银行的援助项目来促进我国教育事业的发展

我国仍属于发展中国家行列,教育领域的发展存在很多问题,如教育发展的经费不足、教师工资待遇、社会地位低下、师资队伍不完善等等,这些都需要我们去克服。相对而言,世界银行有着相对先进的教育理念、丰富的教育实践与各种动机下推动的援助合作倾向,这些都是我们应抓住的机会。为了发展我国的教育事业,我国尤其是西部地区应该不断地积极争取世界银行的援助项目,利用一切可利用的外资与支持来发展教育事业。② 但是,我国在争取世界银行的资金和知识援助项目的同时,也要正视其发展与援助的关系,不可使世界银行的附加条件成为其干涉我国教育政策的工具。我国在考虑利用世界银行的资金对我国的教育事业进行援助之时,需首先考虑本国的需求,如果世界银行的援助触及了中国所能接受程度的底线,那么我国必然只能舍弃世界银行的援助,依靠自己的力量来发展教育事业。③

(二) 基于我国的实际需要来设计教育发展项目,明确项目的国家所有权

世界银行是一个和各国政府打交道的国际组织,它所力求的"知识银行"

---

① 殷敏:《世界银行对非洲教育援助政策研究》,浙江师范大学硕士论文,2011 年,第 33 页。
② 曹梦婷:《全民教育背景下世界银行对非洲学前教育援助项目研究》,浙江师范大学硕士论文,2013 年,第 8 页。
③ 沈蕾娜:《影响和应对:世界银行和中国的高等教育》,《杭州:中国教育学会比较教育分会第 15 届学术年会暨庆祝王承绪教授百岁华诞国际学术研讨会》,2010 年第 10 期。

角色更多的是依靠其良好的声誉和借款国的信任,它倾向于和一个强大而友善的政府进行合作,从而实现双赢的局面。① 世界银行在执行每个教育援助项目前都了解了受援国的本地实际情况与迫切需要,这是对项目顺利进行与达到预期目标的保障。同时,在有效性援助框架下,世界银行强调项目的国家所有权,提倡应使受援国提升自身本土建构能力,强调能力建设的重要性。因此,我国在努力增强经济实力的同时,也必须积极增强政府治理能力和知识能力,只有这样才能清晰地判断世界银行援助项目的价值,保留本国的话语权,对于项目运行过程中的不合理措施和要求应予以反馈与反驳,②使我国的教育事业获得更快更好的发展。

(三) 学习世界银行系统、成熟的项目运行机制

世界银行自从20世纪60年代以来就开始实施教育援助项目,多年的教育援助实践让其形成了一套系统、成熟的项目运行机制,其贷款项目周期更是当今世界上公认的在科学性、操作性、实效性等方面最权威、成熟、规范的,其参与式、分权管理等模式都值得我们仔细分析与认真学习。应通过对世界银行的教育项目及其制定的政策的学习来不断完善我国的项目管理系统,不断摸索成功的项目管理模型,以期能更好地利用本国的力量来制定我国的教育政策和发展本国的教育事业。③ 这也就要求我国要继续以改革开放的姿态来迎接世界银行的合作。当今世界,不论一个国家是否愿意,都被卷入全球竞争之中。事实证明,封闭是不可取的。中国和世界银行的相互依赖程度加深,我国要尽可能换取最大的国家利益就必须加强与世界银行的合作。④

---

① 沈蕾娜:《影响和应对:世界银行和中国的高等教育》,《杭州:中国教育学会比较教育分会第15届学术年会暨庆祝王承绪教授百岁华诞国际学术研讨会》,2010年第10期。
② 曹梦婷:《全民教育背景下世界银行对非洲学前教育援助项目研究》,浙江师范大学硕士论文,2013年,第87页。
③ 曹梦婷:《全民教育背景下世界银行对非洲学前教育援助项目研究》,浙江师范大学硕士论文,2013年,第88页。
④ 沈蕾娜:《影响和应对:世界银行和中国的高等教育》,《杭州:中国教育学会比较教育分会第15届学术年会暨庆祝王承绪教授百岁华诞国际学术研讨会》,2010年第10期。

（四）形成结果导向的评估与监督机制

准确及时地评估并监督项目是项目顺利完成的重要保障，也是援助国获取反馈信息的重要途径。世界银行在项目的评估与监督上就做了一个良好的榜样，丰富的出版刊物、项目文件与数据库资料是其对每个项目负责的见证。世界银行对项目的监督、评估与研究相辅相成，以便更好地指导下一次的项目实践，这些是非常值得我们学习的。[①] 我国在形成结果导向的评估与监督机制方面的经验较为缺乏，容易造成国家拥有十分完善的教育政策，但是实施的效果不明显，并且我国对教育战略的宣传力度不足，容易造成人们对教育战略的不理解和不支持，导致教育策略难以在学校以及教师和教育工作人员中进行推广。

（五）积极参与世界银行教育项目的政策讨论与制定，扩大我国的国际影响力

我国今后将应该继续扩大和世界银行的合作，不仅是利用其资金，而且也要利用其知识，只不过关键在于"为我所需、为我所用"。我国如今与世界银行合作的目的不仅仅是接受世界银行资金的援助，将资金投入我国的教育领域，还应该为世界银行制定教育政策献策献计，参与世界性教育政策的制定。另外，我国也要努力超越传统的"师生关系"或"援助方和受援国关系"，要积极地参加世界银行的政策讨论和政策制定，从而加大对世界银行的发展战略和活动方式的影响，为我国自身的发展和改革创造更有利的条件。[②]

[①] 曹梦婷：《全民教育背景下世界银行对非洲学前教育援助项目研究》，浙江师范大学硕士论文，2013年，第88页。

[②] 沈蕾娜：《影响和应对：世界银行和中国的高等教育》，《杭州：中国教育学会比较教育分会第15届学术年会暨庆祝王承绪教授百岁华诞国际学术研讨会》，2010年第10期。

二、偏差与问题

（一）过度关注教师的培训政策

在世界银行所发布的关于教师教育政策的报告中，教师培训一直是报告中重点关注的问题，不论世界银行哪份教师教育报告的出台，其中都不可避免地涉及教师培训问题。世界银行认为，学校的教学质量低下、学生的学习成绩难以提高等问题都是由于教师教学能力差、专业水平不高所造成的。不可否认，教师教学的能力差在一定程度上是会影响到学校的教学质量和学生的学习成绩等，但是世界银行忽略了其他因素的影响，例如教师社会地位的低下导致教师教学的积极性不高等，还有世界银行过分期待通过教师培训来提高教师的教学质量，促进教育水平的发展，容易导致世界银行在教师教育政策上陷入"教师培训"这一盲区，难以从其他方面来思考改善教育的路径。

（二）容易干涉发展中国家的教师教育政策

世界银行主要是以贷款等形式为发展中国家提供教育资金，改善发展中国家的教育问题，提高教育水平。不过，世界银行的教育资金援助并不是无条件的，而是要求被援助国来践行世界银行针对该国制定的教育政策。这些教育政策仅仅是站在教育、社会等单独的一个领域或者某几个领域来看待发展中国家出现的教育问题，并不能像发展中国家的领导者们那样对该国的历史、经济、社会等各个方面有着深刻的理解，制定出的教育政策也更适合本国的发展，更符合大众的要求，能与本国的其他方面有更紧密的联系。但是，由于发展中国家缺乏资金来发展教育，因此，为了获得世界银行的教育贷款，它们便会在一定程度上甚至是完全妥协，根据世界银行针对本国制定的教育政策来发展教育，这就会造成世界银行干涉发展中国家的教育政策的结果。教师教育政策作为世界银行关注教育问题的重中之重，必然会更容易受到干涉。

(三) 过分强调教师教育政策为经济服务

世界银行一开始并不援助教育领域的发展,其后来关注教育的发展也是由于人力资本主义理论的兴起。国家需要技术人才的目的是为了加强国家的经济建设,推动国家的经济发展,而技术人才的培养则必须依靠教育作为手段。这说明教育政策在一定程度上是为了国家经济水平的提高服务的,并且在世界银行的教育政策中,其最重视的是教师教育政策的讨论与制定,教师教育政策受重视的原因也是因为它有利于技术人才的培养,世界银行的教师教育政策为经济服务是其最大的目的。当然,随着时代的发展,世界银行的教师教育政策在不断地变化与发展,在新时代,它更加关注"人"的发展,为人的生存和发展服务,更加具有人性化,但是,哪怕在偏重关注"人"的同时,世界银行也并未放弃强调教育要为经济服务这一重心。因此,世界银行的教育政策永恒不变的一个主题就是为国家经济服务,提高国家的经济水平。

第五章

欧盟教师教育政策

第五章 欧盟教师教育政策

欧盟即欧洲联盟(European Union),是由欧洲共同体发展而来,并于1993年11月1日正式诞生。目前,欧盟拥有英国、法国、德国、意大利等28个会员国,是欧盟地区一大经济合作组织。早期,欧盟共同体对教师教育的关注较少。但随着经济全球化的发展与信息社会的到来,欧盟各成员国日益认识到高素质人才对社会、经济发展的重要性。而高素质人才的培养与优秀的教师密切相关,因而自2000年以来,欧盟逐渐加大了对教师教育的关注,并出台了一系列教师教育政策,主要有2002年《报告Ⅱ:教师供给——欧洲的教学专业:现状、趋势和关注》(Report Ⅱ: Supply and Demand. The Teaching Profession in Europe: Profile, Trends and Concerns)、2003年《报告Ⅲ:工作条件和费用——欧洲的教学专业:现状、趋势和关注》(Report Ⅲ: Working Conditions and Pay. The Teaching Profession in Europe: Profile, Trends and Concerns)、2004年《报告Ⅳ:保持21世纪教学的吸引力——欧洲的教学专业:现状、趋势和关注》(Report Ⅳ: Keeping Teaching Attractive for the 21st Century. The Teaching Profession in Europe: Profile, Trends and Concerns)、2005年《欧盟教师能力与资格的普遍准则》、2007年《欧盟理事会关于提高教师教育质量的决议》、2009年《理事会就教师和学校领导专业发展活动开展的决议》(Council Conclusions of 26 November 2009 on the Professional Development of Teachers and School Leaders)、2009年《欧盟教师教育课程》(Teacher Education Curricula in the EU)、2012年《反思教育：为更好的社会经济结果而投资》(Rethinking Education：Investing in skills for better socio-economic outcomes)、2013年《促进教师专业发展——为了更好的学习成果》(Supporting Teacher Competence Development For Better Learning Outcomes)、2014年《欧盟教师和学校领导的关键数据》(2013Key Date 2013 on Teachers and School Leaders in Europe)。这些报告和文件蕴含着欧盟的教师教育政策取向，对欧盟成员国产生了较大影响。

第一节　21世纪以来欧盟教师教育政策的发展演变

2000年3月,欧盟各成员国领导人在葡萄牙首都里斯本举行了特别首脑会议,达成并通过了一项关于欧盟十年经济发展的规划,即"里斯本战略",其目标是使欧盟在2010年前成为"以知识为基础的、世界上最有竞争力的经济体"。为实现这一战略目标,欧盟自2000年以来,制定了一系列教师教育政策。纵观新世纪以来欧盟教师教育的发展演变过程,我们可以根据其在不同时期的政策内容的不同,将其分为四个阶段,即关注教师资格与能力阶段、关注教师教育质量阶段、关注教师专业化阶段以及关注教师队伍建设阶段。

一、关注教师资格与能力阶段:确立欧盟教师共同标准

2002年9月,欧盟成立了"促进教育培训者与教师的教育"工作组。该工作组已经发布了两份报告。第一份报告主要关注于教师应该具备的一系列专业能力,如促成新学习成果的能力、重建课堂管理的能力、从事课堂外工作的能力等。与此同时,该报告也指出了教师教育政策发展的四大趋势,即制定教师专业标准、学校合作推进教师教育、教师教育的科学系统化以及提升教师教育的质量。

2005年6月出台的第二份报告《欧盟教师能力与资格的普遍准则》则在第一份报告的基础上进一步阐述了教师职业的特点以及教师应具备的能力。报告界定了教师职业四个方面的特点：①教师是高素质的职业。所有教师都必须毕业于高等教育机构，并掌握扎实的专业基础知识、广泛的学科知识、良好的教与学的知识以及必要的教学能力。②教师是终身学习的职业。在整个教学生涯中，教师要积极学习各学科的新知识，不断丰富、更新自身的知识结构，树立"终身学习"的观念。③教师是交流的职业。交流是教师尤其是新教师获得职业发展的重要途径之一。学校管理者应该鼓励教师到其他欧盟国家学习和工作，以谋求职业发展。④教师是合作的职业。一方面，教师教育机构应该与学校合作开展教师教育活动，以更好地提升教师的实际教学能力。另一方面，教技能的教师应与教理论的教师合作开展教学活动，以取长补短，弥补自身能力的不足。报告还提出了教师应具备的三项核心能力：专业的教学能力，运用知识、技能和信息的能力，融入社会的能力。其中，专业的教学能力是指教师要拥有关于人类身心发展规律的知识，能够了解学习者，并引导学习者在与他人的合作中提升自身的学习的能力。运用知识、技能和信息的能力主要是指加强教师对知识的获取、分析、思考与传递方面的能力。融入社会的能力是指教师在社会中工作与学习的能力。①

二、关注教师教育质量阶段：提升教师教育质量

虽然欧盟制定了教师资格和能力的共同标准，但在各国教师教育的实际进程缓慢，教师教育质量更有待提高。为此，欧盟于2007年12月12日发布了《欧盟理事会关于提高教师教育质量的决议》。决议就高质量的教师和教学对推动社会发展的重要性、如何实施高质量的教师教育以及欧盟各成员国如何合作培养高质量的教师三个方面分别进行了阐述。

决议指出，高质量的教学是提升欧盟长远竞争力、实现里斯本目标的前提

---

① 许立新：《博洛尼亚进程下欧盟教师教育的探索与创新》，《比较教育研究》，2011年第7期。

条件。在教学中,学生需在教师的引导下获得各种知识与技能以及将来他们作为社会公民所必需的个人、社会生活的能力。教师的作用至关重要,因而必须重视教师的教育与培训,努力提高教师的教学、科研能力以及应对课堂中日益增长的社会文化多样性的能力,以促进教育的公平与发展。

为培养高质量的教师,欧盟指出教师教育机构与学校应加强联系、通力合作,积极采取提升教师理论水平与实践经验的各种方法,给予教师教育足够的支持,确保教师在整个职业生涯中获得相应的职业指导以及各种学习的机会。与此同时,应努力确保职前教师教育、入职教育与教师在职专业发展的协调开展,使其保持内在的一致性,让教师在持续的学习中获得教学、合作、研究等方面的能力。此外,还应确保那些既具有教学技能与经验,又具备领导才干的教师获得学校管理与领导力培训的机会,鼓励教师参与学校的管理。

在各成员国各自发展国内教师教育的基础上,欧盟呼吁各成员国团结合作,采用"开放合作法"、终身学习项目、第七个研究与技术开发框架项目等措施,共同推动欧盟教师教育的发展。与此同时,欧盟委员会更明确指出了未来合作的重点:第一,确保职前教师教育、入职教育与教师在职专业发展的协调一致,努力提升教师教育质量。第二,严格教师招聘制度,选拔最优秀的人才进入教师队伍。第三,改进学校领导招聘方式,提升领导者发展教师教育的能力,并鼓励教师参与学校事务的管理。[1]

三、关注教师专业化阶段:促进教师专业发展

在教师的培养过程中,职前教育多是以理论知识的学习为主,从而导致了大多数新教师的教学实践经验十分有限。教学作为一项操作性较强的工作,其对教师的教学技能也有着相对较高的要求。因而,新教师的在职培训以及专业发展显成得尤为紧迫与必要。欧盟在发展教师教育的过程中,也逐步看到了教师在职培训与专业发展的重要性,并已逐渐建立起"夸美纽斯基础教育

---

[1] 许立新:《博洛尼亚进程下欧盟教师教育的探索与创新》,《比较教育研究》,2011年第7期。

在职教师流动计划""在职教师专业发展计划""伊拉斯谟高等教育在职教师流动计划"等促进教师专业发展的平台。教师在参与各项计划的过程中,可以学习到新的教学方法、技能与知识,促进自身的专业发展。

此外,为确保欧盟成员国教师专业发展活动的深入开展,欧盟理事会于2009年6月发布了教师专业发展方面的重要政策文件《理事会就教师和学校领导专业发展活动开展的决议》(Council Conclusions of 26 November 2009 on the Professional Development of Teachers and School Leaders)。该文件指出,当前各成员国给教师提供的在职专业发展项目的数量有限,而且这些项目并不能满足教师的个体需求,无法解决他们面临的具体问题。因而,各成员国一方面需要增加教师在职专业发展项目的数量,另一方面,也要注意项目内容与教师实际需求的一致性,有效地实施教师在职培训,充分保证教师教育的质量,以促进教师的专业发展。[1]

2013年7月,欧盟委员会发布了文件《促进教师专业发展——为了更好的学习成果》(Supporting Teacher Competence Development for Better Learning Outcomes),对教师专业能力的重要性与现状、教师专业能力的框架体系以及如何帮助教师获得与发展专业能力进行了论述。该文件指出,欧盟六百万教师拥有创建高效课堂的基本技能是提高学生成绩的关键之一。在当今迅速发展的世界中,鼓励教师继续增强他们的专业技能至关重要。为确保教师获得与发展他们所需的专业技能,相关教师专业发展项目需要注意以下三点:①有效地调动教师参与终身学习与专业发展活动的积极性,以提高教师自身专业发展的意识。②制定出一套适用于任何教师教育体系的教师专业能力发展评估标准,以检验教师参与专业发展项目的成效。③为教师提供持续的、一致的、适当的学习机会,以支持教师的专业发展,使每一位教师获得和发展他们所需的技能。[2]

---

[1] 覃丽君、陈时见:《欧盟教师教育政策及其发展走向》,《比较教育研究》,2013年第12期。
[2] European Commission. Supporting Teacher Competence Development For Better Learning Outcomes[EB/OL]. http://ec.europa.eu/education/policy/school/doc/teachercomp_en.pdf.

四、关注教师队伍建设阶段:强化教师队伍建设

针对当前欧盟各成员国教师数量严重短缺、教师队伍质量参差不齐、教师职业的吸引力不足等现状,欧盟委员会于 2012 年 11 月发布了有关教师队伍建设的工作报告《反思教育:为更好的社会经济结果而投资》(Rethinking Education: Investing in Skills for Better Socio-economic Outcomes)。报告指出,世界各国的教育质量与教师队伍的素质密切相关,教师队伍中高素质人才越多,教育质量也相应越高。因此,为建设高素质的教师队伍、提升教育质量,欧盟委员会提出了一系列提升教师职业吸引力的政策建议,如提高教师职业的地位与待遇、严格教师招聘标准、赋予教师更多的自主权等。

在一些欧盟国家,人们普遍认为教师这一职业的专业性不强,教师的职业地位低,教师的待遇也相应较低。为此,欧盟指出一方面要对教师职业给予专业性的认定,促进教师职业的专业化,另一方面也要从经济角度出发,提高教师职业的薪酬,以提升教师职业的吸引力。为确保教师队伍的整体质量,欧盟指出必须严格教师招募标准,以选拔出优秀人才补充教师队伍。赋予教师更多的自主权则是指在教学及学校管理事务中为教师提供更多的空间与时间,使其能够自主安排其教学活动,以提升教师的主体意识与自主性。[①]

---

① 覃丽君、陈时见:《欧盟教师教育政策及其发展走向》,《比较教育研究》,2013 年第 12 期。

第二节 欧盟职前教师教育政策

一、教师教育课程

2008—2009年,芬兰教育研究所对27个欧盟国家各级普通教师教育课程的状况进行了调查研究,并出版了题为《欧盟教师教育课程》(Teacher Education Curricula in the EU)的调查报告。[①] 报告显示,在欧盟内部,不同国家要求教师所具备的技能和能力大多是相似的,如学科教学能力、理论与实践相结合的能力等,这些必须包含在教师教育课程里。大多数成员国有关教师教育课程的文件中,明确提出了教师应该具备的专业技能与能力。这些文件所提出的能力要求与教师教育质量委员会文件中所涉及的能力相一致,但就其所使用的概念以及实施的程度而言,两者则存在着很大的不同。

在欧盟,各成员国制定教师能力标准的机构不尽相同,根据这些机构的层

---

① Finnish Institute for Educational Research. Teacher Education Curricula in the EU[EB/OL]. http://ec.europa.eu/education/policy/school/teacher-training_en.htm.

次高低，研究人员归纳总结出了三个基本模型：第一，由国家（或州、区域）层面提出详细的教师能力要求，即由一个政府部门或机构提出。这种情况主要出现在5个国家，即：塞浦路斯、爱沙尼亚、德国、斯洛文尼亚、英国。第二，由国家（或州、区域）层面提出教师能力要求框架，例如由一个政府部门或机构提出，但可由较低层次的机构进一步调整与规定具体要求，例如教师教育机构。这种情况较为普遍，共有18个国家采用了这种模式，即：奥地利、比利时、保加利亚、丹麦、法国、匈牙利、爱尔兰、意大利、拉脱维亚、立陶宛、卢森堡、荷兰、波兰、罗马尼亚、斯洛伐克、葡萄牙、西班牙、瑞典。第三，由较低层次的机构提出教师能力要求，如教师教育机构。这种情况主要出现在4个国家，即：捷克共和国、芬兰、希腊、马耳他。

有些国家有特定的国家教学机构或部门（例如教学委员会）开发、评估教师教育项目，设置教师招聘要求。这些国家对教师必须具备的能力往往有更直观、更详细的描述。例如，爱沙尼亚、捷克共和国、德国、爱尔兰、斯洛文尼亚与英国就是如此。而在那些由不同机构独立完成教师教育课程的设置与实施的国家中，教师教育机构在实施计划的过程中会有更多的自由，其对教师能力的定义也是不同的。

在不同国家中，国家文件在何种程度上涉及欧盟文件所提出的教师能力要求也存在着很大的差异。但所有欧盟国家的文件中都提到了学科能力、教学能力、理论与实践相结合的能力。还应指出的是，就学科能力、教学能力、理论与实践相结合的能力、合作能力以及保证教学质量的能力的重要性而言，小学教师教育和中学教师教育也有着很大的不同。例如，相比中学教师教育而言，教师的教学能力在小学教师教育中显得更为重要。

一般来说，国家主要决定教师的学科能力、教学能力、理论与实践相结合的能力、质量保证能力的标准。其他能力标准则由高校或教师教育机构制定。

就具体课程的设置而言，原则上，各成员国都要在国家和教师教育机构两个层面或仅在教师教育机构层面设定教师教育课程。没有一个国家是直接在国家层面设定教师教育课程的。在联邦制国家（如奥地利、德国、西班牙和英国），虽然由国家制定教师教育课程的框架，但各州通常都有自己的特权。据此,研究人员根据教师教育课程内容的决策机构的不同,归纳总结出了两个基本模型:第一,有 24 个国家的文件、法律和法规提供了关于教师教育机构如何组织实施教师教育的一般指导原则和框架,教师教育机构可以据此独立设计他们的教师教育课程。第二,而在希腊、卢森堡和马耳他三个国家,教师教育机构拥有制定教师教育框架及其课程内容的绝对自主权。

二、教师教育模式

欧盟国家主要存在着两种传统的教师教育模式:时间顺序模式(Consecutive Model)和同时发生模式(Concurrent Model)。时间顺序模式是指学生入学后,先接受普通教育,以获得某一特定学科或研究方向的学位,在学习结束后或即将结束时,再接受专业的职前教师教育,以保证其能胜任教学工作,而这一阶段仍然要学习一些普通教育类课程。时间顺序模式的培养年限为 1 年至 1 年半。同时发生模式是指学生一入学就同时接受普通教育和专业的教师教育训练,以使其一毕业就能胜任教学工作,其培养年限则为 3 年至 5 年。[1]

几乎所有的欧盟国家,都通过同时发生模式培养幼儿教师和小学教师。法国和葡萄牙则例外,自 2011 年以来,这两个国家只通过时间顺序模式培养幼儿教师和小学教师。在保加利亚、爱沙尼亚、爱尔兰、波兰、斯洛文尼亚和英国(英格兰、威尔士、北爱尔兰和苏格兰),两种教师教育模式则都是可用的。就初中教师的培养模式而言,更多是两种教师教育模式的混合。比利时、丹麦、德国、斯洛伐克、冰岛、土耳其六国通过同时发生模式培养初中教师。而在爱沙尼亚、西班牙、法国、意大利、塞浦路斯、卢森堡、匈牙利和葡萄牙,时间顺序模式则是培养初中教师唯一可用的模式。在其他国家中,大多都同时使用两种教师教育模式来培养初中教师。就普通高中教师的培养模式而言,大多

---

[1] 戈文武:《欧盟国家中小学教师教育特点、面临的挑战——兼论对我国教育改革的启示》,《外国教育研究》,2006 年第 10 期。

数国家使用时间顺序模式或同时使用两种模式。因此,欧盟大多数的普通高中教师是通过时间顺序模式学习的。在德国、斯洛伐克、冰岛和土耳其,同时发生模式是培养各级教师的唯一途径。而在法国和葡萄牙,时间顺序模式则是培养各级教师唯一可用的模式。相反,在保加利亚、爱尔兰、波兰和英国,两种模式都可用来培养各级教师(从幼儿教师到高中教师)。[1]

除了两种传统教师教育模式,欧盟也正努力构建教师教育机构与中小学伙伴关系的新型教师教育模式。2007 年,来自奥地利、丹麦、爱沙尼亚、芬兰、爱尔兰、荷兰、挪威和瑞典共计 8 个国家的 13 位专家共同探讨了丹麦、瑞典、德国和荷兰四国的教师教育机构与中小学伙伴关系模式。由于各国国体、国情和传统的不同,不同国家的教师教育机构与中小学伙伴关系也不尽相同。在丹麦和瑞典,地方当局在教师教育机构与中小学伙伴关系模式中发挥着重要作用。而在荷兰,中小学则在这一模式扮演着重要角色。新型的伙伴关系不仅使得中小学能够参与新教师的职前培养,也为师范生提供了一种真实的学习环境,从而进一步提升了他们的教学实践能力。[2]

从欧盟教师教育模式改革的整个过程,我们不难发现,欧盟越来越关注师范生专业能力的培养,即培养师范生某一特定学科的教学能力,帮助其掌握解决学生的实际问题的方法。

三、教师招募

(一) 招募方法

欧盟主要通过公开招聘补充教师队伍。"公开招聘"是指由不同的机构单独负责公布空缺职位、受理申请和筛选应聘者的招聘方法。招聘通常是由学

---

[1] European Commission. Key Date on Teachers and School Leaders in Europe[EB/OL]. http://eacea.ec.europa.eu/education/eurydice/key_data_en.php.
[2] 许立新:《欧盟国家教师教育机构与中小学伙伴关系的探索与实践》,《外国教育研究》,2010 年第 10 期。

校进行,有时与地方当局共同进行。新教师与现有的教学岗位的匹配通常是根据学校的需求进行。

绝大多数欧盟国家采用"公开招聘"方法来招聘新教师。例如,在荷兰,学校或学校董事会依据自己的程序来公开招聘教师。任何有教学资格的人都有可能被任命为某一教育阶段或与他(她)相匹配的学校的教师。欧盟南部的少数国家通常会组织竞争性考试,即面向公众集中组织的考试,以选择教师候选人。在希腊、西班牙、法国、马耳他、列支敦士登和土耳其,这也是教师招聘的唯一方法。例如在西班牙,公立学校的教师必须通过公开考试。考试包括三个阶段:检查评估相关领域专业知识、教学能力和必要的教学技术阶段;评估候选人的适合性(教育背景和以往教学经验)阶段;试用期阶段,候选人必须在此阶段证明其教学能力。在卢森堡,只有中学阶段的教师招聘采用竞争性考试。在意大利,竞争性考试则是主要的招聘方法。

除了"公开招聘",六个国家或地区使用所谓的"候选人名单"来招聘教师。该方法是指候选人通过向一个高级或中级机构提交姓名和合格证,以申请教师职位。在塞浦路斯和卢森堡仅使用"候选人名单"进行幼儿和小学教师的招聘。在比利时(法语和德语的社区),"候选人名单"仅用于某些特定类型学校的教师招聘。而在葡萄牙,只有"候选人名单"中没有适合某一学科或学校的候选人时,才会进行公开招聘。[①]

(二) 教师职业身份

在欧盟,由不同层次的管理部门(中央、地区、地方和学校)负责聘任教师。负责聘任教师的管理部门的层次通常与教师的职业身份密切相关。在欧盟各国中小学任职的教师,其职业身份可以分为三大类型:职业公务员(Career Civil Servants)、公务人员(Civil Servant)、雇员(Employee)。[②] 职业公务员通常由中央或地方机关聘用。在某些情况下,中央政府也可能是公务人员或合

[①] European Commission. Key Date on Teachers and School Leaders in Europe[EB/OL]. http://eacea.ec.europa.eu/education/eurydice/key_data_en.php.

[②] 李小强:《欧盟成员国中小学教师职业保障制度研究》,《教师教育研究》,2007年第6期。

同教师的雇主。但在绝大多数情况下,当雇主是学校或地方当局时,教师通常都只是签订合同的雇员。

在丹麦、芬兰、挪威、冰岛、荷兰、匈牙利和英国(苏格兰),公立学校教师的唯一雇主是地方政府。在保加利亚、捷克共和国、爱沙尼亚、爱尔兰、拉脱维亚、立陶宛、波兰、斯洛文尼亚、斯洛伐克、克罗地亚,则由学校专门负责聘任教师。最后,在比利时、瑞典和英国(英格兰、威尔士和北爱尔兰)三个国家,负责雇用教师的部门则依据学校的类别而定。在大多数情况下,教师工作所在的学校的等级与聘用部门没有任何关系。只有少数国家不同,如德国和奥地利,不同于一般的初等和中等教育(初中和高中),学前教育教师的雇主是地方教育当局。在冰岛,高中教师的雇主通常是学校。

公立的幼稚园、小学、初中和高中的教师的职业身份主要分两类。在许多国家中,教师是签订合同的雇员,受一般的劳动就业法保护,通常是由地方政府或学校聘用。在其他一些国家中,教师属于公务人员,甚至在一些国家,教师是终身的职业公务员。在德国、爱尔兰、卢森堡、马耳他、荷兰、波兰和葡萄牙,教师的职业身份有公务人员、职业公务员和雇员三种。在荷兰,根据《中央和地方政府人员的行为规范》的规定,公立学校教师是职业公务员。私立学校的教师则与雇佣他们的学校董事会签订雇佣合同。然而,这些雇员可以与公立学校的公务员共享相同的工作条件。

只有两个国家,教师工作学校的等级直接影响他们的职业身份。在德国,学前教育阶段的教师的职业身份都是雇员,而其他教育阶段的教师的职业身份都是职业公务员。在马耳他,高中教师的职业身份既可以是职业公务员,也可以是雇员。[①]

四、新教师的过渡培训

工作胜任期也称见习期,指师范生毕业后开始从事专业工作到完全能够

[①] European Commission. Key Date on Teachers and School Leaders in Europe[EB/OL]. http://eacea.ec.europa.eu/education/eurydice/key_data_en.php.

胜任教学工作期间。由于新教师还不能完全胜任教学工作,所以又称作候选人。新教师只有见习期满并符合评估标准才能成为一名完全合格的教师。在这一阶段,要给新教师的专业发展提供支持,并且监督、评估他们的教学技能是否达到要求。一般而言,学校都为新教师专门配备了指导员。见习期内,部分培训内容是强制性的。有些国家,如德国、法国和卢森堡把见习期纳入到职前培养,以使教师的专业发展形成有机的整体。新教师的见习期至少为1年,但德国和英国的一些学校则要求达到2年。师范生想要顺利进入见习期,一方面,其第一学历要达到国家的规定,另一方面,还要通过选拔考试。

新教师在见习期内接受的辅导,归纳起来有三个方面:理论和实践培训、同事的关怀和指点以及教学能力评估。学校可以通过评估,了解新教师的进步并随时帮助他们解决遇到的困难。而学校为新教师提供的支持培训可以细分为:如何备课、如何课堂管理、如何评价学生、如何搞好人际关系。对新教师的支持力度取决于教学任务量的多少,一般以日或周为单位。如卢森堡规定,新教师每周至少要有6次接受辅导员的指点,不同国家对指导员的称谓不同,主要有 Tutor、Counselor、Coordinator、Mentor 等。但指导员的职责大体一样。一般而言,指导员是由接受过相关培训并且教学经验丰富的教师担任,他们的辅导工作计入正常教学工作时间,并有物质奖励。[①]

[①] 戈文武:《欧盟国家中小学教师教育特点、面临的挑战——兼论对我国教育改革的启示》,《外国教育研究》,2006年第10期。

第三节 欧盟职后教师教育政策

一、教师专业发展

欧盟采用了"教师持续专业发展"概念来代替"教师专业发展"概念,以体现专业发展持续性的重要。大多数欧盟国家规定学校有义务制定持续专业发展计划。此类计划的制定和实施通常是校长、学校管理团队或者分管教师持续专业发展活动的教师的职责。在一些国家,持续专业发展计划也是全体教职工的共同职责。例如,在意大利,持续专业发展计划要获得全体教师的认可。当然,持续专业发展计划也应考虑到教师的发展需要。[①]

少数国家对不同教育阶段的教师持续发展计划的要求也不同。在爱沙尼亚和挪威,幼儿教师不需要参加持续专业发展计划,而在塞浦路斯,无论是幼儿教师还是小学教师,都不需要参加持续专业发展计划。相反,在卢森堡,对

---

① European Commission. Key Date on Teachers and School Leaders in Europe[EB/OL]. http://eacea.ec.europa.eu/education/eurydice/key_data_en.php.

于幼儿教师和小学教师而言,持续专业发展计划都是强制的,但对于初中和高中教师而言,持续专业发展计划则是可选择的。

在西班牙,由地方教育部门负责出台与持续专业发展计划相关的政策。大多数教育部门明确要求学校每年制定一项教师持续专业发展计划。与此同时,也有少数教育部门对此没有明确的规定。此外,尽管一些国家要求学校制定单独的持续专业发展计划,但在大多数国家中,持续专业发展计划通常是学校年度工作计划或发展计划的组成部分。相对而言,学校制定单独计划的时间更长。

(一) 持续专业发展计划的制定者

在大多数欧盟国家中,持续专业发展计划是由学校制定的。然而在许多国家或地区,则由最高教育机构规定持续专业发展计划的主题或者领域。此外,在许多国家,最高教育机构也决定了教师在申请新职位时必须要参与的额外培训。在希腊和克罗地亚,持续专业发展计划完全由最高教育机构负责实施。

很多欧盟国家要求教师有自己的个人持续专业发展计划。这些个人计划通常是在教师评价过程中发展起来的,但在一些国家,教师个人持续专业发展计划的制定则是一个独立的过程。在荷兰和英国(苏格兰),教师自己负责自身的持续专业发展计划。然而,在苏格兰,教师必须管理和维护自己的个人持续专业发展记录。虽然个人持续专业发展计划不是强制的,但教师为了申请资金,常常自觉制定个人持续专业发展计划。只有挪威和土耳其两个国家,地方当局要参与教师的个人持续专业发展计划的制定。葡萄牙则是在地区层面上制定教师个人持续专业发展计划。

尽管持续专业发展计划主要由学校管理部门负责实施,但它也常常与其他部门以及相关的决策机构合作实施。为改善教师的知识和技能,检查人员经常会就教师有待加强的部分对学校管理人员提出建议。通常,最高教育机构会建立学校需求和教师个体需求之前的联系,个人或学校持续专业发展计划则在此基础上制定。

只有德国、爱尔兰、拉脱维亚、奥地利、芬兰和瑞典没有明确要求在某一特定层次机构制定培训计划。然而,即使不需要正式的计划,各国也会对非正式的持续专业发展计划的制定提出相应建议。例如,在拉脱维亚,法规规定教师应与校长一起谋求他们教学能力的发展。

(二) 教师参与持续专业发展活动的主要激励因素

大多数欧盟国家把持续专业发展作为教师的职责或义务。然而,各国经常有相应的激励措施鼓励教师提高技能、增长知识。最常见的鼓励措施是强调教师参与持续专业发展对其前途发展的重要性。18个欧盟国家明确规定,教师持续专业发展和其升职直接相关。此外,9个欧盟国家规定,没有参与特定的持续专业发展活动的教师是不能升职的。然而,专业发展并不是升职的唯一条件。它只是一个必要条件或有价值的条件。一般来说,持续专业发展是教师评价的一个重要因素。有些国家甚至规定了教师必须参与持续专业发展活动的形式和时间,教师只有达到要求才能升职。例如,在葡萄牙,为了升职,教师参与持续专业发展活动的时间不得少于50个小时。斯洛文尼亚则设立了一个专业持续专业发展等级认证机构。

7个欧盟国家为参与某些持续专业发展活动的教师提供奖金。这意味着同一级别的教师不用升职就可以获得更多工资或额外的津贴。在西班牙,参与持续专业发展活动并达到了国家规定的最短时间的教师,每五年或六年可以获得额外的津贴。在整个职业生涯中,教师最多可以获得5次额外工资补助。在斯洛文尼亚,教授三门学科的中学教师在完成持续专业发展计划后可以获得额外津贴。

另有7个欧盟国家指出为保持一定的专业等级要求,一定形式或时间的持续专业发展是必要的。例如,匈牙利要求所有在职教师每7年要参加120小时的持续专业发展培训。罗马尼亚要求每个教师每5年至少积累90个专业学分。有时,在引入新的法规后,一定的持续专业发展课程对一些教师是必不可少的。在瑞典,2010年的教育法案对教师资格提出了新的要求,那些不符合新要求的教师要想继续任职,就要参加一定的持续专业发展课程学习。

6个国家给参与持续专业发展活动的教师提供补休或补贴。例如,在爱尔兰,暑假期间参加持续专业发展课程学习的小学教师可以获得一定数量的个人假期。在希腊,教师可以申请带薪休假,以完成硕士或博士学位的学习。在西班牙,由于持续专业发展和教育创新与研究活动相关,教师可以带薪参与持续专业发展学习。在意大利,教师有150小时的假期用于获得证书和5天假期用于带薪参与持续专业发展活动。在葡萄牙,最长的培训时间是5个连续工作日或8个非连续工作日。

一些国家给予教师整笔津贴。在希腊,教师参加持续专业发展活动后,学校会一次性发放津贴。在马耳他,教师利用课余时间参加3个年度的持续专业发展会议并获得学术证书后可以获得津贴。在荷兰,中学教师每年至少可以获得500荷兰盾的培训津贴。

值得注意的是,尽管欧盟用多种激励措施鼓励教师参加持续专业发展活动,但大多数国家往往只使用一种形式的激励措施。只有8个国家提供2种以上不同的激励形式。相反,比利时(弗拉芒语与法语的社区)、捷克共和国、丹麦、德国、爱尔兰、拉脱维亚、卢森堡、英国、冰岛和挪威等国不提供任何明确激励教师参与持续专业发展的措施。

(三) 政府给予持续专业发展活动的财政支持

所有的欧盟国家都为教师持续专业发展计划提供了相应的财政支持。这种支持受一定标准和准则限制,但通常只要求持续专业发展计划获得学校负责人批准。财政支持持续专业发展计划的方式主要有三种:为持续专业发展计划的制定者提供研究成本、给学校拨款或直接报销教师个人费用。

大多数国家免费提供课程意味着由国家承担教师参与持续专业发展活动的费用。几乎所有的国家承担了制定持续专业发展计划所需的费用,这样教师可以免费参加一些持续专业发展课程。但是,并非所有的持续专业发展课程都是免费的。事实上,不同国家资助持续专业发展课程的方式也各不相同。通常,教育局只为那些教师必须参加的持续专业发展活动或最高教育部门规定的某些主题、领域的持续专业发展活动提供资助。例如,在比利时(法语社区)、意大利、塞浦路斯和葡萄牙,强制性的持续专业发展活动是免费的。在比利时(弗拉芒语社区),只有最高教育部门规定的持续专业发展课程才是免费的。

有时,持续专业发展课程是否免费则取决于课程的组织者。在保加利亚,所有全国性的持续专业发展活动的经费涵盖在国家预算里,而区域或学校组织的持续专业发展活动则由学校的持续专业发展预算支付费用。在西班牙,只有教育当局组织的持续专业发展活动免费。

除了提供免费课程,资助持续专业发展活动的第二种常见方式是给学校提供资金。在24个欧盟国家中,由政府拨款给学校以支付教师持续专业发展活动费用。在一些国家,用于持续专业发展活动的经费是固定的,而在其他国家,学校可以自主决定他们持续专业发展活动预算的金额。例如,在捷克共和国,持续专业发展活动的预算是学校总预算的一部分。在英国(英格兰、威尔士和北爱尔兰),学校支配持续专业发展资金。然而,这资金并不都是用于持续专业发展。学校根据自己的具体需要和情况以及发展计划来分配持续专业发展资金。只有在爱尔兰、拉脱维亚、卢森堡、荷兰、列支士登和挪威六个国家,当其学校教师参加培训时,政府会支付学校聘请代课教师的费用。

20个欧盟国家明确提出,部分持续专业发展的差旅费由政府买单。通常,最高教育机构或学校组织的持续专业发展活动的差旅费由政府买单。例如,在比利时(弗拉芒语区),大部分学校都为教师提供参加持续专业发展活动的差旅费和学习材料费用。在意大利,由学校或政府部门组织的培训课程的差旅费可以报销。在塞浦路斯,塞浦路斯教育学院组织的培训课程的差旅费由政府支付。波兰教师的差旅费、住宿费、膳食费都由政府或学校负责。在罗马尼亚,只有教育部允许举办的教师持续专业发展活动的差旅费能够报销。

通常,差旅费报销也有地域限制。例如,在葡萄牙,政府只支付教师从住所到培训场地超出阈值的距离费用。

在10个欧盟国家中,财政支持措施直接针对教师个人。教师可以申请资金去参加由学校、教育部门或其他公共机构以外的机构组织的持续专业发展活动。在一些国家,这种支持对于大部分的持续专业发展活动都是可用的,而其他国家,这种支持只可用于完整的学位课程。例如,在西班牙,当培训是为了提高教师的外语能力,但又不是免费的时,国家将直接向参与的教师提供财政支持。

在荷兰,只有两个直接支持教师持续专业发展的财政措施。在 2008 年,荷兰政府引进了"教师发展津贴",以鼓励教师提高专业水平和深化专业知识。最初,它可用于短期课程,但是从 2012 年开始,只有跟学士或硕士学位相关的项目才能使用"教师发展津贴"。此外,教师可以申请博士学位,这提供了一个在大学每周两天,长达四年的博士后研究的机会,并且保留工资(学校报销)。

在斯洛文尼亚,在职教师在进修学习时可以申请财政支持,以支付"补充方案"的费用(在职教师为在更高的教育阶段教学而进行的第二轮学习)。

在英格兰,研究生专业发展计划和专业发展奖学金计划给教师提供相应的补贴,以减少教师承担的持续专业发展费用。在威尔士,所有教师在成功完成规定的入门培训后,在其教学的第二年和第三年,都会有一个早期专业发展计划(Early Professional Development)。资金可用于所有有关早期专业发展活动的经费,比如代课教师的酬劳、早期专业发展课程或专题讨论会议的费用。[①]

二、教师待遇

(一) 教师工作条件

1. 生师比

生师比是指学生总数占教师总数的百分比,不可将生师比与班级大小混淆。班级大小指的是在同一班级同时学习的学生数量。而生师比反映的则是一个国家教师队伍的大小。

---

① European Commission. Key Date on Teachers and School Leaders in Europe[EB/OL]. http://eacea.ec.europa.eu/education/eurydice/key_data_en.php.

在小学和中学,大多数欧盟国家的生师比是每 1 名教师负责 10—15 个学生。在 27 个欧盟国家中,平均每个小学老师教 14.5 个学生,而中学则是平均每位教师教 13 个学生左右。只有立陶宛和列支敦士登的小学教师,每人负责的学生数低于 10 个。与之相反,在土耳其,每个小学教师要教 22 个学生,土耳其是唯一一个生师比超过 20 的国家。

在中学阶段,没有一个国家的生师比高于 20。生师比最高的是荷兰(16.5),其次是英国(16),再次是土耳其(17.6)。据报道,立陶宛、葡萄牙和列支敦士登三国中学的生师比则低于 8。

2. 工作时间

在大多数欧盟国家中,教师的工作时间主要是由他们的教学时间来决定。然而,大多数欧盟国家把教师参与学校其他活动(如会议)的时间也纳入工作时间。如在比利时的法语社区和德语社区、列支敦士登,教师的工作时间完全由教学时间决定。而在比利时的其他地区、爱尔兰、意大利、塞浦路斯、马耳他佛兰德社区学校和芬兰,工作时间既包括教学时间也包括教师在校的其他时间。

对大多数国家来说,中小学教师的工作时间基本相同。然而,学前教育并非如此,其教学时间往往更长。另一方面,丹麦、德国和奥地利的教学时间与教育阶段无关。

在大多数欧盟国家,教师聘任合同明确规定了教师的教学时间。不同国家间,教师每周的教学时间在 12 小时到 36 小时之间,各不相同。不同国家和教育阶段的教学时间的不同,与其规定的最少和最多的教学时间以及教学科目有关。此外,在德国、希腊、西班牙、塞浦路斯、卢森堡、马耳他、葡萄牙、罗马尼亚和斯洛文尼亚,教学时间取决于教师的教龄。在达到了一定的教龄后,教师的教学时间也会减少。

在一般情况下,学前教育阶段,教师每周的教学时间最长;义务教育阶段,教师平均每周的教学时间为 20 小时;而高中教师每周的工作时间则不少于 20 小时。只有在保加利亚、丹麦、克罗地亚三国,中学教师每周的教学时间比小学教师每周的教学时间长。此外,在拉脱维亚、立陶宛、匈牙利、波兰和英国(苏格兰),中小学教师的周工作时间相同。

约 1/3 的欧盟国家也规定了教师每周的在校时间。除了葡萄牙、瑞典、英国(英格兰,威尔士和北爱尔兰)和挪威,教师周在校时间一般不超过 30 小时。此外,塞浦路斯只规定了中学教师的在校时间,而冰岛只规定了幼儿教师的在校时间。

总的来说,在大多数欧盟国家,各教育阶段教师的总教学时间和在校时间是差不多的。

3. 工作支持

除了在职业生涯的伊始遇到的具体问题,教师还会遇到许多阻碍他们正常工作的问题,主要有三方面:个人事务;涉及学生、家长或同事的人际关系冲突;教学活动中具体的专业能力的开发。大多数欧盟国家会为教师提供相应的支持,以帮助他们获得持续专业发展的机会。西班牙、马其他、葡萄牙、英国(英格兰,威尔士和北爱尔兰)和列支敦士登等国会在三个方面全方位地为教师提供支持。

对教师专业能力发展的支持往往是在教师专业发展的框架内进行的。如在西班牙,多学科指导服务帮助教师解决学生多样性以及相关的学习问题。在波兰,教学顾问在以下方面为教师的专业发展提供支持:规划、组织、评估教学成果、创建课程、选择或编写教材、改进教学方法以及引进创新。在意大利,学校可以自主决定除必修的专业发展计划以外的发展计划。在匈牙利,学科教师团队互帮互助,共同发展专业能力。在斯洛文尼亚也是一样。约一半的国家在国家层面给教师提供了处理人际冲突问题的支持措施,而在另一半的国家,则由各学校提供相应的支持。在比利时法语社区,学校可以通过调解,以满足教师、学校领导、学生或家长的要求。在西班牙,一些教育机构已经创建了"调解小组",以帮助教师解决在学校发生的冲突。事实上,领导小组、教师或调解委员会都可以调解冲突。在立陶宛,教育法规定,每个学校都应该组建"儿童福利委员会",以应对冲突及相关问题。此外,各国也在个人事务上给予了教师众多支持,如专业发展、福利待遇、工作与生活的平衡问题等。

(二) 教师工资待遇

1. 大多数国家的中小学教师的法定最低工资低于全国人均生产总值

了解教师的工资水平情况,一种最常见的指标是比较教师最低和最高法定工资与全国人均生产总值(GDP)之间的关系。教师的法定工资通常被划分为多个水平或等级。教师的工资水平则是根据一系列的标准,如教龄、专长、资质能力等来决定。然而,应该指出的是,基本工资不包括津贴和福利,在一些国家中,这些可能在教师工资里占有一个较大的比例。

在许多情况下,初中和小学教师的最高和最低法定基本工资与其国内人均 GDP 相同,高中教师的最高和最低法定基本工资则比国内人均 GDP 高。在大多数国家,小学和普通中学教师最低基本工资低于人均 GDP。如在拉脱维亚、立陶宛、罗马尼亚和斯洛伐克,中小教师最低的法定基本工资少于人均 GDP 的 50%。

另外,教师最低工资与人均 GDP 的比率最高的国家有德国、西班牙、葡萄牙、土耳其,分别为 141%、136%、133%、150%。

在大多数国家,高中教师的最低工资大约为国内人均 GDP 的 90%。通常那些小学教师工资水平较低的国家,其高中教师的工资水平也较低。中学教师的法定最高工资通常要比小学教师的法定最高工资要高。法定最高工资与人均 GDP 比率较高的国家有塞浦路斯、葡萄牙和德国,分别为 282%、271% 和 211%。但是,在葡萄牙,教师需要从事教学 30 年后,其工资水平才能达到最高。相反,在捷克、爱沙尼亚、拉脱维亚、立陶宛和斯洛伐克,即使是中小学教师的法定最高工资都低于人均 GDP。

在过去几年中,由于金融危机,一些国家的 GDP 在下降,教师工资虽然保持不变或略有下降,但其实际购买力在下降。

2. 教师工资与教龄正相关

如果只考虑教师的教龄,那么教师的法定工资会随着工作时间增长而相应增加,最终达到法定最高工资。当然,这也并不是绝对的。

教师法定最高工资与新教师的最低工资相比,其购买力相差一倍。在捷克、丹麦、拉脱维亚和土耳其,小学教师在其整个职业生涯中,工资涨幅大约只有20%。而在塞浦路斯、匈牙利、奥地利、葡萄牙和罗马尼亚,高中教师的最高工资大约是新教师工资的2倍。这一事实以及加薪的频率,或许就是教师职业与其他职业相比,更具吸引力的原因。显然,与工资一直不变的教师相比,那些工资明显增加的教师更愿意继续从事教学工作。然而,这也必须考虑到教师工资达到法定最高工资所需的平均年数。

在大多数欧盟国家,教师工资达到法定最高工资的平均年数在15—20年之间。然而,在西班牙、意大利、匈牙利、奥地利、葡萄牙和罗马尼亚,教师需要34年或更长时间才能得到法定最高工资。另一方面,在丹麦、爱沙尼亚和英国,教师只要具有10年的教学经验就可以得到法定最高工资。

中小学教师的法定工资和工作年数正相关。如在匈牙利、奥地利、葡萄牙和罗马尼亚四国,教师法定的最低工资和最高工资之间的差距很大,相应的,教师获得最高工资所需的年限也较长。又如在丹麦、爱沙尼亚、拉脱维亚和英国(苏格兰),教师只要工作13年左右就能得到法定最高工资,但法定最高工资仅高于最低工资30%。然而,也有少数国家例外。如在立陶宛和英国(英格兰、威尔士和北爱尔兰),法定最高工资比最低工资高70%—90%,而教师只要工作10—15年的就可以获得最高工资。相反,在捷克共和国、西班牙、意大利、斯洛伐克和土耳其,法定最高工资仅比最低工资高50%,但教师必须工作25—35年,其工资水平才能达到最高。最后,在法国和塞浦路斯,教师法定的最高工资几乎是最低工资的2倍,或者更高,教师大约需要20年的时间来获得最高工资。

3. 教师的实际工资接近法定最高工资

法定工资只是教师获得的实际工资的一种参考。在大多数欧盟国家中,教师可获得一系列的补助以及其他经济利益。大多数国家通常只考虑教师的平均实际工资,而不比较不同教育阶段之间的教师的实际工资水平,但他们仍然提供了能够更准确地反映教师报酬的数据。这些数据也反映了不同教育阶段的教师的实际工资水平,即在同样的法定工资标准下,小学和初中教师的实际工资低于高中教师的实际工资。而在所有欧盟国家中,卢森堡、丹麦和奥地利三国高中教师的实际工资最高,分别每年86745欧元、每年56336欧元和每年52308欧元。

总体而言,大多数国家教师的实际工资接近于其法定最高工资。这种现象的原因之一是教师队伍中,老教师所占的比例较大。在捷克共和国、丹麦、拉脱维亚、立陶宛、波兰、斯洛伐克、芬兰和英国(英格兰和威尔士),教师的实际工资甚至高于法定最高工资,这主要是由于教师获得的额外津贴较多。另一方面,在意大利、卢森堡和葡萄牙,教师的实际工资几乎处于法定最低工资和最高工资的中间。这主要是由于在这三个国家中,教师的工资水平达到法定最高工资所需的时间较长(25—34年)以及在卢森堡和葡萄牙,50%的教师的年龄低于40岁。然而,意大利并非如此。在意大利,大多数教师都已年过50岁。[1]

三、教师评价

教师个体评价是指对教师的工作情况的评价,以引导和帮助教师改善他们的表现。接受评价的教师通常会收到口头形式或书面形式的反馈。教师评价可以在学校评估的过程中进行,也可独立进行。

除了意大利、芬兰、英国(苏格兰)和挪威,其他欧盟国家都有多种教师评价方式。然而,在芬兰,有些学校会进行教师年度发展讨论或评价。然而,这些讨论或评价的重点并不是教师之前的工作表现,而更多的是对教师未来工作的期望。在苏格兰,虽然没有正式的教师评价,但学校每年都会举行一次教师专业发展总结会议。

在大多数欧盟国家,校长要承担教师评价的责任,超过一半的欧盟国家都会定期进行教师评价。在荷兰,学校董事会负责进行教师评价。自2009年以来,斯洛文尼亚通过增加校长汇报教师工作情况的频率,从而强化了教师评价

---

[1] European Commission. Key Date on Teachers and School Leaders in Europe[EB/OL]. http://eacea.ec.europa.eu/education/eurydice/key_data_en.php.

体系。而列支敦士登则在2008年制定了教师评价标准,以促进教师评价的标准化。

在比利时(法语社区)、希腊、波兰和土耳其,只有在特定的情况下,校长才会负责教师评价。如在比利时(法语社区),校长主要对签定期合同的教师进行评价。在希腊和土耳其,校长只在应聘者试用期结束时,对其进行评价,以完成他们成为正式教师的程序。在波兰,只有在教师申请升职时,校长才会对教师的专业能力进行评估。在斯洛伐克,先由学校的校长评价副校长,再由副校长评价教师。对初任教师的评价则由其指导老师进行。

在17个欧盟国家,外部评估人员会定期或在某一特定情况下对教师进行评价。如在法国、卢森堡(小学阶段)和土耳其,通常由监察部门承担教师评价的责任。

在欧盟各国,教师自我评价似乎并不是非常普遍。只有7个国家采用了这一教师评价方式,并且在这7个国家中,除了爱尔兰(中等教育阶段)和冰岛,教师自我评价通常是和其他教师评价方式同时进行的。

在一些欧盟国家中,由于教师评价的参与者较多,因而,教师评价体系较为复杂。如在葡萄牙,2011年12月生效的新的教师评价体系规定,教师评价既有内部评价也有外部评价。内部评价由学校的教育委员会进行,外部评价是在某些特定的情况下,由外部评估人员通过课堂观察进行的。外部评估人员必须是在其他学校任教,并接受过"行为评估"或"教学评估"培训的教师,或者是教学评估经验丰富的教师。教师通过自我评价报告参与到自己评价的过程。

值得注意的是,绝大多数欧盟国家目前都有学校评价系统,而教师评价只是这一复杂系统的一部分。

第四节 欧盟教师教育面临的挑战及其对策

一、挑 战

为全面提高欧盟教育质量,增强欧盟的国际竞争力,欧盟一直在不断地加大教师教育改革的力度,力图通过教师教育改革保障欧盟整体教育质量,推动欧盟一体化的进程。在博洛尼亚进程框架下,欧盟教师教育正逐步走向协商合作与规范统一的道路。一方面,通过增进各成员国之间的沟通与协商,加强教师教育研究者之间的合作,从而推进各成员国的教师教育改革;另一方面,在欧盟教育文化多元的基础上,欧盟也在不断致力于教师教育的探索与改革,积极寻求欧盟教师教育一体化的建构。

当然,在这一过程中,欧盟教师教育也面临着一些较为突出的矛盾和问题。如2005年经合组织(OECD)的一项调查显示,几乎所有欧盟国家都在帮助教师更新知识、改进教学方法等方面存在不足。许多欧盟成员国对教师教育涉及的诸多因素缺乏系统协调,尤其是在师范教育、教师在职教育与培训、教师职业发展等方面缺乏协调性和连贯性,而且教师教育与学校的发展、教育

研究等缺少内在联系。此外,对教师更新知识和改进教学方法亦缺少激励措施。具体来说,存在以下挑战:

首先,由于国家对教师在职培训的重视程度及资金投入不够,以至于参加在职培训的教师人数少、培训时间短。在欧洲成员国里只有11个国家对教师在职培训有法定的要求,但是其中规定的教师培训时间较短,一般来说,每年不会超过20小时,最长的也不超过5天,大多数国家只有3天。即使是法律规定教师必须参加相关培训,各国也不太重视教师的实际参加情况。尤其是对于新教师来说,他们初出茅庐,难免会遇到各种各样的困难,但只有半数国家在其工作的最初几年提供指导、培训和监督。只有30%左右的国家有专门帮助新任教师解决困难的机构。另一方面,欧洲国家对教育的投入,教师工资占了总投入的2/3。其他方面包括教师在职培训的经费是很少的。[①]

其次,教师专业发展是一个广泛的概念,它不仅涉及课程,也包含支持教师专业发展的各种措施,如教育见习、同伴支持、指导教师指导、项目开发等。但是在目前,根据对高级中学的调查显示,目前很难获得欧盟教师专业发展的详细统计数据。对高级中学的调查显示,教师参与专业发展的比例较低,差异很大,只有平均48%的高级中学教师参与了某种类型的教师专业发展。匈牙利仅为29%,瑞典最高,为84%。教师专业发展的具体活动包括:访问其他学校、导师指导、同行教学观摩、参与专业合作、攻读硕士和博士学位、出席学术会议、合作研究等。随着教师在职培训越来越受重视,越来越多的欧盟国家将在职培训作为一项对教师的强制性要求。在约半数的欧洲国家中,教师必须参加在职培训,掌握最新信息知识成了一项重要任务。但是,这些指标还只是考量了教师对于课程与活动的参与程度。为发挥这些培训的作用,还需要对活动内容本身进行仔细研究设定,需要结合教师及其学生的切实需求,以及这些活动对教师教学的帮助。

再次,教师教育质量监控与评价问题是制约欧盟教师教育发展的一大阻

---

① 中国驻欧盟使团教育文化处:《教师:难度日增的职业—欧盟关注教师教育》,《基础教育参考》,2008年第3期。

力。总体而言,与欧盟以外的国家相比,欧盟各国教师教育质量监管和评价体系是相对落后的。例如,2004—2006年,欧盟年度报告《教育与训练:向里斯本目标迈进》中涉及教师的主要指标是教师年龄、年轻人数量和师生比例,这三个指标对教师教育发展所能提供的信息微乎其微。

最后,欧盟各国对于欧洲教师教育与教师政策的各个指标的理解存在差异,从而导致对一系列指标理解不一。所以在欧洲范围内,教师教育的指标和统计数据并不一定有可比性。所以,仅获得一个国家合格教师的数目或参与专业发展的教师比例是不够的,还需进一步了解教师在教学过程中所需要的知识与技能,以及在整个教师教育过程中此类教育实践是如何得到支持的、支持的程度如何。

二、对　策

欧盟委员会认为,高质量的教育是实现未来经济目标的有效途径,而高质量的教师又是高质量的教育的关键。因此,为了提高教师专业发展,欧盟委员会采取了一系列的政策和行动引导成员国树立共同的发展目标,协调成员国之间的交流与合作,直接给予教师专业发展大力的支持。

一方面,为鼓励教师参与持续专业发展,欧盟各国将相关的培训活动与教师的福利待遇以及职业发展挂钩。根据欧盟2009年发布的数据显示,很多欧洲国家都明确了持续专业发展是教师的专业责任,但事实上很多国家并没有作强制要求。在卢森堡、波兰、葡萄牙、斯洛文尼亚、斯洛伐克和西班牙,教师可选择是否进行持续专业发展,但其与职位提升和加薪是挂钩的。在波兰、葡萄牙、斯洛文尼亚、斯洛伐克,教师参与持续专业发展活动可以得到有利于升职的累计学分。在卢森堡和西班牙,教师如果报名参加一定数量的培训就有资格拿到奖金。在塞浦路斯、希腊和意大利,持续专业发展是新教师的义务。不过,在所有国家,与新的教育改革有关的持续专业发展是全体教师的责任。

很多欧盟国家为参与学习或研究活动的教师提供经费支持。在立陶宛、斯洛文尼亚和芬兰,法律规定教师在每年有 5 天带薪的专业发展培训时间。在比利时、捷克、芬兰、意大利、立陶宛、卢森堡、葡萄牙、罗马尼亚、斯洛文尼亚和英国,教师可以带薪参加专业发展活动。在捷克,教师每学年有 12 个工作日可以独立学习。在英国,规定每名教师每年工作 195 天,其中 190 天教学,剩下的 5 天可以安排非教学活动。但这些并不代表大部分专业发展活动在工作时间进行,由于缺乏相应的代课教师,专业发展活动常常在课外进行。

另一方面,由于各国教师专业发展情况差异较大,欧盟采取多项措施推动其整体化进程和均衡发展。欧盟委员会和理事会每两年召开一次会议,回顾总结各成员国教育工作的进展,以及指标的完成情况。欧盟委员会和理事会成立了相关机构,开展大量的比较分析、调查研究,从而对成员国工作的进行有效监督和评估,同时为他们开展工作提供了可靠依据。在欧盟的领导下,成员国在很多方面开展合作,包括高质量的教师教育和持续专业发展;确保教师教育机构提供的教育方案能够针对和满足教师教学、学校教育的需要;持续的教师教育:保证为教师提供的入职教育、早期职业和长期专业发展是高质量的;教学资格证:保证教师持有高等教育机构的资格证——在研究与实践之间获得平衡发展,在自己的学科领域具有专家级的知识和所需的教学技能;学校领导:保证在领导岗位的教师接受高质量的学校管理和领导的培训;支持教师交流:设立多项教育合作项目;职业反思:鼓励所有教师在他们的专业发展中成为反思实践者、自主学习者,参与研究,学习新的知识,增强创新能力。

与此同时,教育合作是支持教师专业发展的重要动力所在。"夸美纽斯计划"(Comenius Region Partnerships)是各国教师教育机构合作的重要方针。为加强欧盟各国的教育机构间的交流合作,欧盟每年提供 1600 万欧元的经费支持。这项预算可供约 1000 名在职教师到国外参加培训与发展专业。出国培训时间一般为 3—6 个月,主要作用是提升教师的教学技能,让教师加深对欧盟教育和文化的理解,通过广泛的地区间交流,分享有用的实践和有用的信息,分享和利用优质资源,从而提高欧盟的整体教学水平。该计划同时也为跨国的教师教育机构设立教师教育新课程或模式提供资助。为了评估"夸美纽斯计划"的实施情况,欧盟委员会组织开展了一项评价研究。研究对三千多名2009年1—7月参与该计划的教师和学校管理人员展开调查,结果表明该计划的出国培训对参与者的专业发展起到了积极作用。超过90％的教师对出国培训的效果感到满意。"夸美纽斯计划"实施后效果不凡,欧盟相继出台类似的计划,如"达·芬奇计划""格兰特维格计划"。此外欧洲社会基金也为教师专业发展提供了相当的财政支持,欧盟各国在其支持下,提升了教育质量,包括教师的入职和持续教育。①

---

① 靳昕、刘林林:《欧盟教师专业发展一体化日趋完善》,《上海教育》,2011年第5期。

第六章 国际组织教师教育政策的共性与个性

第六章 国际组织教师教育政策的共性与个性

"百年大计,教育为本,教育大计,教师为本"。优秀教师的培养依托于高质量的教师教育,教师教育质量高低直接关系着国家教育发展的成败,影响着国家的前途和命运。教师教育质量的高低取决于是否有良好的教师教育政策,教师教育政策对教师教育的发展具有举足轻重的作用。通过对前述国际组织教师教育政策的研究,我们可以概括出国际组织教师教育政策的一些共性和个性。

第一节 国际组织教师教育政策的共性

一、改革教师教育课程

教师教育课程是教师在进入教学岗位前必须接受的专业训练,对于培养教师的教学理念、塑造教师的教学能力至关重要。教师教育课程也要更好地为新教师做好准备,让新教师能够在教育事业发展中发挥更加积极的作用,成为教育事业的设计者和运行者,而不仅仅是按照标准化的实践流程从事按部就班的工作。

从二战以来,教育者们关于职前教师教育课程本质的争论从未终止,他们的争论始终围绕着职前教师教育课程是支持"学科方面的知识内容"还是崇尚"教学、教法或者其他相关知识的学习"展开。传统的观点认为,职前教师教育的课程应该是关于教师怎样进行课堂管理、怎样进行有效教学以及怎样对师自身的教学进行评价等相关知识的学习。也有研究证明,教师对"教学、教法或者其他相关知识的学习"与学生的学习成绩有着更加密切的联系,而不是"学科方面的知识内容"。

但是,马塞洛(Marcelo)2002年的研究发现,职前教师们学习"学科方面的知识内容"更重要。"学科方面的知识内容"指的是教师对特定年级的学生教授的特定学科领域和教法的具体知识和技能。"学科方面的知识内容"意味着职前教师能有效地教小孩子的阅读、写作和理解的知识,而不是简单地解释单词的意思;意味着职前教师们能使年轻人在较深的层次水平来理解数学,并且在实际生活中运用这些算术技能,不仅是只会算术的运算;意味着职前教师们能使学生将外语作为有用的沟通技巧,不仅是单纯地阅读或解释外语;还意味着使学生拥有在日常生活中运用科学的能力,不仅是认为科学知识是对事实的记忆。① 因此,世界银行也认为职前教师教育课程的本质是关于学科方面的知识内容。此外,大学教师的课堂教学氛围也很重要。2014年,世界银行在《印度尼西亚的教师教育改革:政策及其制定的依据》(Teacher Reform in Indonesia: The Role of Politics and Evidence in Policy Making)报告中提出了当今教师教育改革的重点,认为重点要放在关注大学教师的课堂教学上,教师的课堂教学不仅包括持续长久的、切合实际的自我学习,还涵盖了教师教育、研究、合作、指导、反馈的教育文化的创造性以及可持续的教师专业发展。世界银行指出,教师教育的改革是个全面深入的过程,并不是断断续续,零碎杂乱的。各国未来发展教师教育最好的战略就是针对学校整体进行改革,其中包括全体教师、学校领导、家长教师会,而且社会也将作为一个整体进行参与。②

联合国教科文组织于1966年10月在法国巴黎召开了一次关于教师地位的各国政府间特别会议,会议通过了一个题为《关于教师地位的建议》的文件。关于教师教育课程,文件中是这样描述的:教师培养课程的目的应在于培养学生的一般知识和教养、教育他人的能力、对构成国内外良好人际关系之基础的

---

① World Bank. Teacher Educational Quality Assurance: Teacher Educators and Initial Education Programs Policy Brief 4[EB/OL]. http://documents.worldbank.org/curated/en/2009/12/16465551/teacher-educators-initial-education-programs.

② World Bank. Teacher Reform in Indonesia: The Role of Politics and Evidence in Policy Making [EB/OL]. http://documents.worldbank.org/curated/en/2014/01/19456226/teacher-reform-indonesia-role-politics-evidence-policy-making-vol-2-2-executive-summary.

诸原理的理解,以及通过教学和表率而对社会的文化的和经济的进步作出贡献的责任感。①

联合国教科文组织认为,教师培养课程基本上应包括如下内容:普通教育科目;教育中所应用的哲学、心理学及社会学的概论、教育的理论及历史、比较教育、实验教育学、学校管理以及各科教学法的研究;同学生将来的教学领域有关的科目;在有足够资格的教师指导下进行的教育实习和课外活动的实习。一切教师都应在大学或者相当于大学的培养机构或专门培养教师的机构内,学习普通教育科目、专业教育科目和师范教育科目;教师培养课程的内容,可随特殊教育机构、技术学校、职业学校等各种学校对职务的要求,作适当的变更。在技术学校、职业学校,其教师的培养课程中应包括工业、商业或农业所需要的某种实习。

在如何保证高质量的教师教育课程方面,经合组织认为,虽然教师教育在不同国家表现出很大的差异性,但是对于教师应该知道什么、能在某学科领域做什么,应该提供简明、清晰的概况说明。而且,教师候选人可以更早地进入中小学课堂并在课堂中度过更长的时间,在此过程中获得更好的支持。② 在很多国家,教师教育不仅仅是提供一些所谓基础的学科知识培训、学科教学论和教育概论知识,而且也力图培养反思性实践的技能和在职研究技能。越来越多国家的教师教育日益重视在培训中发展教师的能力,从而让他们能够迅速、准确地诊断学生的问题,并从多种可能的解决方案中找到合适的解决的办法。一些国家培养教师的研究能力,从而使他们能够以系统的方式改善自己的实践。例如,在芬兰和上海,教师被培养成为实践中的行动研究者,他们能够找到各种办法,确保起点不高的学生得到有效的帮助。

2008—2009 年,芬兰教育研究所对 27 个欧盟国家各级普通教师教育课程的状况进行了调查研究并出版了题为《欧盟教师教育课程》(Teacher

---

① 万勇:《关于教师教育地位的建议》,《全球教育展望》,1984 年第 4 期。
② OECD(2011). Building a High-Quality Teaching Profession Lessons from around the World: Lessons from around the World[R]. OECD publishing.

Education Curricula in the EU)的调查报告。报告显示,在欧盟内部,不同国家要求教师所具备的技能和能力大多是相似的,如学科教学能力、理论与实践相结合的能力等,这些必须包含在教师教育课程里。大多数成员国有关教师教育课程的文件中,明确提出了教师应该具备的专业技能与能力。还应指出的是,就学科能力、教学能力、理论与实践相结合的能力、合作能力以及保证教学质量的能力的重要性而言,小学教师教育和中学教师教育也有着很大的不同。例如,相比中学教师教育而言,教师的教学能力在小学教师教育中显得更为重要。一般来说,国家主要制定教师的学科能力、教学能力、理论与实践相结合的能力、质量保证能力的标准。其他能力标准则由高校或教师教育机构制定。①

二、重视教师招募

教师是提高教育质量的决定性因素。然而时至今日,全世界的教师群体,无论是数量还是质量,无论是教学实践还是教师培养,都面临一些系统性的挑战。这种情形必须得到改善,因为到2015年全球符合国际教学标准的新教师人数需要预计将达到910万。面对如何招募高质量教师的问题,许多教育系统都会遇到巨大的挑战,这在教师缺乏的地方尤其严重。因此,不同国家采用了一系列不同的策略。例如,为教师开出具有竞争力的薪酬,为教师设计良好的生涯发展前景和多样化的生涯发展路径,赋予教师作为专业人员的责任。积极的教师招募活动可能要强调教师作为专业人员的丰富内涵,并且力图吸引那些也许没有考虑过当教师的群体。如果要使教师成为一个具有吸引力的专业,就需要通过选择性的招聘办法加强教师的地位,使教师们觉得,他们所从事的行业是一个要经过严格筛选才可以进入的专业生涯领域。国际组织在以下几个方面提出了自己的建议:

---

① Finnish Institute for Educational Research. Teacher Education Curricula in the EU[EB/OL]. http://ec.europa.eu/education/policy/school/teacher-training_en.htm.

(一) 教师招聘标准

在世界银行看来,一位优秀的教师首先应该具有硕士或者博士学位,或者有着专业的学科背景知识,例如数学学科教育专业,其次是拥有学校教学经验。教师招聘由基本技能的测试、面试、高中年级的学科领域测试、四年制的大学学士学位、大学程度的教学科目、教师入职考试中的几个步骤或者所有步骤组成。①

世界银行 2009 年 12 月 30 日发布的《教师教育质量的保证:教师教育和初任教育项目政策概况 4》(Teacher Educational Quality Assurance : Teacher Educators and Initial Education Programs Policy Brief 4)报告指出:美国的科罗拉多州一项强有力的研究证据表明,该州的大量儿童经过学习后没有掌握"基础知识",造成这种结果的原因是学校教师并未掌握与学生"基础知识"相应的主题知识,因此,为了解决这种状况,美国科罗拉多州对于职前教师教育提出了一系列标准:①对即将成为教师的学生采用全面的招聘制度。②培养教师和教育工作人员,使其有效地筛选出教师候选者。③课程和实地培训,即通过整合理论与实践,对教育候选者进行教学方法、实践练习和教学过程的教授,特别是教学模型中的内容标准。④每名教师候选者至少完成 800 个小时的特定学习标准领域的教学经验和专业的发展学习。⑤每名准教师,在毕业前必须达到指定的州所认可的专业技能知识,分别是文学知识、数学知识、教学标准和评价的知识、知识要点、课堂和教学管理的知识、个性化教学的知识、信息技术的知识以及民主、政治教育和职业教育。⑥对老师要提供全面持久的评估,包括对每位准教师学科问题、专业知识和专业技巧的运用都要进行评估。不仅是美国的科罗拉多州对职前教师教育提出了六条标准,美国的其他州也对职前教师上岗提出了一定的要求,例如大多数州要求职前教师必须掌握教学知识和在课堂上能够流畅地展示教材,并且要通过各州的合格考试,以

---

① World Bank. Teacher Educational Quality Assurance : Teacher Educators and Initial Education Programs Policy Brief 4[EB/OL]. http://documents.worldbank.org/curated/en/2009/12/16465551/teacher-educators-initial-education-programs.

保证教师有足够的教学能力。[1]

(二) 教师招聘方法

欧盟主要通过公开招聘补充教师队伍。"公开招聘"是指由不同的机构单独负责公布空缺职位、受理申请和筛选应聘者的招聘方法。招聘通常是由学校进行,有时与地方当局共同进行。新教师与现有的教学岗位的匹配通常是根据学校的需求进行。

绝大多数欧盟国家采用"公开招聘"的方法来招聘新教师。例如,在荷兰,学校或学校董事会依据自己的程序来公开招聘教师。任何有教学资格的人都有可能被任命为某一教育阶段或与他(她)相匹配的学校的教师。欧盟南部的少数国家通常会组织竞争性考试,即面向公众集中组织的考试,以选择教师候选人。在希腊、西班牙、法国、马耳他、列支敦士登和土耳其,公开考试是教师招聘的唯一方法。例如在西班牙,公立学校的教师必须通过公开考试。考试包括三个阶段:检查评估相关领域专业知识、教学能力和必要的教学技术阶段;评估候选人的适合性(教育背景和以往教学经验)阶段;以及试用期阶段,候选人必须在此阶段证明其教学能力。在卢森堡,只有中学阶段的教师招聘采用竞争性考试。

除了"公开招聘",六个国家或地区使用所谓的"候选人名单"来招聘教师。该方法是指候选人通过向一个高级或中级机构提交姓名和合格证,以申请教师职位。在塞浦路斯和卢森堡仅使用"候选人名单"进行幼儿和小学教师的招聘。在比利时(法语和德语的社区),"候选人名单"仅用于某些特定类型学校的教师招聘。而在葡萄牙,只有"候选人名单"中没有适合某一学科或学校的候选人时,才会进行公开招聘。[2]

---

[1] World Bank. Teacher Educational Quality Assurance : Teacher Educators and Initial Education Programs Policy Brief 4[EB/OL]. http://documents.worldbank.org/curated/en/2009/12/16465551/teacher-educators-initial-education-programs.

[2] European Commission.Key Date on Teachers and School Leaders in Europe[EB/OL]. http://eacea.ec.europa.eu/education/eurydice/key_data_en.php.

(三) 吸引高质量人才进入教师专业

联合国教科文组织指出,教师政策需要确保招募到最好的教师,并确保学校拥有他们所需要的教师。国家要考虑关于招募、选拔、聘用教师和发展的政策。在一些国家,教师一般都作为公务员,一旦获得教职,就是终身雇佣的。但所有教师都要通过教师评价机制和问责制的审查。政策选项包括每五至七年教师更新他们的教师证书,教师评价建立在公开、公平和透明的制度基础之上。对新教师需要扩大选择的标准,以确保能识别最有潜力的申请人。有证据表明,学校参与教师甄选和人员管理有助于提高教育质量。有相当多的证据表明,无论准备得多么充分和获得多大的支持,一些教师开始找到的工作不符合自己的期望。一个正式的试用过程中可以为教师和他们的雇主提供一个机会,以评估教学对他们来说是否是合适的职业。在一些国家,学校之间教师的活动受限,限制了新的思路和途径的传播,并导致教师具有多样化的职业经验的机会很少。流动性的缺乏可能意味着在某些地区师资短缺与过剩平行,因此,提供更大的流动性激励和消除障碍是未来需出台的重要政策。

经合组织看重教师招聘的质量和作用。为了使教师成为具有吸引力的职业选择,经合组织在2002年的《教师需求和支持:提高教师质量,解决教师短缺》报告中指出:近年来许多国家都出现了教师短缺的现象,并且现有的教师质量不能提供理想的有效教学,此问题已经得到教育权威和政策制定者的重视。教师短缺是由多种原因造成的,各个国家制定了多样的政策来吸引新教师。一些国家政府给予财政支持以扩充师资。不少国家和地区也对选择中小学教师职业的教师给予签约奖金。一些国家对退休返聘教师给予了优惠政策。除此之外,还有一些辅助的激励政策。如美国开展的军人教师项目等。[①]

此外,经合组织在2011年发布的《建设一个高质量的教师专业:来自世界的经验》报告中针对教师招聘提出了以下建议:①在招募高质量教师时,教育

---

① Santiago P(2002). Teacher Demand and Supply: Improving Teaching Quality and Addressing Teacher Shortages[R]. OECD Publishing.

系统不能仅仅提供充足的薪酬,还要为教师提供一个作为专业人员的工作环境。那些能够成为专业人员的人往往特别注重工作条件,如果学校组织的工作环境只允许教师按照预定的规则进行工作,用官僚化的管理来指导教师的工作,那么这些人很有可能不会选择当教师。① ②当教师真诚地不断提高自己的时候,他们的工作可能会更具价值。专业性工作的本质在于,从业者可以按照自己的专业进行工作,而不是由监督者督促工作,专业人员拥有足够的知识去作出重要决定,例如,需要提供什么样的服务、如何提供这样的服务。专业工作者主导的组织应简化管理层级,重要事项应咨询员工的意见,员工能够按照对顾客需求的分析来决定提供什么样的服务。事实上,在许多专业领域,专业人员同时也是管理者。③可以在更广阔的背景下招聘教师,从而改善教师招募手段。各国也在尽力吸引不同类型的人加入教师群体,而且不仅是为了应对教师短缺,而是为了扩展教师群体的背景和经验。如果某一群体在教师群体中比例很低,可以获得更好的待遇,例如男性群体、少数民族背景的群体。④教师的工资比大多数大学毕业生都要少,但通过精心设计激励措施并灵活地加以运用,可以利用有限的资源吸引教师到需要的地方。事实上,1996年到2008年期间,所有OECD国家的教师工资都实现了增长,但仍低于其他行业同等学历毕业生的工资水平。如果要吸引人才接受教师教育,可以采取减免学费、奖学金和可免除贷款(Forgivable Loan)②等财政激励手段。对于特别短缺的领域,如果持有该领域的证书的话,可以认定其工作经验,并提供额外的薪酬。一些国家允许为教授困难地区的教师发放补充工资,为远郊地区的教师提供交通便利,或者为在短缺领域的技能教师提供奖金,从而确保所有学校的教师质量保持均衡。同样还有一些非工资性的策略,例如,在困难地区或具有特殊教育需求的学校,可以减少进班时间,或者实行小班化教学。

2014年,世界银行发布的《印度尼西亚的教师教育改革:政策及其制定的依据》报告进一步强调教师的招聘。该报告指出,印度尼西亚为了吸引较高水

---

① OECD(2011). Building a High-Quality Teaching Profession Lessons from around the World: Lessons from around the World[R]. OECD publishing.
② 获得该贷款作为学费或生活费后,如果从事教师行业满一定年限,可由政府代为偿还。

平的优秀人才进入教育这一行业,其最佳实践性教师招聘系统已经在运用积极有效的招聘策略。印度尼西亚开始支付给教师比其他行业更高的薪酬,同时,更严格的教师筛选制度和对教师的更明确定位以及择优晋升的考核制度也被提上了该国的议事日程,这些举措都将会促进教学向更专业化的方向发展,促进国家教育事业的竞争力不断提高。①

三、加强教师入职培训

长期以来,人们认为一次性的师范教育可以使教师终身受用,教师的在职进修提高则是可有可无的。因此,世界各国早期的教师教育主要指教师的职前教育,忽视教师职后的继续教育。随着知识数量的增长和知识的分化,人们越来越清醒地意识到,师范教育不可能在短时间内将全部的知识传授给学生,应该将职前师范教育和职后培训有机地结合起来,贯穿于教师的整个职业生涯。20世纪60年代以后,终身教育思想席卷了教育领域的各个角落,并在联合国教科文组织及其他一些经济、文化合作组织的推动下得到丰富和发展。1966年,联合国教科文组织在《关于教师地位的建议》中提出把教学工作提升到一种专门职业的地位,提高对教师专业知识和专门技能的要求,进而形成了教师教育的概念,包括职前教育、入职教育和在职教育三个阶段。因此,真正意义上的教师教育在20世纪60年代以后才开始受到人们重视,逐渐发展起来。至20世纪90年代,终身教育在理论和实践上逐步形成了一个完整的体系,世界各国也普遍拓宽了师范教育的概念,把终身教育的理念引入师范教育领域。所以,从"师范教育"到"教师教育",不仅仅是简单的概念替换,同时也标志着教师的培养进入了一个新的历史阶段。

教师的在职培养与提高成为许多国家教师教育迫切需要解决的重要课题,改变传统的、仅局限于职前培养的教师教育体制,将教师的在职培训作为职前教

---

① World Bank. Teacher Reform in Indonesia: The Role of Politics and Evidence in Policy Making [EB/OL]. http://documents.worldbank.org/curated/en/2014/01/19456226/teacher-reform-indonesia-role-politics-evidence-policy-making-vol-2-2-executive-summary.

育的继续是教师教育不可缺少的一部分。20世纪90年代以来,世界各国在积极进行教育改革的过程中,尤其注重师资队伍建设,并且将教师的培养、任用、进修作为三个连续的阶段贯穿于教师职业生涯的始终。1996年,联合国教科文组织发表《教育:财富蕴藏其中》报告,指出终身教育理念超越了职前教育和继续教育的传统界限,可以使教师应对飞速变化的世界所提出的挑战。

2014年联合国教科文组织实施了《通过ICT准备下一代教师》项目。该项目是关于初任教师入职培训方面的,项目的目的是使在亚太地区的下一代教师利用信息和通信技术,以提高教学和学习。通过这个项目,利用信息和通讯技术提高整个地区受训教师的师资培训的灵活性,以提高教育质量。这个为期三年的项目将重点建设师资培训机构的能力,以准备服务于教师。如此,在知识社会,下一代的教师将能满足学生的需要。

来自亚太地区十个国家参与了"下一代教师项目",每个国家都有师资培训院校参加,其结果是亚太地区30所师资培训机构和数百位受训教师将受益于该项目。正当世界大部分地区的高等教育充分运用信息技术时,其他阶段的教育却仍然落于其后。它们在拓宽信息化运用覆盖面、推进教育学研究、帮助提升教师能力的过程中,信息技术的运用依然只是星星之火。信息化应当面向所有年龄段、语言、文化、环境的人群。任何试图将信息化应用于教育的政策都应当满足教师群体的需求。联合国教科文组织大力提倡信息化应用于教师培训,不论是职前教育还是在职培训,并给予技术指导与建议。

从世界银行关注教育领域的问题以来,教师培训就是作为其关注中的重中之重。世界银行认为:教育是为国家的经济发展服务的,要想促进国家设施建设工作的发展,就需要大量的技术人才,而学校是培养这些技术人才最合适的场所。教师作为培养优秀人才的直接相关者,提高其教学能力的培训也是必不可少的。世界银行在《提高教师教育》(Improving Teacher Education)报告中指出,圭亚那的教育质量低下主要是由三方面的问题组成,而这三大问题都是亟须通过教师培训来解决的。

首先,圭亚那的教育质量低下是教师的教学能力不足造成的。在圭亚那,许多教师虽然在教育行业中工作,但是他们并没有专业的教学技能和所必需的学历要求,还有一些教师是未接受过专业的培训。有数据表明,2008年,全国所有学段的8946名教师中,有40%从未接受过培训,即没有作为一名教育工作者的正式资格。另外,一些接受过训练的教师在教学中仍是使用传统的教学方法(以教师为中心)来讲授课程,这阻止了学生的有效学习方法、较高的认知水平和问题解决技能的发展。

其次,圭亚那的教师培训比其他地区的教师培训花费的时间更长。圭亚那当前的教师模式延长了培训完成的时间,但依旧被证明效果低下,并且容易产生教师不足的问题。圭亚那的教师培训模式造成有些教师会重复学习一些学士学位课程,以及获得一些相同的证书,甚至还因为有些导师同时在学院和大学里教学,造成有些教师重复跟随一位导师学习,但是只要这些教师想获得教育学位就必须忍受住重复学习,修满七年。而且圭亚那的大学工作人员认为从学院毕业的学生质量是很低的,必须继续保持大学的要求来提高学院学生的自身竞争力。因此,教师们平均需要在学校里学习七年(三年的学院学习和四年的大学学习时间)才能完成所有的入门资格课程要求来获得学位,获得学位后,还必须有两年的教学经验之后才能申请教育学的学士学位。在圭亚那,获得教育学士学位需要九年时间,比世界上的其他国家多花费四到五年时间。

最后,教师培训的质量低下。升级教师教育和填补教师空缺是学院和大学教育最重要的任务。在圭亚那,任职教育机构讲师的最低要求是有教育学士学位,以及拥有担任某所学校高级职位的五年经验。调查表明,虽然圭亚那的大学对教育工作者的学历要求是很高的,但是在Turkeyen校区中约82%的工作人员的学历水平是硕士或以上,在Berbiee校区中,一位讲师正在读研究生,其余的28位(4名全职讲师和24名兼职讲师)有学士学位。这些大学和学院的教师们的教学依旧是以教师为中心,缺乏创造性的教学或者鼓励学生的自主学习。[①]

---

① World Bank. Project Information Document (PID) Appraisal Stage: Improving Teacher Education [EB/OL]. http://www-wds.worldbank.org/external/default/WDSContentServer/WDSP/IB/2010/04/27/000267706 _ 20100427153245/Rendered/PDF/Project0Inform1t0110Appraisal0Stage.pdf.

为了解决上述问题，2009年11月，世界银行和专责小组组成的工作小组带领圭亚那的利益相关者一起从政府的角度来提出教师教育改革的建议，以期阐明圭亚那的长远发展战略。通过双方的努力，确定教师培训改革的重点，分别是：①创立圭亚那学校教育与人文大学（The University of Guyana's School of Education and Humanities，简称UG），支持西里尔·波特教育学院和圭亚那的大学合作，从而产生较好衔接的、高竞争性的教师教育培训项目、缩小地区的教学差异和提高地区的教学质量。②在西里尔·波特教育学院和圭亚那学校教育与人文大学中建设人力资源能力，改善教育系统中教师提供的教育质量。③提高科技教育。④增加西里尔·波特教育学院和圭亚那学校教育与人文大学的信息通信技术及其相关能力，使二者成为真正的培训机构，能够将信息通信技术整合进教学和学习过程。⑤扩大图书馆的服务和提高研究能力。[①]

欧盟认为，工作胜任期也称见习期，指师范生毕业后开始从事专业工作到完全能够胜任教学工作期间。由于新教师还不能完全胜任教学工作，所以又称作候选人。新教师只有见习期满并符合评估标准才能成为一名完全合格的教师。在这一阶段，要给新教师的专业发展提供支持，并且监督、评估他们的教学技能是否达到要求。一般而言，学校都为新教师专门配备了指导员。见习期内，部分培训内容是强制性的。有些国家，如德国、法国和卢森堡把见习期纳入到职前培养，以使教师的专业发展形成有机的整体。新教师的见习期至少为1年，但德国和英国的一些学校则要求达到2年。师范生想要顺利进入见习期，一方面，其第一学历要达到国家的规定，另一方面，还要通过选拔考试。

新教师在见习期内接受的辅导，归纳起来有三个方面：理论和实践培训、同事的关怀和指点以及教学能力评估。学校可以通过评估，了解新教师的进

---

① World Bank. Project Information Document (PID) Appraisal Stage: Improving Teacher Education [EB/OL]. http://www-wds.worldbank.org/external/default/WDSContentServer/WDSP/IB/2010/04/27/000267706_20100427153245/Rendered/PDF/Project0Inform1t0110Appraisal0Stage.pdf.

步并随时帮助他们解决遇到的困难。而学校为新教师提供的支持培训可以细分为：如何备课、如何管理课堂、如何评价学生、如何搞好人际关系。对新教师的支持力度取决于教学任务量的多少，一般以日或周为单位。如卢森堡规定，新教师每周至少要有6次接受辅导员的指点，不同国家对指导员的称谓不同，主要有 tutor、counselor、coordinator、mentor 等，但指导员的职责大体一样。一般而言，指导员是由接受过相关培训并且教学经验丰富的教师担任，他们的辅导工作计入正常教学工作时间，并有物质奖励。[①]

四、实施教师专业发展

在许多国家，学校的作用和职能正在发生变化，这也对教师提出了新期望。他们被要求在文化日益多元化的教室里授课。他们必须更重视在班上融入具有特殊学习需要的学生，不管是有特殊困难的学生还是有特别天赋的学生。他们需要更有效地利用信息和通信技术来开展教学。他们被要求更多地参与评价和问责框架的规划。他们也被要求在使家长参与学校建设方面做得更多。不管教师的职前教育开展得多么好，都不能期望它能让教师做好所有准备，应对专业生涯中面临的所有挑战。因而必须开展持续的专业发展，从而以各种方式更新技能和知识。

教师专业发展能为多种目的服务，包括：根据学科领域的最新进展，更新个人的相关知识；根据新教学技术和目标的发展，根据新环境和新的教育研究，更新个人的技能和方法；使个人能够应用课程或教学实践其他方面的变革；使学校能够开发和应用课程以及教学实践其他方面的新策略；在教师与他人（如学者和企业家）之间交流信息和专业知识；帮助较弱的教师变得更有效。

2012年，联合国教科文组织启动了《2012—2015年教师战略》(UNECO Strategy on Teachers 2012—2015)，该战略的重点是支持教师进行高质量学

---

① 戈文武：《欧盟国家中小学教师教育特点、面临的挑战——兼论对我国教育改革的启示》，《外国教育研究》，2006年第10期。

习。联合国教科文组织明确了推动该战略实施的三个优先领域:第一,教师短缺:向教师提供支持,尤其是非洲撒哈拉以南地区,解决教师短缺问题。第二,教师质量:提高教师质量。第三,教师经验全球共享:用比较的视角分享全球教学经验。[1] 最终,该战略的目的是构建一支高质量的师资队伍,确保教师获得专业发展,在有支持性的教学实践中增加学生的学习机会。目前,教科文组织实施了一个旨在加速实现全民教育目标进程的教师新计划——"为全民教育培养高质量教师"(Quality Teachers for EFA),2012—2015年教师战略则为这一计划提供了一个整体框架。

联合国教科文组织倡议通过加强教师专业发展和技术的解决方案来改进教学。根据各个国家的需求,联合国教科文组织将通过混合式培训的策略和方式,促进教师专业发展、课程发展和教师教育发展。其他的重点应放在后续新加入的教学专业,确保足够的支持机制。联合国教科文组织将有助于传播教师改进教学/学习成果的理念,特别是对于新进入者提供支持,以确保他们能找到一种有意义的方式推动他们的专业日常教学实践。鉴于学习科学和教育研究的进展以及现有技术,在提高质量教学和学习过程中,大范围的教师培训能力还不足,因此,关键是以有意义的方式编译和传播现有知识,加强基础教学,特别是在关键的学科领域。联合国教科文组织将进一步发挥其信息交流中心的作用,在教学传播工作中,通过提供技术网络支持,推广基层创新和知识共享的经验。虽然国际组织已经投入了很多努力,来增加教学专业的吸引力,但有证据表明,最重要的挑战之一是如何支持和改善教学实践的作用和方式,创新形式的发展。通过督察、询问导师或协作活动专家的意见,可以起到促进教师发展的作用。联合国教科文组织与其他国际机构和组织,在这一领域进行的实践分析,特别是在优先国家进行的实践分析项目,有助于使成员国和教师组织改进教师专业性的发展。[2]

---

[1] UNESCO. Strategy on Teachers 2012 – 2015 [EB/OL]. http://unesdoc.unesco.org/images/0021/002177/217775E.pdf.

[2] UNESCO.StrategyonTeachers2012 – 2015[EB/OL]. http:/unesdoc.nnesco.org/itnages/0021/002177/217775E.

经合组织在其《建设一个高质量的教师专业：来自世界的经验》报告中提出，必须部分通过改造当前的教师队伍来实现教师专业发展，教师在其职业生涯中，应该能够适应新知识和新需求。改善教师的个人发展，以及加强教师之间的合作能够提高教学质量。[1] 在不同国家之间和国家内部，在职教师教育的程度有很大不同。在一些国家，持续的专业发展已经起着重要作用。上海市要求每位教师五年内开展240小时的专业发展。新加坡赋予教师每年100小时专业发展的权利，让教师跟上世界的快速变化，并能改进自身的实践。但是，在不同国家和各国内部，教师参与专业发展的频率和强度有相当大的差异；和年轻教师相比，老教师往往较少参与专业发展。教师采取的专业发展类型解释了其中一些差异。教师参加"资格项目"或"个人和合作研究"比例较高的国家，用于专业发展的平均天数往往更多，但只有少数教师倾向于参加"资格项目"或"个人和合作研究"活动。

教师们认为，更好和更有针对性的专业发展是改进实践的重要杠杆，但大多数在职培训仍旧采取一次性的形式，而不是在教师看来影响最大的资历提升或合作研究。同时，那些教师认为效果较差的活动类型，即一次性的教育会议和研讨会，却有相对较高的参与率。尽管专业发展活动的参与率较高，但是，大量教师的专业发展需求经常得不到完全满足。TALIS调查发现：第一，55%的被调查教师指出，在18个月的调查期间，他们希望获得比他们所接受到的更多的专业发展。未获满足的需求程度在每个国家都相当巨大，从31%到80%以上不等。第二，各国公立学校未满40岁的女教师的需求可能更加未得到满足。第三，各国教师工作中发展需求最大的是"教育有特殊需要的学生"，其次是"信息和通信技术的教学技能"与"学生纪律和行为"。

欧盟非常重视教师专业发展，大多数欧盟国家规定学校有义务制定持续专业发展计划。此类计划的制定和实施通常是校长、学校管理团队或者分管

---

[1] OECD(2011). Building a High-Quality Teaching Profession Lessons from around the World: Lessons from around the World[R]. OECD publishing.

教师持续专业发展活动的教师的职责。在一些国家,持续专业发展计划也是全体教职工的共同职责。例如,在意大利,持续专业发展计划要获得全体教师的认可。当然,持续专业发展计划也应考虑到教师的发展需要。[①] 此外,很多欧盟国家要求教师有自己的个人持续专业发展计划。

尽管大多数欧盟国家把持续专业发展作为教师的职责或义务,但是,各国经常有相应的激励措施鼓励教师提高技能、增加知识。最常见的鼓励措施是强调教师参与持续专业发展对其前途发展的重要性,把教师专业发展和升职、休假、补贴、奖金、津贴、专业等级要求等结合起来。所有的欧盟国家都为教师持续专业发展计划提供了相应的财政支持。这种支持受一定标准和准则限制,但通常只要求持续专业发展计划获得学校负责人批准。财政支持持续专业发展计划的方式主要有三种:为持续专业发展计划的制定者提供研究成本、给学校拨款或直接报销教师个人费用。

五、改善教师待遇

除了教师专业发展政策,教师的薪酬待遇政策也是对教师的有效激励,如何设计出有效额报酬体系成为每一个国家都必须面对的课题。

联合国教科文组织于1966年通过了给各国政府的《关于教师地位的建议》。《建议》第114条指出:"在评价教师地位的各种因素中,应当特别重视他们的待遇。因为不可否认,根据目前世界上越来越明显的趋势,诸如教师的社会地位及人们对他们职能的评价等其他因素,像在别的许多类似职业中一样,在很大程度上取决于他们的经济地位。"[②]而所谓经济地位,其实就是经济待遇。因为如同其他专门职业一样,除工资以外的其他要素,诸如给予教师的地位或尊敬、对教师任务重要性的评价等等,都很大程度上依赖于教师的经济地位。教师的工资应反映教育对于社会的重要性,从而反映出教师的重要性以

---

① European Commission.Key Date on Teachers and School Leaders in Europe[EB/OL]. http://eacea.ec.europa.eu/education/eurydice/key_data_en.php.
② 张国才:《国外对高校教师的激励措施》,《教育评论》,1992年第3期。

及教师从就任教职之日起便肩负起来的一切责任;应比支付给需要类似的或同等的资格的其他职业的工资更为有利;应保证教师本人及家属的合理的生活水平,并为教师通过进一步进修和参加文化活动来提高教师素质提供条件;应考虑到教师的地位将需要更高的资格和经验并将被委以更大的责任等情况。政府当局应认识到,改善教师的社会地位和经济地位、生活条件、劳动条件和工作条件以及教师的前途,对于打开目前缺乏有才干有经验的教师的局面,把大量有足够资格的人才吸引进来并继续留在教职上,是最佳方法。[①]

经合组织提出,职业晋升机会、薪金和工作条件对吸引、培养和留住熟练的优秀教师来说至关重要。由于目前教师薪金是学校教育最大的成本,所以报酬方案是决策者考虑的核心,他们一方面设法保持教学质量,另一方面试图维持教育预算的平衡。有关薪酬的决定需要协调各种相关因素,如生师比、班级人数、为学生规划的教学时间及指定的课时数。TALIS的数据显示,表现好的教育系统往往优先考虑教师质量(包括给予富有吸引力的报酬),而非其他因素,尤其是班级人数。

对比职业生涯中不同时期的薪金水平,可以发现在教师职业生涯中工资如何增长。一些国家的加薪集中在职业生涯早期,一些国家把更高的酬金留给经验更加丰富的教师,在另一些国家,增长的幅度在整个职业生涯中是稳定的。除基本的工资等级表外,学校系统越来越多地为教师提供额外薪酬或其他奖励。这可以采用酬金和/或减少课时数的形式。许多国家根据教师的资历、专业发展和表现发放额外薪酬。有关额外薪酬的数据大致可分三类:第一,基于教师所负责任和特殊情况的额外薪酬,如额外的管理责任,或在需求较高地区或薄弱学校执教。第二,基于家庭状况或个人背景特征的额外薪酬。第三,基于教师资质、教师教育和表现的额外薪酬,如高于最低标准的资质及/或完成专业发展活动。

经合组织成员国的绩效奖励体系可分为三类:一是"绩效工资",一般根据学生的学习结果及其他方法衡量教师表现,并为表现出众的教师发放更高工

---

① 万勇:《关于教师地位的建议》,《全球教育展望》,1984年第4期。

资,有时还提供晋升机会。二是"基于知识与技能的报酬",一般指为表现出来的知识与技能提供更高的工资,而这些知识和技能被认为能够改进学生的表现。三是"校本报酬",一般是基于小组的资金奖励。支持绩效奖励的人说,奖励表现好的教师比给所有教师一样的工资更公平;绩效工资激发教师动机,改进学生表现;在学校开支与学生表现间建立更清晰的关联,可以赢得公众的支持。反对绩效工资的人往往认为,要开展公平、准确的评估是困难的,因为无法客观地测定表现;它会减少教师间的合作;资金奖励不能激发教师的动机;教学狭隘地以评估标准为核心;实施绩效工资的成本过高。在这方面开展研究非常困难,可靠的研究很少。

在许多国家,公立的高等教育机构能否留住合格的教师是个持久性的问题,优异的教师往往会跳槽到收入更好的学校。还有一个更加普遍的现象是,公立学校的教师们会因为工资过低而将大量的时间花费在赚取外快上。有数据表明,在尼日利亚,公立大学1992年的教师工资价值仅仅相当于1978年的10%。由于缺乏吸引力的薪酬方案,马来西亚大学流失了很多优秀教师。在保加利亚,由于经济的衰退,1991年的教师实际工资下降了35%,从而导致了众多教师的离职。而俄罗斯也同样如此,目前的经济危机造成所有研究机构人员的工资减少,许多研究者开始流失。

针对教师工资不高的现象,世界银行出台了创收活动的策略,期望众多国家可以通过此类活动来增加教师的收入,为教育领域留住优秀的人才。创收活动包括短期的职业培训以及合同研究和咨询服务等两大类。第一类是短期的职业培训,该培训的对象是企业与个体人员,它是指组织培训人员完成常规的教学和研究活动,从而产生有效的收益。短期的职业培训课程能够为学校的工作人员提供额外的收入,为大学和学院产生额外的效益,以及为经济社会提供市场相关的技术支持。在越南,到目前为止,市场经济的转变对提高技术的短期培训课程产生了巨大的需求。几乎所有的大学与学院在提供英语语言的学习项目和举办电脑与信息技术的夜校课程。近期的调查表明越南的大学收益的8%是来自于他们的培训课程。第二类是合同研究,合同研究包括除了实用的科学与技术研究之外的商业服务和政府与私有工业的经济研究,它通常采用独立的法律和管理结构以确保能够提供有效的服务。韩国科学技术高级研究所(The Korean Advanced Institute for Science and Technology)就是在独立的管理之下提供这类服务。公立高等教育机构也被鼓励通过此种方式追求更多的外部资金,例如在新加坡,政府就会通过高等教育机构来获取私人机构的资助。[1] 世界银行认为,发展中国家政府要鼓励这种做法,因为它可以利用外部机构的增量资源,来避免政府对公共机构减少预算所产生的抑制作用。公立高等教育机构可以将政府的配套资金与某些外在收入以一定的比例相挂钩,或者将外部资源的创收作为教师工资中的一部分,从而来增加教师的收入,提高教师的工资待遇。

六、强化教师评价

教师评价是指对教师的工作情况的评价,以引导和帮助教师改善他们的表现。接受评价的教师通常会收到口头形式或书面形式的反馈。教师评价可以在学校评估的过程中进行,也可独立进行。

经合组织指出,近年来,教师评价的作用发生了变化。过去,大多数国家的教师评价以监测为核心,确保其奉行中央制定的程序、政策与实践。现在,在大多数教育系统,教师评价的新途径试图通过促进教师专业发展,通过以教师专业发展为目标,让教师负责,改进学习结果。[2] 有效的教师评价为未来的专业发展甄别长处和短处,从而有助于改进教师的实践(改进功能)。这包括帮助教师了解、反思和调整其实践。教师评价还可以促使其对自身提高学生学习的表现负责(问责功能)。这通常需要绩效导向的职业晋升或工资、奖金,一些国家可能对表现不佳的教师给予处罚,还往往在教师职业生涯的某些节点,评估其表现。

---

[1] World Bank. Higher Education: The Lessons of Experience [EB/OL]. http://documents.worldbank.org/curated/en/1994/05/437287/higher-education-lessons-experience.

[2] OECD(2011). Building a High-Quality Teaching Profession Lessons from around the World: Lessons from around the World[R]. OECD publishing.

虽然教师评价标准也评估教师资格和课堂中创造的学习环境等重要因素,但其核心是学习结果。尽管提高学生的学习结果是教师工作的核心目标,但学习结果的质量不是衡量教学质量的唯一尺度。在各经合组织成员国,评判教师的是一系列标准,例如:教师资格,包括教师文凭、工龄、学位、证书及其他相关专业发展;教师在课堂中如何行事,包括态度、期望和个性,以及与学生互动时采用的策略、方法和举止;在评价教师提高学生学习结果的程度,及其自身专业知识和教学实践的基础上,衡量教师效能。在各国,评价这些标准的工具各式各样,包括标准化学生评价分数、课堂观察、学生给出的评分、同僚评分、校长和/或管理人员评分、自评、教师访谈、家长评分、能力测试和其他间接的测量方法。

虽然许多国家有创新的教师评价体系,但在一些国家,评价体系仍较为罕见或影响有限。这表明在改进评估、评价和反馈的影响方面,存在巨大的空间。改进后的评价和反馈可以对教师产生好的影响,提高其工作满意度,推动其个人发展,有效促进教师实施个人发展的优先项目。此外,评价有助于教师树立自信。研究表明,强化教师评价和反馈体系有助于校内教学技能的发展。

世界银行指出,在教师的评价与考核中,使教师、学校对学习特别是学习成绩更加具有责任感,已经成为发展中国家的一个主要挑战。首先,私立学校的教师不存在较高的责任感。在世界银行研究的样本里,私立中学的低缺勤率老师比公立学校少。[①] 其次,发展中国家教师责任感普遍较低。2004年,世界银行对六个发展中国家的教师旷工研究表明:平均每天20%的教师会缺勤,这就显示了教师对工作出勤和教学表现的责任感低。2009年,对拉丁美洲的典型学校的课堂观察结果的分析发现,由于教师迟到早退或者被其他事情占用时间,超过30%的教学时间被浪费。2006年的国际学生评估项目(PISA)数据表明:在众多的发展中国家,教师应征者是来自初等或高等教育中的差生,

---

① World Bank, Harvard University. Roll Call: Teacher Absence in Bangladesh [EB/OL]. http://sitesources.worldbank.org/INTSOUTHASIA/Resources/Roll_Call_Teacher_Absence_Bangladesh.pdf.

而且基础教育中的认知内容对他们来说是存在着困难的。综上所述,在发展中国家,大部分教师的责任感是偏低的。①

通过对世界银行关于提高教师责任感的政策解读,我们可以看出,在教师评价和考核的方面,世界银行致力于解决教师教育中的教师缺勤问题,并对此提出了三方面的政策:第一,学校增强巡查能够帮助低出勤率的老师。目前,虽然私立学校的公共资金获准与学校的绩效相关联,但是实际上很少有机构能够确保问责的制度。世界银行强调,教育行政官员的当务之急是必须对中学实施有效的监督管理。第二,政策的制定者应该重新评估被他们经常吹捧的有效问责制度。一般认为,低工资水平是导致教师高缺勤率的原因,但是研究发现,高收入教师的缺勤率会更高。在孟加拉国,教师的工资占了整个教育日常开支的97%,政府不可能有能力进一步去提高该比例,哪怕教育的新资金到位了,但教育行政官员们首先要解决的问题是在小学阶段每天有20%的校长会缺勤的问题。第三,为教师提供基本服务的教育机构被要求采取新方法。此外,适当的和严格的评估方法必须伴随着这些实验方法出现,确保政策制定者能够清楚的识别原因,从而来降低教师的缺勤率。例如,当我们说中学学校的监管不力与教师的高缺勤率之间存在着紧密的联系时,如果我们没有通过具体的政策干预来进行彻底的调查,我们便不能直接得出有效的监管则会降低缺勤率的结论。②

在欧盟,除了意大利、芬兰、英国(苏格兰)和挪威,其他欧盟国家都有多种教师评价方式。在芬兰,有些学校会进行教师年度发展讨论或评价。然而,这些讨论或评价的重点并不是教师之前的工作表现,而更多的是对教师未来工作的期望。在苏格兰,虽然没有正式的教师评价,但学校每年都会举行一次教师专业发展总结会议。

---

① World Bank. Making Schools Work: New Evidence on Accountability Reforms[EB/OL]. http://siteresources.worldbank.org/EDUCATION/Resources/278200-1298568319076/makingschoolswork.pdf.

② World Bank, Harvard University. Roll Call: Teacher Absence in Bangladesh[EB/OL]. http://siteresources.worldbank.org/INTSOUTHASIA/Resources/Roll_Call_Teacher_Absence_Bangladesh.pdf.

在大多数欧盟国家,校长要承担教师评价的责任,超过一半的欧盟国家都会定期进行教师评价。在荷兰,学校董事会负责进行教师评价。自 2009 年以来,斯洛文尼亚通过增加校长汇报教师工作情况的频率,从而强化了教师评价体系。而列支敦士登则在 2008 年制定了教师评价标准,以促进教师评价的标准化。值得注意的是,绝大多数欧盟国家目前都有学校评价系统,而教师评价只是这一复杂系统的一部分。

第二节　国际组织教师教育政策的个性

一、联合国教科文组织：重视教师教育信息与通讯能力

联合国教科文组织在 1996 年的《加强教师在多变世界中的作用之教育》中指出，新的信息和通讯技术服务于提高全民教育的质量。国际 21 世纪教育委员会的报告已经清楚地阐明了新技术所带来的意义："新技术通过消除距离的障碍而有助于形成明日的社会。"由于这些新技术，明日的社会将同以往的任何模式毫无共同之处。最准确和最新的信息都可为世界上任何地方的任何人所获取。然而我们不该忘记，相当部分处境不利的人口仍然被排斥在这些发展之外。此外，应该牢记的是，教育的计算机化（Computerization）是实现新的教育范式的最重要手段之一。在这种新教育范式中，强调获得的重点从实现更实用的专门化的目标转向获得跨学科的基础知识。通过更新教育内容，这种新范式能极大提高教育的社会价值。新技术的应用并不仅仅局限于学习过程，在学校的管理和地方社区的管理中运用这些新技术，可以节省教师和其他教育人员的时间并改善他们的行为表现，以便让他们更多地致力于解决学

生的学习问题。在教师职前培养和培训及长期专业发展的情况下,使教师有机会不仅为教学目的掌握新的技术和其他的教育技术,而且有机会对发展教育软件和方法做出贡献。联合国教科文组织还建议,应该对教师专业化中远距离教育予以特别的注意。

2007年,联合国教科文组织与思科、Intel和微软等跨国公司以及美国的国际教育技术协会(ISTE)合作,开展了面向下一代的教师计划,并于2008年1月在伦敦召开的青年人才交流会上,向100多个国家的教育部长和媒体发布了联合国教科文组织《教师信息和通信技术能力标准》。联合国教科文组织指出,现代社会越来越依靠信息和知识,所以需要:①建立一个具备ICT技能的团队来处理信息,团队成员要会反思、有创造力,善于解决问题并能形成知识体系。②使公民获得更广泛的知识和资源,这样他们能够有效地管理自己的生活,并能过上充实且满足的生活。③鼓励所有公民充分参与社会生活,并对那些影响他们生活的决策产生影响力。④培养跨文化的理解力以及和平解决冲突的能力。为了实现上述社会发展目标与教育目标,教师需要武装自己。因此,联合国教科文组织开发了《教师信息和通信技术能力框架》,对教师运用ICT进行有效教学所应具备的能力进行了详细描述。

联合国教科文组织的《教师信息和通信技术能力框架》对不同经济形态、不同社会背景的国家和地区的教育发展和教师专业发展都有一定的启示和帮助作用,其框架既可以作为一个国家和地区长期政策制定与战略发展的依据,也可以作为教师短期培训与发展的框架。

二、经合组织:确立职前教师教育标准

经合组织重视未来教师的专业标准,在2012年3月发布的《为21世纪培育教师及学校领导:来自世界的经验》报告中指出,在当今这个快速变化的世界中,教育需要强调的是如何培养学生的终身学习能力,培养学生的复杂性思考能力和工作方式,而这些是无法被计算机所替代的。这就意味着21世纪的教师应满足以下五方面的要求:①教师必须精通自己所教的科目,善于采用不

同的方法,甚至改变他们的教学方法来使学生获得最好的学习成果。②教师需要多样化的教学策略,运用一定的方法和策略将知识及其运用相结合,包括直接的全体教学、引导、小组学习、自学和个人发现等。③教师需要深入了解一般情况下学习是如何发生的,学生的动机、情感及其在教室外的生活。④教师需要高度协作的工作方式,和同一组织或不同组织的其他教师、专业人员和辅助专业人员在一起,形成专业团体和网络来进行合作,其中可能包括实习教师。⑤教师需要获得强大的技术技能,将技术作为一种有效的教学工具,同时优化数字资源在教学中的利用并使用信息管理系统来跟踪学生的学习。①

三、世界银行:改变职前教师培养方式

世界银行通过对印度教师教育的研究,提出了印度职前教师培养方式的一些改革建议。在印度,由于公立和私立学校都必须达到"十一五规划"招生指标,因此产生了对新教师的巨大需求。中央和地方政府提出要增加公共资金的投入来加强对教师教学技术的支持,特别是,公共资金需投放在供不应求的职前教师的培训上(例如数学专业)。同时,职前教师的培训仍可能需要私人机构来提供,但是,民办教师培训机构在职前教师教育的公共认定方面需要增强和提高透明度。中央和地方政府对于这些机构的公共资金投入需要增加,要对这些机构的改革和质量的提高进行奖励。

虽然印度某些地区(如喀拉拉邦)的职前教师能力培训过剩,但是像印度这样的发展中国家的职前教师,最缺乏的还是对其能力的培训。世界上很多发达和发展中国家需要面对的问题均是如何促进不同方式的教师资格认定。例如,英国的"教学先行"的两年项目,它是为那些期望追求教师职业的教师候选人、毕业后暑假期间希望增强就业基础的准教师、在第一年的教学中希望获得额外的支持与培训并在第二年的教学之后能够达到顶峰的新教师所准备的

---

① OECD. Preparing Teachers and Developing School Leaders for the 21st Century [R/OL]. http://www.oecd-ilibrary.org/education/preparing-teachers-and-de-veloping-school-leaders-for-the-21st-century 9789264174559-en.

项目。在美国,有超过20万的新教师通过50个地区的47种路径选择教师资格证书。因此,开展针对不同群体的不同教师资格认定方式是十分有必要的。而世界银行正在这样做,它主张采用"多选择的教师资格认证项目"来支持职前教师的资格认定,该项目共包括四种不同的职前教师培养方式,职前教师们能够灵活选择任意一种或者多种方式来接受教师资格认定。

第一种方式是短期的资格培训项目,即教师们利用周末或者假期的时间在认可的师资培训机构或者大学完成培训,也可以利用多媒体广播、电视、网络和文本的远程学习方式来获得教师资格。第二种是监督在职培训项目,也就是说职前教师在某位"大师级"的老师或监督者之下,通过远程学习或者亲自学习和工作来完成认定。第三种是前期学习的鉴别方式,此方式通常是考查职前教师前期所学的专业技能。第四种则是书面测试,它没有一定指标,也没有额外的课程作业、文件或者对前期学习的认证,但是在很大程度上能够通过测试来区别素质较好和较差的职前教师。

"多选择的教师资格认证项目"受到众多的支持者推崇和赞赏,他们认为该项目是以市场为导向,专门为在地理区域和学科领域需求较大的教师设计,体现了对教师们的关怀。其次,该项目的实施能够有效地消除人为的和不必要的许可要求,国家和地区按照标准来聘任教师,也无需管理过多的职前教师。再次,该项目的早期就将招聘到的有前途的老师任命到具体教学岗位中去了,能够增强培训项目的效能。最后,该项目能够促进职前教师们与"大师级"的老师们一起工作交流,有利于职前教师们吸取大师们的优秀教学经验,快速成长为一名优秀的教师。[①]

"多选择的教师资格认证项目"提高了国家或地区与负责培训的机构之间的合作,从而使培训更加具有针对性和实用性,并促进了传统的职前教师培训项目的发展。

---

① World Bank. Secondary Education in India: Universalizing Opportunity[EB/OL]. http://documents.worldbank.org/curated/en/2009/01/10567129/secondary-education-india-universalizing-opportunity-vol-1-2.

四、欧盟:改革教师教育模式

欧盟国家主要存在着两种传统的教师教育模式:时间顺序模式(Consecutive Model)和同时发生模式(Concurrent Model)。时间顺序模式是指学生入学后,先接受普通教育,以获得某一特定学科或研究方向的学位,在学习结束后或即将结束时,再接受专业的职前教师教育,以保证其能胜任教学工作,而这一阶段仍然要学习一些普通教育类课程。时间顺序模式的培养年限为1年至1年半。同时发生模式是指学生一入学就同时接受普通教育和专业的教师教育训练,以使其一毕业就能胜任教学工作,其培养年限则为3年至5年。[①]

绝大多数的欧盟国家,都通过同时发生模式培养幼儿教师和小学教师。法国和葡萄牙则例外,自2011年以来,这两个国家只通过时间顺序模式培养幼儿教师和小学教师。在保加利亚、爱沙尼亚、爱尔兰、波兰、斯洛文尼亚和英国(英格兰、威尔士、北爱尔兰和苏格兰),两种教师教育模式则都是可用的。就初中教师的培养模式而言,更多是两种教师教育模式的混合。比利时、丹麦、德国、斯洛伐克、冰岛、土耳其六国通过同时发生模式培养初中教师。而在爱沙尼亚、西班牙、法国、意大利、塞浦路斯、卢森堡、匈牙利和葡萄牙,时间顺序模式则是培养初中教师唯一可用的模式。在其他国家中,大多都同时使用两种教师教育模式来培养初中教师。就普通高中教师的培养模式而言,大多数国家使用时间顺序模式或同时使用两种模式。在德国、斯洛伐克、冰岛和土耳其,同时发生模式是培养各级教师的唯一途径。而在法国和葡萄牙,时间顺序模式则是培养各级教师唯一可用的模式。相反,在保加利亚、爱尔兰、波兰和英国,两种模式都可用来培养各级教师(从幼儿教师到高中教师)。[②]

---

① 戈文武:《欧盟国家中小学教师教育特点、面临的挑战——兼论对我国教育改革的启示》,《外国教育研究》,2006年第10期。

② European Commission.Key Date on Teachers and School Leaders in Europe[EB/OL]. http://eacea.ec.europa.eu/education/eurydice/key_data_en.php.

除了两种传统教师教育模式,欧盟也正努力构建教师教育机构与中小学伙伴关系的新型教师教育模式。2007年,来自奥地利、丹麦、爱沙尼亚、芬兰、爱尔兰、荷兰、挪威和瑞典共计8个国家的13位专家共同探讨了丹麦、瑞典、德国和荷兰四国的教师教育机构与中小学伙伴关系模式。由于各国国体、国情和传统的不同,不同国家的教师教育机构与中小学伙伴关系也不尽相同。在丹麦和瑞典,地方当局在教师教育机构与中小学伙伴关系模式中发挥着重要作用。而在荷兰,中小学则在这一模式扮演着重要角色。新型的伙伴关系不仅使得中小学能够参与新教师的职前培养,也为师范生提供了一种真实的学习环境,从而进一步提升了他们的教学实践能力。[①]

从欧盟教师教育模式改革的整个过程,我们不难发现,欧盟越来越关注师范生专业能力的培养,即培养师范生某一特定学科的教学能力,帮助其掌握解决学生的实际问题的方法。

[①] 许立新:《欧盟国家教师教育机构与中小学伙伴关系的探索与实践》,《外国教育研究》,2010年第10期。

第七章 国际组织教师教育政策的案例分析

为了从细节着手,更深入地探讨国际组织教师教育政策的关注重点和价值取向,本书采取了案例分析的形式。本章分析了世界银行和经合组织教育政策背后的运作逻辑,提出权力分布和新自由主义理念是这两个国际组织教育政策背后的两大运作逻辑。同时,也介绍了联合国教科文组织的《2012—2015年教师战略》报告和经合组织的《建设一个高质量的教师专业:来自世界的经验》报告的出台背景和关注内容。从这两份报告可以看出联合国教科文组织和经合组织最近教师教育政策的关注重点。

第一节 世界银行和经合组织教育政策背后的运作逻辑

作为著名的两个国际组织,世界银行(WB)和经合组织(OECD)所制定的教育政策对世界各个民族国家教育的方向和发展有着重要影响。本节在回顾这两个国际组织教育政策发展演变的基础上,认为权力分布和新自由主义理念是国际组织教育政策背后的两大运作逻辑。

一、世界银行和经合组织教育政策的发展演变

众所周知,当前世界进入了经济全球化的时代。伴随着经济全球化,政策制定也逐渐走向了全球化。二战以来,主要的国际组织,如联合国教科文组织、世界银行、经合组织等,都以自己所擅长的一些方式,就自己所感兴趣的话题和领域来制定国际政策。特别是从 20 世纪 90 年代以来,为了和全球化的进程保持一致,国际组织扩大了国际政策制定的范围。教育作为国际组织所关注的重点领域之一,教育政策也得到了国际组织的重视。

目前世界银行有 184 个成员。自从 1944 年成立以来,世界银行一直积极参与教育政策的制定。1962 年以来,世界银行经常和国际货币基金组织

（IMF）一起合作，实施贷款项目。这对借款国的教育政策有很大影响。在20世纪90年代，世界银行的教育援助①约占世界教育援助的27%，同时也占了所有国际组织教育援助的40%。而对非洲国家来说，在这个时期，世界银行提供的教育援助占到了非洲政府教育经费的16%。② 目前，世界银行是最大的教育项目贷款提供者，自成立以来已经为88个发展中国家提供了教育援助和政策咨询等服务。不过，尽管世界银行教育援助数额巨大，很多国家依赖于世界银行的援助，但世界银行巨大的教育援助并不是它的最大作用，它的最大作用是它和IMF对外部资助机构的影响。也就是说，一旦这两个机构把钱借给有需要的国家，这些国家就被认为在经济和政治上是可信赖的，其他组织和国家就会在双边的基础上给这些国家提供援助。当然，这些援助都会带有特定的附加要求，这些要求对一个民族国家的教育政策或多或少都有一定的影响。

经合组织是世界的"富人俱乐部"，其成员国出产的商品和服务占世界总量的2/3。经合组织有30个成员，并和中国、印度等70多个发展中国家建立了合作关系，对全球政治、经济领域有重要影响。③ 经合组织的教育政策制定和研究有半个多世纪的历史，起初是每年都会发布一个对成员国教育制度介绍和分析的"国家报告"。不过，后来经合组织采取了"专题分析"的形式，不再着重分析民族国家的教育制度，而是形成一个专家解释问题并提出建议的专题报告。教育技术、学校管理、高等教育、成人教育、终身学习、学前教育等领域，都已经受到了经合组织的关注，并成为它的研究专题。这标志着经合组织教育政策的领域和范围在逐渐扩大。

---

① 世界银行的教育援助一般分为三种：一种是软贷款，也称为信贷，指条件优惠的贷款，包括无息贷款；一种是硬贷款，也称为贷款，指普通条件的贷款；一种是无需偿还的赠款。不过赠款较少，以前两种援助为主。

② Alexander, N(2001). Paying for Education: How the World Bank and the International Monetary Fund Influence Education in Developing Countries [J]. Peabody Journal of Education, 2001 (76): 285-338. VOL. 76.

③ Henry, M. et al. (2001) The OECD, Globalization and Educational Policy [M]. Oxford: Elsevier Science Press for Pergamon & IAU Press: P. 48.

二、国际组织教育政策中的权力分布

全球化是在经济和政治领域的全球性决策。当前重要的政策和决策都是在国与国之间的权力博弈中制定的,受权力分布的影响极大,这使得非对称、不透明成为国际政策制定的主要特点和核心特征。国际组织越来越感兴趣的教育政策也是如此。

在权力的分布中,非对称是世界银行的主要特征。比如,世界银行各个成员国的表决权由各成员国认缴的股本来确定。五个国家(美国、英国、德国、法国和日本)占了37.4%的份额,其中美国就占了16.4%。如果加上其他一些发达国家的份额,经济发达国家所占比例超过50%。① 此外,世界银行的决定权在理事会和执行董事会手中。理事会是世界银行的最高权力机构,由成员国各指派一名理事和一名副理事组成。在理事会下设立的执行董事会,是世界银行真正的决策机构。在世界银行执行董事会的24个董事中,其中5人由最大份额国家(即美国、英国、德国、法国和日本)委派,另外的19名董事从其他成员国按地区分组选取产生。② 这样,经济权力就被转化成了投票权力。另外,不透明是世界银行的另一个显著特征。世界银行有一个公开的秘密,即世界银行的行长一般都是由美国所任命,而IMF的行长都由欧盟所任命。正如诺贝尔经济学奖获得者、世界银行1997—2000年的首席经济学家斯蒂格利茨(Stiglitz)所指出的,这两个行长都是"在门背后选出的"。他批评道:"这两个组织并不能代表它们所服务的国家,它们被西方发达国家的商业和财富利益所控制。"③

经合组织也是相类似的。在经合组织,权力分布的不对称是和成员国的经济贡献相联系的,而经济贡献又是和国家经济规模紧密相关的。因

---

① Moutsios, S(2004). International Organisations and Transnational Education Policy [J]. Compare, VOL. 4.
② 张民选:《国际组织与教育发展》,上海教育出版社,2010年版,第195页。
③ Stiglitz, J(2002). Globalisation and its Discontents[M]. London: Penguin Books: PP. 18-19.

为经合组织的年度预算是由各成员国根据一个与其经济规模相关的公式,按比例捐助。这就使得八国集团(G8)中的七个国家(美国、英国、法国、德国、意大利、加拿大、日本)贡献了几乎80%的捐助,其中美国占了25%,日本占了23%。[①] 而经济贡献的多少相应地就转化成了决策权的多少。学者帕帕多珀卢斯(Papadopoulos)的研究表明,在20世纪80年代,美国和英格兰的代表对经合组织施加压力,试图使经合组织在研究议程上优先考虑"基本技能",加强这一时期美国"回到基础"运动以及英国"国家课程"的实施。同时,经合组织的最大捐助国——美国还要求经合组织实施基于学生成绩表现指标的比较研究。帕帕多珀卢斯和合作者访谈了经合组织的教育研究和革新中心(CERI)的职员后,写道:"为了改善和提高教育质量,美国,特别是美国教育部,经常向经合组织施加强大和持续的压力。美国据说施加了很大的压力,以非常直接的方式和语言,来说服经合组织实施一个收集、统计和分析教育'投入和结果'的项目,涉及方面包括课程标准、财政花费、学习成就、就业趋势等。而教育研究和革新中心的工作人员对此的反应是震惊和怀疑的,他们都认为,在教育方面,尝试定量化指标是不专业的设想,这将简单化和歪曲经合组织的教育体系,也将被成员国所拒绝,因为经合组织共同的兴趣是教育服务。"[②] 不过,尽管经合组织最初对用指标来衡量教育持怀疑态度,但是,在美国的一再要求下,教育研究与革新中心别无选择,于1988年启动了"国际指标与教育评估系统",并与1991年出版了第一本《教育概览》。

可以看出,世界银行和经合组织的话语权和投票权都是由各个成员国的经济实力以及对组织的财政贡献来决定的。

---

① Moutsios, S(2009). International Organisations and Transnational Education Policy [J]. Compare, VOL. 4.

② Papadopoulos, G(1994). Education 1960—1990: he OECD Perspective [M]. Paris: OECD, PP. 181-182.

三、新自由主义理念对国际组织教育政策的影响

作为一种理念,新自由主义提倡自由企业、自由市场和自由贸易,认为国家的干预必须保持最小化,因为国家的过多干预被认为是破坏了市场的工作。斯蒂格利茨指出,新自由主义侵入了所有的主要国际组织,这不仅与20世纪80年代美国和英国政府的直接政治压力有关,而且也和自由市场的话语渗透相关。[①] 世界银行和经合组织也不例外,深受新自由主义影响,在政策制定上深深打上了新自由主义的烙印。

(一) 世界银行

世界银行的政策通常可以被描述为"华盛顿共识",不仅是因为它的总部在华盛顿,而且也是因为它对新自由主义政策的促进。学者琼斯(Jones)认为:世界银行是新自由主义和私有化的代言人。[②] 具体来说,世界银行在以下三个方面体现了这一特点:

1. 关注经济自由化

经济自由化成为世界银行的政策重点,其中的主要手段是广受非议的结构调整贷款。[③] 这些贷款的目的在于改善借款国的商业氛围,取消贸易和投资限制,促进出口,增加商品流动,削减公共费用,减少财政赤字。世界银行认为,结构调整贷款能获得积极效果,可以引起滴流效应[④](Trickle Down Effect)。但是,很多研究表明,结构调整贷款并没有促进社会发展,反而引起了进一步的经济衰退、社会不均衡、贫困和政治不稳定等现象。另外,世界银

---

① Stiglitz, J(2002). Globalisation and its Discontents[M]. London: Penguin Books: PP. 55.

② Jones, P(2005). The United Nations and Education: Multilateralism, Development and Globalization [M]. London: Routledge Falmer: PP. 115.

③ 结构调整贷款,又称纯政策性贷款,旨在支持和帮助借款国在宏观经济、部门经济和机构体制方面进行全面的调整和改革,以克服经济困难。这类贷款使用有严格、苛刻的条件,若借款国未能按预定的条件执行,第二批贷款就停止支付。这类贷款执行期短,一般为1—2年。

④ 滴流效应,即当经济增长到一定程度之后,对穷困者所能提供的生产要素的需求会增加,导致这些生产要素价格提高,这样经济发展的成果最终会滴落到穷人身上。

行经常利用特殊时机(如经济大危机、独裁政权或自然灾害等)来推广它们的结构调整贷款。比如,东南亚1997年经济危机后,世界银行在东南亚实施了一些结构调整贷款。但是,这些贷款导致了东南亚国家失业率上升,以及很多国内资本转移到了国外业主身上。据统计,结构调整贷款在世界80多个国家实施。但是,在大多数实施国家,不仅扩大了富人和穷人之间的收入差距,而且造成了生产力和消费主义的价值观在所在国家和地方文化中大行其道。[1]

虽然世界银行的结构调整贷款不是和教育直接相关的,但是通过相关的要求和规定,它对借款国的教育体系有重要影响。比如,很多结构调整贷款都要求减少公共部门的花费,下放财政权力,增加学杂费,促进私立教育。这导致了教育费用的削减。比如,在1980年到1993年间,和结构调整贷款相关的50多项教育政策中,只有6项教育政策号召增加教育支出。[2] 另外,在20世纪80年代,在拉丁美洲和非洲,和没有实施结构调整贷款项目的国家相比,实施结构调整贷款项目的国家的教育费用下降更多。在这两个洲,没有实施结构调整贷款项目的国家的教育费用分别减少了29%和14%,而实施结构调整贷款项目的国家的教育费用分别减少了50%和67%。[3]

2. 追求人力资本

新自由主义重视人力资本,认为教育体系必须产生人力资源来促进经济发展,确保经济增长。受这一思想影响,世界银行的另外一个政策重点就是对人力资本的追求。世界银行认为,它提供或支持的教育投资必须满足所在国人力资本的需要。因此,在1962到1980年,世界银行优先考虑建立技术和职业培训机构,放弃和"纯科学"、艺术或人文甚至是图书馆建设相关的教育政

---

[1] Klein, N(2007). The Shock Doctrine: The Rise of Disaster Capitalism [M]. New York: Metropolitan Books: PP. 276.

[2] Alexander, N(2001). Paying for Education: How the World Bank and the International Monetary Fund Influence Education in Developing Countries [J]. Peabody Journal of Education, VOL. 76.

[3] Reimers, F(1994). Education and Structural Adjustment in Latin America and Sub-Saharan Africa [J]. International Journal of Educational Development, VOL. 2.

策,因为这些都被认为是几乎没有效益的学术活动。① 于是,在20世纪70年代,当西方发达国家忙于建立综合性中学时,世界银行仅仅投资中等职业教育,关注重点是教学的技术和技能。同样的,在20世纪80年代,当西方开始大规模地扩张高等教育时,世界银行却增加了对基础教育的贷款项目,并试图提高发展中国家高等教育的学杂费。学者琼斯的研究显示,在1990年,世界银行70%的教育项目要求增加基础教育的入学率,67%的教育项目要求减少对中等和高等教育的投入,56%的教育项目要求增加学校的学杂费,56%的教育项目要求发展私立教育。②

3. 效率至上

从20世纪80年代以来,世界银行确定的教育援助项目都是有资金申请和监管条件的,也就是说,受援国必须按照世界银行的要求去做,比如必须强调投资效率,必须坚持小政府大社会和成本分担等原则。作为市场经济的倡导者,世界银行提倡削减教育投入,实行高学费和贷款制度,鼓励教育私有化等,这是它在各个地区乃至全球通用的主张。从20世纪90年代以来,世界银行已经确立了新自由主义教育政策的主导地位:学校管理的权力下放、择校、私立部门的更多参与、教师的绩效工资、对教育结果的管理和评估。③

不可否认,新自由主义理念提高了教育资助的效率,也带来一定的进步。但是,这种新自由主义理念也有一些不足,一方面不能满足不同国家的实际需要,另一方面,这种资助的意识形态过于明显,招致了许多发展中国家和学者的批评。④ 不过,尽管招致了很多批评,但发展中国家仍旧需要世界银行的贷款或者积极的评价以便能带动国际投资者的投资。

---

① Heyneman, S(2003). The History and Problems in the Making of Education Policy at the World Bank 1960—2000 [J]. International Journal of Educational Development, VOL. 3.

② Jones, P(1992). World Bank Financing of Education[M]. London: Routledge Falmer: PP. 162.

③ Alexander, N(2001). Paying for Education: How the World Bank and the International Monetary Fund Influence Education in Developing Countries [J]. Peabody Journal of Education, VOL. 76.

④ 张民选:《国际组织与教育发展》,上海教育出版社,2010年版,第209页。

(二) 经合组织

作为一个以推动经济发展为己任的组织,与教育对个人发展和社会进步的作用相比,经合组织更看重教育的经济功能。新自由主义理念在以经济发展为主旨的经合组织中占据了上风,在以下两个方面有所体现:

1. 重视教育质量和教育绩效

教育质量问题一直吸引着经合组织的注意,特别是1983年美国发表《国家处在危机中》之后,在美国教育部的影响下,教育质量成为经合组织的一个重大主题。此外,20世纪80年代以来,经合组织越来越关注教育财政投入的绩效、成员国教育发展的水平以及成员国教育发展水平在全球竞争中的地位。经合组织的一个创新路径是,在各成员国每年例行的教育统计之外,组织国际性的教育成就测验,向成员国政府提供清晰的数据资料和比较分析报告,其中影响最大的国际测评是"国际学生评估项目"(Programme for International Student Assessment, PISA)和"国际成人素养调查"(International Adult Literacy Survey, IALS)。在许多国家,教育部长在宣布教育改革时,都会引用PISA和IALS的数据。当前,经合组织的成员国都不敢忽视这两个项目,特别是PISA的数据和建议。

在21世纪初,通过绩效指标来保障教育质量已经成为经合组织的主流管理理念。有学者指出,经合组织的一项重要教育工作就是推动"绩效文化"。他们进而批评道:"就当前的形势而言,绩效在很大程度上被简化成对学生或系统结果的量化测量,或越来越多地被用来比较各国的教育系统。这可能使教育目的变得空洞无物,成为一批批数字或是图表上的一个个记号。"[1]

2. 追求人力资本

在新自由主义的影响下,对人力资本的追求也成为经合组织教育政策的核心。从1961年舒尔茨提出人力资本理论以来,经合组织非常重视"人力资

---

[1] Henry, M. et al. (2001) The OECD, Globalization and Educational Policy [M]. Oxford: Elservier Science Press for Pergamon & IAU Press:PP. 160-161.

本"的概念,因为它"有力地强调了在以知识和能力为基础的经济中,人变得多么重要"。经合组织一直认为教育是重要的人力资源投资,把教育看作是产生人力资本进而促进成员国经济发展的主要工具。

在20世纪80年代,和流行的新自由主义理念相一致,经合组织开始促进对教育中费用—效率、基本技能和学生成就的关系的研究。从20世纪90年代开始,新技术、终身学习、高等教育质量、教育指标以及特定学科学生的成绩表现也成为经合组织的关注热点。经合组织的教育政策和报告在许多国家引起了巨大反响和争论,成为很多国家制定教育政策的出发点。经合组织的这些政策和报告有一个共同点,即它们都反映了经合组织对人力资本的重视。经合组织在不同的声明中都提出了相同的教育改革目的,认为:"国家的财富很大程度上从它们的人力资本中获益良多。为了在快速变化的世界中成功,每个人需要在他们一生中提高自己的知识和竞争力。教育体系需要重视形成知识和竞争力,并加强成人在学校之外继续学习的能力和习惯。"[①]

在这种思想和观点的指导下,经合组织密切监督教育的表现,通过制定绩效指标和收集数据,开展大规模教育统计,比较各国的教育效能,跟踪教育发展趋势,试图通过教育体系来扩大人力资本。PISA 和 IALS 项目就是经合组织测量和追求人力资本的两个重要工具。

---

① OECD(2005). Progress and Output Results of the Programme of Work 2002 to 2006: Meeting of OECD Education Chief Executives[R]. Copenhagen: OECD.

第二节 联合国教科文组织《2012—2015年教师战略》报告述评

一、背景介绍

目前,联合国教科文组织正在启动《2012—2015年教师战略》(UNECO Strategy on Teachers 2012—2015),该战略的启动是2012年全球教师节庆祝大会的一部分,联合国教科文组织(UNECO)与国际劳工组织(ILO)、联合国开发计划署(UNDP)、联合国儿童基金会(UNICEF)及教育国际(EI)一起庆祝了该节日。该战略的重点是支持教师进行高质量学习。借鉴在非洲撒哈拉以南地区开展的"教师培训倡议"(Teacher Training Initiative for Sub-Saharan Africa)的经验以及其他与教师相关的项目的一些方法,联合国教科文组织明确了推动该战略实施的三个优先领域:第一,教师短缺:向教师提供支持,尤其是非洲撒哈拉以南地区,解决教师短缺问题。第二,教师质量:提高教师质量。第三,教师经验全球共享:用比较的视角分享全球教学经验。[①]

---

① UNESCO. Strategy on Teachers 2012 – 2015 [EB/OL]. http://unesdoc.unesco.org/images/0021/002177/217775E.pdf.

最终,该战略的目的是构建一支高质量的师资队伍,确保教师获得专业发展,在有支持性的教学实践中增加学生的学习机会。目前,教科文组织实施了一个旨在加速实现全民教育目标进程的教师新计划——"为全民教育培养高质量教师"(Quality Teachers for EFA),该战略则为这一计划提供了一个整体框架。

二、报告主要内容

(一)解决教师短缺问题

在教师缺口这方面,应加强机构培养教师的能力,提供合格教师。一方面应特别关注教师培训机构,另一方面则应侧重于教育政策制定、实施和评估。

1. 提高教师培训机构的培训能力

优质教师是优质教育的基石,但现实不容乐观:许多国家教师短缺问题严重,教师工资微薄,工作条件较差,培训质量不高,地位持续下降。联合国教科文组织的目标,是强化各国的教师培训政策,提高各国培训教师——尤其是信息通讯技术等专门学科的教师的能力,并在教师培训中广泛应用远程教育。[①]

在教师短缺的国家中,要提高培训机构的培训能力,当务之急是要扩大教师培训范围;提高现有的教师培训机构的质量,尤其是通过大学教育学院/大学混合式学习方式,更广泛地利用现有的开放教育资源来培训教师。教科文组织将制定专门的方案来扩大现有培训机构的能力,特别是通过集约技术支持的方案,如开放学习和远程学习,来解决这个问题。

同时,要重新考虑目前的教师编制政策,尤其是在考虑教师人数不稳定的情况下,还要配合校本教师培训要求和预定课程,确保日常教学。

此外,还要使用多元化的教师培训策略,其中包括晋升、利用技术来培训教师,特别是对新教师的培训提供帮助。教科文组织将为促进现行的教师培训和专业发展策略给予建议,并支持所选定的目标国家的教师教育的领导团

---

① 张民选:《国际组织与教育发展》,上海教育出版社,2007年版,第123页

队,给予适当的建议。虽然在学术和实习之间要做到平衡,但必须确保教师在备课中作出了重大努力,以确保教师备课与预期的学校课程相一致。这个悬而未决的问题仍然在许多国家存在。好的课程,应采取以学生为中心的方法,注重成绩和程序,强调能力,促进协作知识及跨学科的发展。面对这个重大模式转变,教师要做好准备。

对教师教育者来说:必须提升其竞争力,以确保他们的专业性得到发展。同样,教师培训需要国家和国际社区的共同努力。联合国教科文组织将在教育协会与相关国家的网络或机构中传播科学研究和教育研究的最新成果,阐述一些有意义的教师培训的理念,培养知识共享和跨机构合作。

2. 提高教师政策的制定和实施水平

根据以往的经验,教科文组织对一些国家,重点是非洲撒哈拉以南地区的教师进行了培训。根据提供技术支持需求分析的请求,并结合部门情况,教科文组织实施了政策制定和战略规划,以此来吸引教学行业的优秀学生,有效地部署和管理教师队伍。在这个框架内,教科文组织提供资金,在教师招聘培训、部署和管理、专业开发等方面评估各国的教学需求和开发能力,以此提供技术援助来进一步加强各国的能力。鼓励各国采用发展性评估和支持监测结果的举措来评估学生的学习时间及其影响,以便改进教学实践。特别注意的是,要在农村地区、边远地区和薄弱国家中,运用良好的实践策略来吸引并留住教师。

(二) 提高教师质量

1. 促进教师专业发展

一些成员国,特别是薄弱国家,遇到的具体问题主要集中在初等教育、专业资格合同问题或社区教师及教学辅助人员。另外,在大多数国家中,要加强机制,来提高现有教师的质量与技术支持解决方案的利用。在这方面,需要展开以下行动:

(1) 通过加强教师专业发展和技术支持的解决方案来改进教学。根据各个国家的需求,优先在初等教育(阅读、写作、计算)中将识字纳入主流,在中等教育将数学和科学纳入主流,以及在性别讲座中将有关艾滋病毒和艾滋病的观点纳入主流。教科文组织将通过混合式培训的策略和方式,促进教师专业发展、课程发展和教师教育发展。其他的重点应放在确保后续新加入的教师获得足够的支持机制。教科文组织将帮助教师改进教学理念,特别是对于新教师提供支持,以确保他们能找到一种有意义的方式推动他们的日常教学实践。尽管在提高质量教学和学习过程中,学习科学和教育研究有了新进展,但大范围的教师培训能力还不足。因此,要以有意义的方式进行编译和传播现有知识,加强基础教学,特别是在关键的学科领域。教科文组织将进一步发挥其信息交流中心的作用,在教学传播工作中,特别是在薄弱国家,通过提供技术网络支持,向地方学校推广基层创新和知识共享。

(2) 创新教学实践的方式。目前世界各国已经投入了很多精力,来增加教学专业的吸引力。有证据表明,最重要的挑战之一是如何支持改善创新教学实践的方式。通过督导、询问导师或协作活动专家的意见,可以起到促进教师发展的作用。联合国教科文组织与其他国际机构和组织,在这一领域进行的实践分析,特别是在薄弱国家进行的实践分析项目,有助于支持成员国和教师组织改进教学专业性的发展。

2. 加强学校领导力

在很长的一段时间里,学校领导都被认为是单纯的行政负责人。然而,有越来越多的证据表明,学校通过提高教学质量、增加学习经验、定期辅导教师等方式,能在国际竞争中获得很大机遇。虽然学校领导机构大多是被看作管理者的教育附属单位,但充分受过教学培训的学校领导作为教学的领导者,可以指导教师的实践和行动。教科文组织将帮助培养富有教学经验的学校领导,促进他们的学习,特别是在非洲撒哈拉以南地区,为他们制定相关政策,提高专业支持和发展计划,提高他们作为学校领导的领导力,从而提高教育质量,加强国家能力。[①]

[①] UNESCO. TeacherManagement [EB/OL]. http://www.unesco.org/en/ttissa/Teacher-management.

(三)促进教学经验全球共享

1. 利用监测设备促进专业实践的水平

目前,联合国教科文组织正与国际劳工组织一起合作,关注教师的地位和条件,来适当的发展教学工作。在最近几年,他们就出现的一些现象达成共识,在遵守现有的规范性文件下,呼吁找到新的方法来提高教学质量。此外,在最近几十年中,教师专业要求和实际的工作条件有了显著的变化。在21世纪,联合国教科文组织将继续从事提高质量标准的教学工作,遵循国际通用的方法,加强现有的监督机制,分析对教学新的要求和期望。联合国教科文组织还将鼓励使用现有的监测设备来引导社会关注教学工作。对发展中国家来说,特别是那些还没达到全民教育目标的国家,联合国教科文组织创建和推动的教师国际标准将使它们受益匪浅,它们可以在此标准的基础上发展教师资格和专业发展。因此,联合国教科文组与有关国际合作的其他组织,应开发这样的教学标准和相应的实施准则,以构建国际共识并传播这种共识。

2. 共享全球教学经验

联合国教科文组织指出,教育改变发展,教育在减少赤贫、推动广泛的发展目标方面具有不可比拟的力量。教育能促进宽容,教育能帮助人们理解民主,促进宽容和信任,调动人们参与社会的政治生活。教育也倡导分享,在分享的过程中获得各自的进步。[①] 教师可以定期开展学术沙龙,交流座谈,参见会议等,与同行分享教学的经验,不断地提高教学能力。

联合国教科文组织的会员国应努力着眼于提高对教师的社会尊重程度和教师职业的吸引力,并为教师提供优质的教育,特别是当它关系到全民教育的时候。

联合国教科文组织的政策和策略对学生的学习有重要影响,在支持教学和提高教学质量方面有重大意义。为了促进教学经验的全球共享,教科文组

---

① 联合国教科文组织. 教育改变发展[EB/OL]. http://www.unesco.org/new/zh/media-services/in-focus-articles/new-unesco-data-proves-education-transforms-development/.

织将通过各种形式报道全球教师职业未来的挑战,并通过一些国家和地区论坛的传播以及主要教学国际会议,争取能在国家层面最大化地使用和影响国家的教师和教学政策。

总之,联合国教科文组织确认了战略发展的三个优先事项,并提出了行动线和活动。(见表7-1)

表7-1 联合国教科文组织教师战略(2012—2015)的优先事项

优先事项	行动路线	活动
1. 解决教师短缺	1. 发展国家能力	• 提高教师培训机构的培训能力
		• 提高教师政策制定、实施的水平
2. 提高教师质量	2. 促进教师的专业发展	• 通过多样化的策略,包括ICT支持教师专业发展
		• 维持和改善教师动机
		• 传播在教室的优秀实践教学
		• 教师评价和支持
	3. 加强学校领导力	• 学校领导也是教学领导人,促进专业发展
3. 促进教学经验全球共享	4. 促进教学标准	• 提出国际参考框架和建议
		• 制订国际版的专业教学标准
	5. 共享全球教学经验	• 报道关于教学工作的关键问题,在国际会议上分享经验

(资料来源:UNESCO. Strategy on Teachers 2012—2015 [EB/OL]. http://unesdoc.unesco.org/images/0021/002177/217775E.pdf,2013-06-22)

(四)实施保障

1. 建立有效的合作伙伴

《2012—2015年教师战略》是一个全球性的战略,只有建立协调、合作和有效的伙伴关系基础才可能成功,这既需要教科文组织不同实体(总部、研究所、区域局和办公室)的努力,特别是全民教育教师专项小组,也需要其他联合国其他有关机构的帮助。总之,需要全民教育的主要合作伙伴的共同努力。

考虑到个人的特定需求和成员国的期望,该战略已在区域和国家层面展开。此外,该战略还将包括网络机制以及跨国家和地区同行学习的机会。

2. 实施监测和评估战略

教科文组织将建立监测机制,投入足够的资源做详尽记录,通过在不同的成员国实施和传播,列出其成就和教训。

总的来说,联合国教科文组织作为文化教育类国际组织,其关注的焦点主要集中在基础教育领域。教师是文化传递的传承者,对教师的全方位规划对教学起着巨大的作用。教科文组织的教师战略确定了三个优先发展领域:解决教师短缺,提高教师质量和促进教学经验全球共享。为了更好地推进该战略,教科文组织还制订了实施保障计划。

第三节　经合组织《建设一个高质量的教师专业：来自世界的经验》报告述评

一、背景介绍

百年大计，教育为本。教育大计，教师为本。教师是教育事业改革发展的主体。当前世界各国几乎都把教育改革的着力点与突破口放在了教师教育上。为了借鉴各国经验，培养更多高质量教师，美国教育部、经合组织(OECD)以及其他一些组织在2011年3月和2012年3月连续两年召集世界上教育表现较好的二十余个国家和地区在纽约召开"教师专业国际峰会"(International Summit on the Teaching Profession)，介绍一些国家和地区教师教育改革的经验，探讨进一步提高教师质量进而改善教育质量的政策和措施。

在2011年3月首届"教师专业国际峰会"召开之前，经合组织曾经为该次峰会发布了一个名为《建设一个高质量的教师专业：来自世界的经验》(Building a High-quality Teaching Profession: Lessons from around the World)的背景报告，并在峰会召开后对该报告进行了修改，于2011年11月正式发布修改后的报告。依托修改后的报告，本节从重视职前准备、引领专业发展、改进教师评价、鼓励参与改革这四个方面出发,分析阐述了世界各国当前一些较有特色的教师教育改革措施和策略,以期为我国教师教育改革提供借鉴和启示。

二、报告主要内容

(一) 重视职前准备

教师职前准备非常重要,职前准备包括教师招募、使教师成为有吸引力的专业、教师教育课程设置等。当前各个国家都非常重视职前教育,出台了很多政策,而实践也证明,国家政策可以对教师职前准备产生巨大的影响。

1. 招聘优秀人才

目前,世界上很多国家都重视教师招募工作,努力鉴别、培养教师人才。

比如,新加坡综合采用多种办法,在年轻人中努力鉴别并培养优秀教师,从而吸引优秀青年加入教师队伍。如果初中毕业生中成绩排名前1/3的学生愿意选择教师专业,在高中期间,新加坡政府就将为其按月提供补贴,补贴的额度与其他领域中应届毕业生的工资相当。作为交换,相应地,这些未来的教师必须承诺,将至少在教师岗位上服务满3年。在挑选这前1/3的学生时,新加坡政府强调的首要因素是学术能力,同时也非常重视学生应具有教师专业道德、愿意服务于不同的学生群体。

在高中阶段,新加坡就开始培养未来教师的种子,让学生参加教学见习,同时设计了职业生涯中期登记系统(a System for Mid-career Entry),将真实世界的经验带给学生。新加坡同样非常注意观察不同职业的起始工资,并相应调整新教师的工资水平。新加坡希望吸引优秀候选人从事教师专业,并使他们在从事教师专业后能获得像其他专业一样具有吸引力的报酬。[①]

2. 增加教师专业的吸引力

在招募高质量教师时,很多国家不是仅仅提供充足的薪酬,而且也为教师

---

① OECD. Building a High-Quality Teaching Profession: Lessons from around the World[R/OL]. http://dx.doi.org/10.1787/9789264113046-en.

提供一个作为专业人员的工作环境。在这样的工作环境中,教师和学生、同事、领导相处融洽,具有良好的工作条件和发展机会,学校行政效率较高等因素,可以使教师成为有吸引力的职业选择。

比如,芬兰通过提高入职标准、给予教师高度的权责、使教师成为"行动研究者"来发现有效的教育方案等方法,使教师成为广受欢迎的专业。芬兰教师的社会地位提高到了其他专业很难企及的高度,教师被认为是所有专业中地位最高的专业之一。2010年,有超过6600人申请进入8所大学的小学教师教育专业学习,而招生名额仅为660名,竞争非常激烈。在这种竞争的气氛下,教师如今成为芬兰一项高度选择性的专业。芬兰的教师也都具有极高的教学技能,并获得了很好的培训。

尽管芬兰教师已经享有了高度的社会尊重,芬兰仍在提高教师专业的地位,其手段之一是提高入职标准,另一手段则是赋予教师更大的课堂自主权和工作自主权,并将这两个手段结合起来。芬兰教师利用专业能力作出专业决策来管理课堂,并对各种挑战作出回应,使所有学生成为成功的学习者,由此也使芬兰教师赢得了家长和社会各界的信任。

(二) 引领专业发展

一个国家的教育改革要想获得成功,需要对目前的教师队伍进行投资,为他们提供优质的专业发展。根据"教学和学习国际调查"(Teaching and Learning International Survey,TALIS)调查发现:55%的被调查教师指出,在18个月的调查期间,他们希望获得更多的专业发展。[①] 很多国家也较为重视教师专业发展,采取了一系列措施:

1. 实施教师职前专业发展项目

为了让教师更好地胜任教学,一些国家和地区实施了创新性的教师职前专业发展项目。

---

① OECD. Creating Effective Teaching and Learning Environments: First Results from TALIS [R]. OECD Publishing.

比如,为了让成绩优秀的毕业生准备好填补城市学校教师的短缺,美国波士顿实施了波士顿教师实习项目(The Boston Teacher Residency,BTR)。该项目开始于2003年,目的在于招聘表现优秀的大学毕业生和专业人士,让他们为在波士顿学校任教做好准备。这个项目侧重于让准教师掌握今后在公立学校有效教学所需的技能,强调临床训练以及将实习教师与经验丰富的课堂教师配对。项目初期,实习教师先在暑期学院里学习两个月,然后在第一学年,每周花四天待在课堂上,第五天上课和参加研讨会。这种方法使得实习教师可以同时掌握教学的理论和实践。第一学年后,实习教师获得新教师执照和教育硕士学位,并继续获得波士顿教师实习项目的支持,形式包括入职指导、课程和研讨会。

该项目招聘和选拔过程相当严格,只有13%的申请人被录取。该项目的产出不断增加,填补了波士顿每年所需数学和科学教师的60%空缺,并得到学校校长的高度好评,96%的校长说他们会推荐其他校长聘用该项目毕业生。最近,波士顿教师实习项目得到美国教育部"创新基金投资"500万美元的拨款,该基金试图促进教师教育及其他优先领域大有可为的实践的发展。

2. 为教师提供更多的晋升机会

为了更好地促进教师专业发展的积极性,很多国家提供一些高级岗位,使得教师能有晋升的机会和动力。

在澳大利亚,教师的职业生涯一般都会经历两到四个阶段,每个阶段每年都会加薪。这些阶段通常包括:①新教师。②经验丰富的教师。③承担责任的经验丰富的教师(骨干教师)或年级协调人。④校长助理。⑤校长。⑥地方/区教育部门职员。从一个阶段到下一个阶段的递升,特别是在较高阶段上,通常需要将职位空缺广而告之,并要求申请者申请。当教师沿着这一等级晋升,教师被期望拥有更深层次的知识,表现出更精湛、更有效的教学,担负起学校课程的更多责任,更能帮助同事等。在"骨干教师"阶段,他们被期望具有示范性的教学、教育领导力,以及发起和管理变革的能力。

英格兰和威尔士在1988年推出"高级技能教师"(Advanced Skills

Teacher,AST)这一新的职业等级,旨在为那些希望继续任教的教师提供替代性的职业发展路线。"高级技能教师"的作用是为自己学校和其他学校提供教学领导,类似于我国的"教研员"。通常情况下,他们将20%的时间用于"延伸服务",为同事的专业发展提供支持,并把余下的时间用在课堂教学上。教师在任何职业阶段都能担当"高级技能教师",但是他们为此必须通过 AST 评估。他们需准备一套材料,展示他们如何达到规定的年级标准,并由一名外部评估者加以评审。评估者也面谈申请者,并观察他们的专业实践。2004 年 7月,约 5000 名教师通过了 AST 评估。英格兰和威尔士意图让这一等级锻炼出来的教师最终构成师资的 3%到 5%。

爱尔兰目前已经推出了四个类别的晋升职位:校长、副校长、校长助理、特殊职务教师。每一职位都有特殊的管理职责,并获得薪水和计时津贴。除了课堂教学,校长助理和特殊职务教师在学术、行政等事务上承担特殊职责,包括安排时间表、与家长协会联络、监督学校设备的使用等。他们由一个专门小组遴选,小组成员包括校长、管理委员会主席和一个独立的外部评估者。在爱尔兰,约有 50%的教师在其职业生涯中可以得到其中的一个职位。

在加拿大魁北克省,经验丰富的教师可以作实习教师的导师。经验丰富的教师辅导和指引实习教师,并承担具体的培训。他们获得额外的薪金,或减少课堂教学责任。约 12000 名教师参加了这个导师项目。其中,部分经验丰富的教师也有机会成为大学教师的合作研究者,参加教学、学习、课堂管理和学生成效等方面的合作研究。另外,经验丰富的教师也可能无须承担一部分常规工作,以便为经验不足的同事提供支持。[①]

在新加坡,在从事教师专业三年后,教师们将接受年度考核,从而分析哪种专业生涯路径最适合他们。新加坡教师有三种专业生涯路径——专家教师(Master Teacher)、课程或研究专家(Specialist in Curriculum or Research)、

---

① OECD. Building a High-Quality Teaching Profession: Lessons from around the World[R/OL]. http://dx.doi.org/10.1787/9789264113046-en.

学校领导(School Leader)。在每一个专业生涯路径上，教师工资都可以获得增长。具有学校领导潜力的教师将被转到学校中层管理队伍中，并接受相应的培训来适应新角色。中层管理者的绩效将按照他们成为副校长、校长的潜力来进行评价。每个阶段都包含一系列经验积累和培训，从而使学校领导的候选人具备领导能力和创新能力。在新加坡，年轻教师将不断地接受领导潜力的评估，并获得机会去证明自己的潜力，学习成为领导者。例如，年轻教师可以在校委会中服务，然后在相对年轻时年龄时升迁到某个部门做负责人。一些教师还会借调到教育部服务一段时间。未来的校长也是通过面试选拔的，而且要经过领导岗位的锻炼。

（三）改进教师评价

教师评价是改进教师个人表现与教育系统整体表现的关键。职业晋升机会、薪金和工作条件对吸引、培养和留住优秀教师来说至关重要，但这些因素经常盘根错节，因此需要各个国家改进教师评价，确保教师评价能与个人工资和报酬挂钩，同时在维持教育预算平衡的基础上提高目前教师薪金水平，从而保持和提高教育教学质量。

1. 教师评价与个人工资挂钩

尽管工资不是决定教师积极性的唯一动力，但是工资确实有着不可替代的作用。一些国家通过提高优秀教师个人工资来改进教师评价。

比如，瑞典实施了最激进的报酬体系之一，联邦政府确定最低起薪，校长和教师每年就教师个体的薪金进行协商。如果教师寻求帮助，教师工会可以参与协商。在瑞典，为了提高地方在学校系统中的自主权和灵活性，1995年废止了教师固定工资方案。中央政府承诺五年内大幅提高教师薪金，但条件是并非所有教师都有相同的增幅。这意味着没有固定的上限，中央政府只商定最低基本工资，并确保教师薪金总量上升。教师被聘时协商其薪金，且与雇主就聘用初期的薪金达成协议。个体的协商涉及：①教师的资历领域：高中教师的薪金高于义务教育阶段的学校教师或学前机构的教师。②劳动力市场状况：在教师短缺更加严重的地区，教师获得的薪金更高，某些学科（如数学和科学)的情况亦是如此。③教师的表现:中央政府要求工资的增长与表现的改进挂钩,允许学校向承担相同任务的教师支付不同工资。④教师的职责范围:如果教师比通常期望的更加努力工作,接受更多的任务,那么校长可以给予奖励。

现在,瑞典教师的工资差异比过去大得多,短缺领域的教师以及表现更好的教师可以获得更高的薪金。中央政府的拨款系统确保低收入城市可以有效地竞争教师和其他服务部门的员工,从而支撑了这一报酬体系。从1995年开始的教师个体工资体系最初遭到瑞典工会和教师组织的强烈质疑,如今在工会教师中的支持率却超过70%。[1]

2. 教师评价与报酬挂钩

为了更好地改进教师评价,一些国家建立了教师评价与报酬挂钩的形式。

比如,新加坡建立了一个全面的教师评价体系。该体系把各种激励措施融为一体,并与系统目标保持一致,使之能够挑选和留住有效的教师。新加坡教师可根据年度评估结果,获得相当于基本工资10—30%的绩效奖金。新加坡的"强化绩效管理体系"(Enhanced Performance Management Systems)中包含一项教师评估,评价其对所教学生学业和品格发展的贡献、与家长和社区团体的合作,以及对同事发展和整个学校的贡献。工作表现杰出的教师从学校的奖金总额中获得一份奖金。评估也明确指出需要作出改进的地方,作为制定下一年个人专业发展计划的基础。所有教师每年都可以获得无需其付费的100小时专业发展,用来推进其个人发展计划。表现糟糕的教师将会得到帮助,以便其提高,如果还未能提高,那么将会被解雇。

此外,新加坡教师每年还获得补偿金,补偿其参加专业发展、提高知识与技能、订阅专业杂志、参与语言学习或技术培训的费用。教师沿着一连串职业阶梯前行,承担职责更多,为学科和学校做的贡献更大,给予报酬就更高。同时,为了留住优秀教师,新加坡还提供富有吸引力的退休金。

---

[1] OECD. Building a High-Quality Teaching Profession: Lessons from around the World[R/OL]. http://dx.doi.org/10.1787/9789264113046-en.

（四）鼓励参与教育改革

只有在课堂里成功施行的改革才可能是有效的教育改革，没有教师积极、自愿的参与，大多数教育改革难以获得成功。所以，教育改革部门和个人要和教师及其专业协会进行有效协商，鼓励教师及其专业协会积极参与教育改革的制定、规划与实施，只有这样，教育改革成功的机会才能大大提高。一些国家做出了这样的制度安排，获得了教师及其专业协会的支持，推动了教育改革的进行。

1. 重视工会的作用

当前很多国家重视教师工会在教育改革中的作用，让教师工会参与国家的教育改革进程。

比如，在澳大利亚，教师工会参加了国家教师专业标准的制定。澳大利亚国家教师专业标准（National Professional Standards for Teachers）由澳大利亚教学与学校领导力研究所（Australian Institute for Teaching and School Leadership）最后定稿，并于2010年12月得到联邦与各州教育部长的认可。标准明确了教师在毕业、熟练、较高造诣和领袖教师这四个职业发展阶段，以及专业知识、专业实践与专业参与这三个领域，应该知道以及应该能够做些什么。

全国教育工会（The National Education Union）作为澳大利亚的一个教师工会，是研究所的一个独立机构，积极参与国家教师专业标准的制定，促进和推动教师与学校领导的高质量专业发展。[①]

2. 让教师参与教育改革

教育改革要获得成功，顺利推行，必须得到教师的接纳和认同，加拿大安大略省的教育改革为我们提供了案例借鉴。

在安大略省的教育改革中，改革的领袖非常重视教师及其代表的参与。

---

① OECD. Building a High-Quality Teaching Profession: Lessons from around the World[R/OL]. http://dx.doi.org/10.1787/9789264113046-en.

教育厅副厅长每季度与主要的教师工会、督导组织和校长协会会面,反思改革进程。教育厅还设立了"安大略教育伙伴会议桌"(Ontario Education Partnership Table),在那里,方方面面的相关人士每年可与教育厅官员会面两至四次。在此基础上又设有"工作台"(Working Tables),让一些相关人士的小群体更详尽地讨论具体问题。

2003年,加拿大安大略省发起了一项旨在提高毕业率,提升读写和计算能力的综合改革。该改革获得教师积极支持,除了安大略省教育厅的上述努力之外,最关键原因是教育厅与四大教师工会签订了2004—2008年四年期的集体谈判协议。在此协议中,教育厅可以就那些既符合其教育战略,又符合工会利益的事项进行磋商,包括减少班级人数和创设额外的课外准备时间,这两项分别带来了5000份和2000份新工作。该协议也为每所学校聘用专职或兼职人员提供经费。第二份四年期协议已于2008年签订。该协议可以为推进教育改革打下基础,并能创造持续的劳工"蜜月"期,使人们可以持久地把注意力集中于教育改进。

第八章 国际组织教师教育政策对我国的启示

二战后，美国率先开始使用"教师教育"一词。20 世纪 60 年代以后的英国、法国、日本等国开始使用，之后它便逐渐取代"师范教育"而成为通用概念。但在人们传统的观念中，师范教育仍主要是指教师担任教职前所接受的正规学校教育，教师教育只是师范教育的逻辑与历史的延伸。然而，教师教育通常是多元化、一体化、专业化、大学化、系统化的教师培养和培训活动，它是一种不同于"职业教育"的"专业教育"。我国教师教育经过了一定时期的发展，教师教育政策随之经历不同阶段的演进。当前我国教师教育和教师教育政策仍旧存在一些问题，国际组织教师教育政策能在教师教育一体化、教师教育课程、教师招募、教师专业化、教师专业发展、教师评价、利益相关者参与教育改革等方面为我国教师教育政策的内容和取向提供一些借鉴和启示。

第一节　改革开放以来我国教师教育及教师教育政策的发展演变

改革开放以来,我国教师教育和教师教育政策都经过了一定的发展演变,形成了现在的教师教育和教师教育政策。

一、改革开放以来我国教师教育的发展演变

我国教师教育发展到现在,已经经历了以下几个转变:第一,我国教师教育已由"定向型"体制向"非定向型"体制转变,教师教育已成为开放化的格局。第二,从"三级师范"向"二级师范"过渡,且"一级师范"已经得到快速发展。第三,教师专业化已成为重点,并由理念探索转向实践改革。第四,由职前职后分离向一体化过渡,教师教育一体化得到突破。

(一)由"定向型"体制向"非定向型"体制转变,教师教育开放化格局业已形成

20世纪70年代,英国教育家詹姆斯·波特(James Porter)把师范教育体制归纳为"定向型"和"非定向型"两种类型。"定向型"是指通过师范类院校培

养师资的途径,是一种封闭型的培养范式;"非定向型"是指通过普通大学培养师资的途径,是一种开放型的培养范式。在我国,从19世纪末南洋公学师范学院的创办到20世纪50年代"院系调整"的洗礼,时至当下教师教育大学化的格局,教师教育体制形成了一种"非定向—定向—非定向"的发展范式,目前正处于由定向型向非定向型转变、非定向型格局亟须完善的阶段。

一直以来,我国的教师教育实行师范院校三级培养教师的单一封闭化模式。封闭定向型的教师教育体系包括:主要从事全日制教师职前培养的师范大学、师范学院、师范专科学校以及中等师范学校,还包括从事教师职后培训的教育学院和教师进修学校等。值得肯定的是,正是这种封闭定向的师范教育体系,为基础教育培养了大批教师,支持和保证了我国基础教育事业的师资供给。

然而随着社会大生产的发展和社会分工的加剧,以及市场经济和国际师范教育发展的新形势,过去单一的教师教育体制已经不能适应社会发展和现代职业变化对人才素质的要求,我国师范教育的封闭体系非要打破不可。1999年6月,第三次全国教育工作会议推出的《中共中央关于深化教育改革全面推进素质教育的决定》指出:调整师范学校的层次和布局,鼓励综合性高等学校和非师范类高等学校参与培养、培训中小学教师的工作,探索在有条件的综合性高等学校中试办师范学校。自此,封闭性、定向型的教师教育体系被打破,综合性大学创办教师教育的问题提到了研究与实践的重要议事日程,教师教育的开放化拉开了序幕。2002年,全国教师教育工作会议提出,"十五"期间,教师教育事业改革与发展的主要任务,是初步形成以现有师范院校为主体、其他高校共同参与、培养和培训相衔接的开放的教师教育体系。随后颁布的《教育部2003年工作要点》再次强调,要加快建立开放灵活的教师教育体系,提高办学层次,推进师范院校改革,鼓励综合性大学开展教师教育。该工作要点直接奠定了开放型教师教育体系的合法基础,彰显了教师教育开放的体制特征。2004年3月3日,国务院批转教育部印发了《2003—2007年教育振兴行动计划》,该计划明确提出了"全面推动教师教育",即:改革教师教育模式,将教师教育逐步纳入高等教师体系,构建以师范大学和其他高水平大学为先导,专科、本科、研究生三个层次协调发展,职前职后教育相互沟通,学历与非学历教育并举,促进教师专业发展和终身学习的现代教师教育体系"。① 该计划比较完整地描述了我国未来的教师教育体系,反映了我国教师教育政策发展的基本走向,即开放化、终身化、一体化。

开放的教师教育体系弥补了过去师范院校课程设置过于单一的问题。学校开放以后,学科和专业的多元化可以使学生学习的知识不限于中小学的课程范围内,可以学得更广更深,有利于提高教师培养质量。

(二) 由"三级师范"向"二级师范"过渡,"一级师范"发展迅速

根据受教年限和颁发学历(学位)的不同,教师的培养从初级到高级可依次可以分成"初级师范、中等师范、师范专科和高师院校"四个层级。新中国成立后曾建立四级师范体系,到20世纪50年代中期取消了初级师范,形成了三级师范体系;至90年代后期,师范教育进行层次与结构的改革,开始实行由"三级"师范教育体系向"二级"师范教育体系的过渡。近年来,随着我国义务教育的基本普及,加之未来适龄儿童数量的递减态势,人口高峰逐渐上移,初中、小学教师的需求基本上达到了饱和状态,教师需求数量日趋减少。自2000年以来,我国小学教师和学生数量呈持续下滑走势。

另一方面,为了适应经济社会的发展需要,我国不断提高师资应有的学历层次和素质标准,教师教育重心逐步上移,原有的中等师范学校逐渐退出了历史舞台,教师培养的层级逐渐由专科向本科方向发展,中小学教师的培养由师范院校和其他不同类型的大学承担。统计表明,2004年高师本科院校发展最为迅速,与1997年相比,本科院校由74所发展到103所;师范专科学校逐步减少,由151所减少到80所,至2007年,专科学校不到50所;中等师范学校合理收缩,由892所减少到317所,继而削减到现在的十几所。一部分中等师范学校升格为师专或合并到师专,一部分改为普通中学。同时中等师范学校培养的对象也仅限于幼儿教师和从事特殊教育的教师;教师培养培训资源进一步整合,教育学院由229所减少至103所;教师进修学校由2142所减少至

---

① 何东昌:《中华人民共和国重要教育文献(2003—2008)》,新世界出版社,2010年版,第334页。

1703 所。① 教师培养基本完成了从"三级师范"向"二级师范"的过渡,"一级师范"发展迅速。

(三) 从理念探索到实践改革,教师专业化发展备受关注

教师专业化(Teacher Professionalization)是指教师在整个职业生涯中,通过专门训练和终身学习,逐步习得教育专业的知识与技能,并在教育专业实践中不断提高自身从教素质,从而成为一名合格专业教育工作者的过程。教师专业化理论研究开始于20世纪50年代,兴盛于80年代,至今仍是人们关注的重点。1966年,联合国教科文组织和国际劳工组织召开的"教师地位与政府间特别会议",通过了《关于教师地位的建议》,认为"教学应被视为专业";1986年,美国卡内基教育和经济论坛、霍姆斯小组相继发表了《以21世纪的教师装备起来的国家》《明天之教师》两个报告,同时提出了以教师专业发展作为教师教育改革的目标;1996年,联合国教科文组织在第45届国际教育大会上提出,"在提高教师地位的整体政策中,专业化是最有前途的中长期策略";1998年,在北京召开的"面向21世纪师范教育国际研讨会"明确指出,"当前师范教育改革的核心是教师专业化问题",并依此推进了中国教师教育改革的思路与进程。

现在人们越来越认同教师职业是社会的一种专门职业,教师是社会的专业人员。在我国,《中华人民共和国教师法》就明确把教师职业界定为"履行教育教学职责的专业人员",这也就从法律层面上确立了教师职业的专业化性质。教师职业的专业化意味着教师将是一种需要经过专门教育或培训,掌握专门知识和技能,按照一定专业标准从事工作,从而获得相应报酬待遇和社会地位的专门职业。教师职业的专业化性质决定了教师教育也必须走专业化的道路。

在实践中,部分高校在教师专业化发展理论的指导下,针对教师培养的现实问题,进行了有益探索,创立了诸多新型模式。如"3+1"模式(前3年学习学科专业知识,最后1年学习教师教育类课程并进行专业训练,获得教育学学士学位)、"4+1"模式(前4年学习学科专业知识,最后1年学习教师教育类课

---

① 李中国:《我国教师教育发展现状、问题与建设》,《继续教育研究》,2010年第8期。

程并进行专业训练,获得教育学学士学位)、"4+2"模式(前4年学习学科专业知识,然后用2年时间学习教师教育类课程并进行专业训练,获得教育学硕士学位)、"1+2+1"模式(第1年学习大学通识课程,然后用2年时间学习专业课程,最后1年学习教师教育类课程并进行专业训练,获得教育学学士学位);此外,还存在辅修、双专业、双学位等教师教育模式。

(四) 由职前职后分离向一体化过渡,教师教育一体化得到突破

1897年,盛宣怀在上海创办了中国近代第一所师范学校——南洋公学师范学院,宣告了中国近代师范教育正式建立。在相当长的一段时间内,人们认为师范教育就是指在师范院校进行的教师职前培养的教育教学活动,即师范大学、高等师专、中等师范学校分别培养高中、初中、小学和幼儿园教师。这就导致了早期的师范教育,主要集中在教师的职前培养阶段,或者说只注重教师的职前培养,对于教师走向岗位之前的入职教育和走向岗位之后的在职培训很少关注。这种局面割裂了教师作为专业化人员经历成长、成熟、完善等一系列发展阶段而所必须具备的职前培养、入职教育、职后培训之间完整连续、一体化的联系。

随着教师教育自身的发展,以及国内外教师教育交流的频繁和联系的加强,教师教育开始成为学术界内的"强势话语",逐渐取代"师范教育"地位。因此,教师教育的内涵和外延,开始被拓宽和丰富,逐渐将教师的职前培养、入职教育和职后培训,都纳入到教师教育的体系之中。如1978年10月颁布的《关于加强在职教师培训工作的意见》中,就非常简明扼要地提出"要大规模地培训中小学教师",但是,具体如何培养,在什么阶段上进行培养并未明确表述,仅作为一种指导性的口号提出而已。1985年5月颁布的《中共中央关于教育体制改革的决定》中,提到"要把发展师范教育和培训在职教师作为发展教育事业的战略措施"。1993年2月颁布的《中国教育和改革的纲要》,也提及"制定培训计划,促进教师特别是中青年教师不断进修提高"等。[①]

[①] 曲铁华、崔红洁:《我国教师教育政策价值取向变迁的路径与特点》,《现代大学教育》,2014年第3期。

虽然以上政策文本中开始提及教师在职培训、教师进修等内容,但是,与教师的职前培养还是处于分离割裂的状态,对于如何将教师的职前培养与入职教育、职后培训有机整合起来,还尚未有足够的重视,从而也就缺乏明确的教师教育政策措施加以保证。

教师职前培养与职后培训相分离的状态,一直持续到20世纪末、21世纪初才开始得到改变和突破。如1998年的《关于加强中小学教师继续教育区域性实验工作的几点意见》明确表示,要实现"教师职前培养与职后培训相沟通的继续教育网络建设","通过实验,树立终身教育思想,探索和改革中小学教师继续教育的模式"。1999年1月,教育部颁布的《面向21世纪教育振兴行动计划》中,又提出,"要建立和完善教师的继续教育制度","要将教师职前与职后的培训相互贯通"。2003年9月,教育部下发的《关于实施全国教师教育网络联盟计划的指导意见》中,对于实施计划的具体步骤,更是进行了详细说明,要求分"三步走",实现教师职后培训的有序顺利进行。之后的教师教育政策文本中更是频繁出现"建立教师教育的新体系",推进"教师职前培养、职后培训一体化"等表述。

教育部原师范教育司司长管培俊曾指出,"教师培养系统和培训系统分离形成体制性障碍,优势不能互补,优质资源不能共享,显然不利于教师终身学习和职业发展。教师教育,要提高办学层次,必须改变培养、培训分离的状态,实现一体化,并逐步纳入高等教育体系"。[1] 目前我国的教师教育正在进行教师教育一体化的很多改革和尝试,有些方面已经做到一体化。比如,很多在职的教育硕士和教育博士都是由师范大学和一些综合大学培养的。此外,还有一些在师大读书直接升上去的,但占较大比例的还是在职教育。所以说,职前和在职教师教育应该说开始走向统一了。此外,师范大学还承担了一些培训在职教师的任务,如为国家培训计划(简称"国培计划")培训骨干教师等。现在我国的师范大学都有培训学院,或者叫作教师培训中心,这个多是非学历的

---

[1] 管培俊:《关于教师教育改革发展的十个观点》,《教师教育研究》,2004年第4期。

短期培训,利用寒暑假进行培训。① 一些教师进修学校和教育学院也进行改制、转轨、合并和重建等。这些变化都足以证明我国教师教育从注重教师职前培养向职前职后教育一体化的过渡,教师教育一体化得到突破。

二、改革开放以来教师教育政策的演进历程

我国学者袁振国教授曾指出,20世纪80年代以后,世界范围内教育研究领域出现了两个新的研究重心:"一个是教育政策研究,关心的是怎样的教育政策才是好的教育政策和怎样才能制定出好的教育政策;一个是教师教育研究……关心的是怎样的教师才是好的教师和怎样才能培养出好的教师。"② 从改革开放到现在三十多年的时光里,伴随着我国综合国力的不断强大,教师教育政策也逐渐发展壮大,先后经历了不同时期的发展与演变。

(一) 恢复和调整阶段(1978—1984)

1966年我国进入"文化大革命"运动阶段。在这场浩劫中,教育事业受到重创,大多数教师受到政治迫害,各级各类师范学校陷于瘫痪。1978年,党的十一届三中全会胜利召开,师范教育从此进入了拨乱反正的历史发展时期。1978年10月,教育部颁布了《关于加强和发展师范教育的意见》,指出大力发展师范教育是发展教育事业、提高教育质量的一项基本建设,必须给予高度重视。要求各地建立师范教育网,积极扩大招生,认真制定师范教育五年发展规划。1980年8月,教育部在《关于进一步加强中小学在职教师培训工作的意见》中作出规定:从实际出发,把长远的文理、专业知识的系统学习和搞好当前教学工作的教材教法学习结合起来,加强教师的教学工作。1984年,《中共中央关于经济体制改革的决定》确定了建立一支有足够数量的、合格而稳定的师资队伍,是实行义务教育、提高基础教育水平的根本大计。

---

① 邱超:《中国教师教育的过去、现在和未来——顾明远教授访谈》,《教师教育研究》,2014年第1期。
② 袁振国:《中国教育评论》,北京:教育科学出版社,2000年1月版。

这一阶段出台的一系列教师教育政策，其主要目的是为了调整和纠正自"文化大革命"以来的错误思想和做法，恢复师范教育，使教师教育事业步入正轨。

（二）巩固和提高阶段（1985—1999）

1985年5月颁布的《中共中央关于教育体制改革的决定》要求把发展师范教育和培训在职教师作为发展教育事业的战略措施。1986年《义务教育法》规定，国家采取措施加强和发展师范教育，加速培养、培训师资，有计划地实现小学教师具有中等师范学校毕业以上水平，初级中等学校的教师具有高等师范专科学校毕业以上水平，国家建立教师资格考核制度，对合格教师颁发资格证书。同年还下发了《关于基础教育师资和师范教育规划意见》，明确提出了基础教育师资的要求和规划任务。1993年2月颁布了《中国教育发展和改革纲要》，提出了"振兴民族的希望在教育，振兴教育的希望在教师"；要"大力办好师范教育"等口号[1]，标志着我国教师教育政策的发展开始迈入新的发展阶段。自此以后，党和政府根据我国当时的国情相继制定了一系列与我国中小学教师教育政策相关的政策文件，主要有《中华人民共和国教师法》（1993年）、《中华人民共和国教育法》（1995年）、《教师资格条例》（1995年）、《关于师范教育改革和发展的若干意见》（1996年）、《高举邓小平理论伟大旗帜，把建设有中国特色社会主义事业全面推向二十一世纪》（1997年）、《面向21世纪教育振兴行动计划》（1999年）、《中共中央国务院关于深化教育改革全面推进素质教育的决定》（1999年）等综合性教育政策文件。[2]

在这一系列的政策法规的作用下，我国的教师教育事业进入了一个飞速发展的时期，为中国的教育事业顺利进入新世纪作出了突出的贡献。

（三）发展和创新阶段（2000—至今）

2000年，教育部颁布《教师资格条例实施办法》，教师资格制度在全国开始

---

[1] 何东昌：《中华人民共和国重要教育文献（1991—1997）》，海口：海南出版社，1998年版，第3467页。
[2] 袁佰福：《改革开放以来我国教师教育政策的变迁及其启示研究》，《黑龙江教育学院学报》，2010年第12期。

全面实施。2002年2月的《关于"十五"期间教师教育改革与发展的意见》也将师资培训目标进一步调整为发展教师的创新精神和实践能力。2004年3月教育部《2003—2007年教育振兴行动计划》配合基础教育课程改革和农村中小学现代远程教育计划,其宗旨是提高中小学教师教育技术应用能力和水平,建立中小学教师教育技术培训和考试认证制度,组织开展以信息技术与学科教学有效整合为主要内容的教育技术培训,全面提高广大教师实施素质教育的能力水平。2005年教育部启动《中小学教师教育技术能力标准》,计划用三至五年时间利用多种形式和手段,组织全国中小学教师完成不低于50学时的教育技术培训,显著地提高教师在教学中有效地应用信息技术的能力。2007年3月5日,温家宝总理在政府工作报告中提出实行师范生免费教育,鼓励优秀青年终身从事教育工作。2007年5月9日,教育部、财政部、中央编办、人事部联合颁布了《教育部直属师范大学师范生免费教育实施办法(试行)》,决定从2007年秋季入学的新生开始,在北京师范大学、华东师范大学、东北师范大学、华中师范大学、陕西师范大学及西南大学实施师范生免费教育。[①]

为了促进城市与农村义务教育的公平、均衡发展,进一步提高农村教师队伍整体素质,教育部决定在农村义务教育阶段学校实施教师特设岗位计划(简称"特岗"计划)。即通过公开招聘高等院校的毕业生自愿到西部"两基"攻坚县以下农村义务教育阶段学校担任教师,从事农村义务教育的普及和推广工作。以此来实现解决农村教师总体数量不足和结构不合理的问题,从而增强农村师资力量的整体水平和能力。2008年的《义务教育阶段学校教师特设岗位计划工作的通知》,在总结了前两年"特岗计划"实施经验的基础上,对2008年的工作计划进行了安排。2009年,《关于继续组织实施"农村义务教育阶段学校教师特设岗位计划"的通知》提出,2009年继续实施"特岗计划",并将实施范围扩大到中西部地区国家扶贫开发工作重点县。针对第一批服务期满的特岗教师进行了政策安排。此后,教育部相继出台一系列有关政策保障农村义

[①] 何东昌:《中华人民共和国重要教育文献(2003—2008)》,北京:新世界出版社,2010年版,第1364页。

务教育阶段学校"特岗计划"的顺利实施,如《关于做好2012年农村义务教育阶段学校教师特设岗位计划实施工作的通知》(2012)、《关于做好2013年农村义务教育阶段学校教师特设岗位计划有关事实工作的通知》(2013)等。

2010年,《国家中长期教育改革和发展规划纲要》明确提出,要加强教师队伍建设,提高教师业务水平和师德水平,健全教师管理制度等,体现了国家对于教师教育的重视。同时,我国于2010年开始在全国范围内实施旨在提高中小学教师尤其是农村教师的教育教学水平和整体能力素质的"中小学教师国家级培训计划"(简称"国培计划")。《2010年中小学教师国家级培训计划——示范性项目实施方案》的通知提出项目目标包括中小学骨干教师研修、中小学教师远程培训、班主任培训、紧缺薄弱学科教师培训、培训团队研修。2010年6月11日,教育部、财政部共同发布了《关于实施"中小学教师国家级培训计划"的通知》,标志着"国培计划"正式全面实施。此后,随着"国培计划"循序渐进地开展与实施,"国培"越来越成为教育部每年常规开展的重要活动。教育部相继于2011年5月14日,发布了《关于做好2011年"中小学教师国家级培训计划"实施工作的通知》;2012年5月17日,发布了《关于做好2012年"国培计划"实施工作的通知》;以及于2013年4月9日,发布了《关于做好2013年"国培计划"实施工作的通知》等政策文件,保障和推进"国培计划"有条不紊地开展与实施。[①]

在这十多年的时间里,为了适应新世纪、新变化对于教育事业的新要求,党和政府相继出台了这些教师教育政策,以此来保障教师教育的质量,迎接新世纪的挑战。

从我国教师教育政策的演进历程可以看出,我国改革开放以来教师教育政策发展呈现出以下特点:第一,从注重社会需要到平衡并重社会与个人需求;第二,从注重外延发展到统筹兼顾外延和内涵建设;第三,从注重规模扩张到更加注重质量的提高与保障。[②]

---

① 崔红洁:《改革开放以来我国教师教育政策研究——基于政策文本的分析》,东北师范大学硕士论文,2014年,第33页。
② 曲铁华、崔红洁:《我国教师教育政策的演进历程及特点分析》,《国家教育行政学院学报》,2014年第12期。

第二节 我国教师教育的存在问题

当下,我国教师教育的改革方兴未艾,发展迅速,取得了可喜的成绩,但还存在着诸多问题,我国学者朱旭东归纳了我国教师教育的十大问题:教师资格制度与开放的教师教育体系脱节、教师教育体系内部机构不公平、教师教育机构组织分散、效率低下、"师范专业"的名称名目繁多、教师教育机构没有资质认定和质量评估标准、教师教育课程脱离中国教育现实、"学科教学论"概念过时、师范生招生分数线过低、师范生就业的结构性困难、现代教师培训体系建立缓慢等问题。[①] 我国学者曲铁华从专业化的视角对我国教师教育进行审视后,发现还存在着如下几个方面的问题:教师教育一体化:系统思考的缺失;教师教育政策:标准体系的缺失;教师教育课程:实践性课程的缺失;教师教育制度:教师资格标准的缺失。[②] 本书认为,我国教师教育目前存在的问题主要有以下几个:

[①] 朱旭东:《论当前我国教师教育存在的十大问题及其解决途径》,《当代教师教育》,2012年第9期。
[②] 曲铁华:《专业化语境下我国教师教育的困境与破解路径》,《湖南师范大学教育科学学报》,2012年第7期。

一、教师教育一体化：对入职教育和职后培训重视不够

教师的专业成长贯穿于职前培养与职后培训的全过程，一体化是教师专业发展的必然要求。就目前我国教师教育一体化的现状而言，由于我国的教师教育长期以来以教师的职前培养为中心，形成了固化的思维模式，一定程度上忽视教师的职后培训。教师职前教育和职后培训，由不同的教育机构承担，教师职前教育在师范院校，职后培训在教育学院，两者自成体系，彼此前后脱节，各自为政，课程内容交叉重叠，教学模式简单雷同，其结果导致教师培养和培训缺乏过渡性与连续性。目前，我国部分地区虽然对教师教育资源进行了整合，完成了教育学院与师范院校的合并，但是，由于观念的陈旧，长期以来所形成的比较封闭的职前教育思维模式，使人们不自觉地在思考教师教育的问题时，参照了职前教育的做法，教师职后培训仍然沿用职前培养的方式，缺乏针对性和实效性，一定程度上导致了"合并"成为两种机构的机械相加。因此，如何以"一体化"的教师教育观念系统思考我国的教师培养和培训，是教师教育改革过程中的一个关键问题。

教师专业成长的过程是分阶段的连续体，一体化的教师教育是我们追求的理想。但是要保证每个师范生从进入师范院校到成为一个真正合格的教师这一漫长的时间内，专业成长的前后完全一致是不可能的，因为教师是在动态环境下成长的。然而，有一点可以做到，给每个在校的师范生建立专业成长袋，成长袋里记录学生专业成长变化的关键过程、学习情况和能力水平等，成长袋和人事档案一起随学生到终身。见习期间师范生的培养计划以原有的成长记录为基础制定，之后的在职培训也是如此，这样就基本保证教师职前职后培训的一致性。[①]

此外，我国教师教育一体化还存在着对入职培训和入职教育的重视程度

---

① 戈文武：《欧盟国家中小学教师教育特点、面临的挑战——兼论对我国教师教育改革的启示》，《外国教育研究》，2006年第10期。

远远不够的问题。按照2002年《关于"十五"期间教师教育改革与发展的意见》的表述,教师教育是对教师的职前培养、入职培养和在职培训的统称。那么,教师教育政策在内容体系上理所应当地也应该包括以下三个部分:教师职前培养政策、教师入职培养政策以及教师在职培训政策。但是,在对改革开放以来已出台的教师教育政策进行整理分类后,发现在数量和内容上,有关教师在职培训、继续教育方面的政策文本最多,几乎占有2/3的比例,有关教师职前培养方面的政策也较多,有关教师入职教育、岗前培训的教师教育政策内容和数量上都处于严重不足。

崔红洁考察了已有的教师教育政策文本的名称,没有发现任何以"教师入职培训"或"教师入职教育"等为标题或者核心关键词的政策文本,仅能在其他政策文本中,找到散落在其中的关于教师"岗前培训"的零星字眼,且大都是一带而过的提及,并没有具体的培训计划或实施细则。如《关于新时期加强高等学校教师队伍建设的意见》(1999)提出"青年教师必须参加岗前培训";《关于继续组织实施"农村义务教育阶段学校教师特设岗位计划"的通知》(2009)提出"省级教育行政部门要结合本地实际,认真做好教师公开招聘、岗前培训、跟踪管理服务等各项工作";《关于大力加强中小学教师培训工作的意见》(2011)提出"对所有新任教师进行岗前适应性培训,帮助新教师尽快适应教育教学工作";《关于做好2013年农村义务教育阶段学校教师特设岗位计划有关实施工作的通知》(2013)提出"要采取切实措施加强特岗教师培训,尤其是针对非师范专业毕业生,做好入职前的师德教育与教学培训工作"等。

此外,1994年11月14日,国家教委曾下发了《关于开展小学新教师试用期培训的意见》,如果不进行严格区分的话,开展小学新教师试用期培训应该看作是教师入职教育或入职培训的一部分,理应将其看作是教师入职培训政策的范畴。但是,该文件却明确提出"小学新教师试用期培训是教师队伍建设的一个重要环节,是小学教师继续教育的一个重要组成部分。小学新教师试用期培训是对新分配到小学任教的毕业生进行有目的有计划的使其尽快适应教育教学工作的培训。"①

因此,如果这样来看的话,直接针对教师入职教育或入职培训方面的政策文本,就真的是近乎处于极度匮乏的状态。这与当前国家教育部门在政策文本中,所大力提倡的"努力构建职前职后教育相互沟通、促进教师专业发展和终身学习的现代教师教育体系"的目标是极不吻合的。因为既然是要构建终身化的教师教育体系,那么,入职教育作为终身化教师教育体系的一部分,其就必须占有一席之位,而不是像现在这样被边缘化甚至是被忽视。有关教师入职教育或者入职培训方面政策内容的缺失与匮乏,造成教师教育政策体系本该完整的链条断裂;使得教师入职培训工作的进展失去了依托;更使得教师本该享有的入职培训权利得不到有效保障。教师作为专业化人员,需要经历新手教师——合格教师——优秀教师——专家型教师由低到高各个阶段的发展,才能真正在教师专业化过程中实现质的飞跃。然而,教师入职培训的缺位,不利于教师专业成长的顺利实现。

二、教师教育课程:实践性课程的缺失

从理论上说,教师教育课程决定教师教育体系的效率,也就是决定教师培养的质量,因此教师教育课程是培养高质量教师的重要条件。

教师教育是一种培养教师的专业教育,其专业性需要相应课程体系的支撑。我国传统师范教育过于注重师范生学科专业知识的传授,忽视他们教育教学技能训练。由于重学科专业知识传授轻教育技能培训贯穿了学生接受师范教育的整个过程,这导致师范生欠缺对教师工作的感性认识和比较扎实的教育教学技能。他们进入中小学后仍不能很好地适应教师工作,有一个较长的工作适应期。他们中的一些人甚至发出这样的感慨:"学了教育学和心理学后还是不知道怎样当一名教师,这些课程真没用!"尽管这种状况与目前我国

---

① 崔红洁:《改革开放以来我国教师教育政策研究——基于政策文本的分析》,东北师范大学硕士论文,2014年,第65页。

教育学、心理学和学科教学法等课程的学科体系不成熟、科学性不高和实践应用性不强等有关,但更主要的还在于我们传统师范教育存在着理论脱离实际和忽视师范生教育教学技能训练等问题。如有人就指出"教师教育中的'三字一话',艺术类技能训练、教学设计与教法研讨等明显被忽视,教育实习更是缺乏组织和指导"。[①]

到目前为止,我国的教师教育始终还没能建构起突出教师专业性的科学合理的课程体系。一些高师院校的课程设置依旧重学术轻师范,重理论轻实践。现代教师教育制度"是一种实践性制度,这是现代教师教育的目标决定的,这个目标是教师发展、教师的专业成长,而教师发展、教师专业成长是在实践中展开的"。[②] 现代教师教育制度的根本特征是其实践性,教师的教学总是发生在特定的实践情境中的。同时,教育实践也是教师教育不可或缺的一个重要的教学环节。但就教师教育的现状分析,人们的教育实践观还比较陈旧落后,对教育实践本身价值的认识还存在一定的偏颇,教育类课程在整个课程中的比例还偏低,教育实践的课程还不尽合理,如实践类课程开设不足(教学基本技能、案例教学、微格教学),教育见习、教育实习时间较短且较为集中,实践质量不高等。此外,很多高师院校与中小学的伙伴关系落实不够,与中小学的互动性不强,授课教师难以体验和感悟一线基础教育现状,毕业生的教育观念、知识和能力结构与基础教育的不同构现象相当严重。这些都急需加以进一步改革和完善。[③]

值得一提的是,教师教育课程标准和英国教师教育专业标准是完全两种不同的标准,一旦教师教育进入高等教育或大学化后,意味着遵循大学教育的规律。大学教育规律是追求学术自由和学术创新,不应该有教师教育课程标准。英国教师教育课程标准是20世纪80年代的事,这个标准早就被教师专业标准取代了。大学教师教育在遵循大学教育规律的基础上,需要满足政府对教师资

---

① 宋秋前、叶云飞:《教师教育改革存在的问题与思考》,《教育理论与实践》,2008年第22期。
② 朱旭东:《我国现代教师教育制度构建》,《北京师范大学学报(社会科学版)》,2007年第4期。
③ 曲铁华:《专业化语境下我国教师教育的困境与破解路径》,《湖南师范大学教育科学学报》,2012年第7期。

格的要求和教师专业标准两个条件就可以,而不需要教师教育课程标准,因为课程标准与追求学术自由和学术创新相违背。应该说,教师教育课程标准是多余的,只要有教师专业标准和教师资格要求就可保障大学教师教育的质量。

三、教师招募:吸引力度不够

无论如何设计出科学的教师教育体系和制度,如果没有高水平的生源,那么再好的体系和制度也是无法培养出高质量的教师,这就涉及师范生的招生问题。高校并轨以前,"不缴费,还管饭"是教师教育专业核心竞争力的体现,加之"定向培养""国家分配"的优惠政策和职业稳定的特性,吸引了不少的中学优秀毕业生学习师范专业,那个时代中等师范学校可以招收到最优秀的初中生,而高等师范院校可以提前批次录取到优秀学生;并轨后,统一的缴费政策,使得那些原本报考师范以求资助的贫困优秀学生,很少考虑报考师范,使师范院校的生源质量明显下降。

另外,由于高等教育扩招,高等教育大众化趋势不可阻挡,同时中国大学在"985"和"211"工程推动下急剧地分层、分化、分类,形成了低层大学始终面对高考录取分数低下的不争事实,而在这个低层大学群体中,高等师范专科学校、地区师范学院、综合学院,甚至地区综合大学同样面临着师范生招生分数低下的事实。除了教育部直属的师范大学还维持着高分数的地位外,师范生招生的分数线普遍偏低,尤其是地区师范学院、综合学院等招收三本本科分数线成为基本趋势,这对于培养优秀教师来说是一个很不好的生源。师范生招生分数线总体呈下降趋势导致生源质量差和培养的毕业生质量不高两个结果。

因此,中国教师教育体系形成了一个基本局面,那就是最低层次的教师教育机构招收了低分数的学生,接受了最低层次的教师教育,毕业后输送到最广大的农村地区的中小学校,尤其是小学,这又是一种教师教育体系的不公平表现。因而客观上造成了因为教师教育体系的不公平而延续了农村和城市、区域、学校之间的教师队伍质量的不公平,从而导致整体的基础教育质量上的不公平,这是一个严重的问题,必须加以解决。

尽管难度很大,师范生招生存在的问题而导致的缺陷在一定程度上可以通过教师培养环节来得到弥补。但师范生就业存在的问题却是关系到整个教师教育体系的存在和发展问题。从总体上来说,师范生毕业生数远远大于其就业生数,总量上师范毕业生并不短缺,但存在着结构性短缺,一些重要学科缺少教师。同时师范生就业也存在着结构性困难:一方面农村地区、边远山区、艰苦的库区、湖区和牧区在农村学校布局结构调整中存在着学科的结构性短缺,另一方面城镇地区存在编制占用短缺,从而造成了师范生就业的结构性困难。[1] 这种困难虽然与教师教育体系并不存在必然的关系。就业难是当今大学毕业生的一个突出问题,师范生就业困难当然无法避免。我们要讨论的是,师范生就业面对着人事、编制等制度因素的阻碍,优秀毕业生无法进入到教师队伍,本不属于教师教育的问题,却成为教师教育最突出的问题之一了,它严重影响到整个教师教育体系的运行。

四、教师专业化:水平和程度有待提高

自20世纪80年代以来,由美国首先掀起的教师专业化运动,很快波及全球,形成了世界范围内的教师专业化浪潮。在中国,随着改革开放程度的加深,社会主义市场经济得到了迅猛地发展,而这些客观的外部条件同样对教师提出了新的要求和标准,即教师专业化水平亟须大幅度地提高。霍姆斯小组1990年发表的《明日之学校》认为,提高教学质量,既要确立教学工作的专业地位,又要同时建立起与之相对应的衡量标准。教师教育肩负着培养高标准、专业化教师的使命,依靠教师的专业化来保障教学的专业化。同时,高专业化水准也会为教师赢得良好的社会地位。但是,一直以来,我国教师的社会地位相对来说并不是很高。在很多人的潜意识里,相比较于医生、律师、会计等职业,教师并不被认为是一个专门化的职业,或者是一个专门化程度很高的职业。

---

[1] 朱旭东:《论当前我国教师教育存在的十大问题及其解决途径》,《当代教师教育》,2012年9期。

这一固守的社会观念,长期以来也禁锢了教师队伍自身的发展思维和脚步。[①]

1994年,《教师法》规定:"教师是履行教育教学职责的专业人员。"这是对教师职业的专业性正式予以确认和肯定。我国首次出台专门的法律,为中国教师职业的专业化提供了强有力的保障和依据,这也标志着在中国教师职业专业化问题被提升日程。此后,教师专业化的问题,便开始得到教师教育政策的制定者的关注,得到教育界专家、学者研究的重视,同时也促使了教师自身专业化意识的觉醒。然而,我国教师专业化的水平和程度同世界先进国家相比,仍存在着一定的差距。当然,我国教师的专业化水平和程度,正处于探索上升的阶段,有待提高的空间还很大,具体表现为以下几点:

(1) 教师的专业意识还很模糊。这主要体现在一部分教师仍然存在固有的思维,认为教师这份职业很轻松,只需要能上好课、教好学生即可。还没有将教师职业视为一种专业化性质较高的职业,没有树立明确的专业意识。缺乏积极主动地求知求新的动力,甚至认为教学工作枯燥无味,仅是在进行简单的重复,周而复始,久而久之,职业倦怠感越发强烈,严重影响了教学质量。

(2) 教师的专业知识结构较单一。大多数中小学教师除了在职前培养接受过的理论知识与教育实习外,很少有主动进行过其他方面的训练,诸如英语、计算机、心理咨询等方面的知识严重匮乏。此外,很多教师的专业知识陈旧老化,知识储备更新速度慢,无法保持专业知识与时代发展的同步进行,也制约了教师专业化水平的提高。

(3) 教师的专业能力相对薄弱。这主要体现在部分中小学教师的教育教学能力不足,不能适应社会快速发展的要求。缺乏完善的教育教学系统指导与培训,无法较好地应用现代教育信息技术进行教学实践,专业能力明显低下,使得教学过程无法取得应有的最佳效果。

(4) 教师的专业研究严重不足。大部分中小学教师的科研能力较弱,甚至某些教师存在将教学和科研全然对立起来的现象,认为教学是教学,科研是

[①] 崔红洁:《改革开放以来我国教师教育政策研究——基于政策文本的分析》,东北师范大学硕士论文,2014年,第46页。

科研，它们之间没什么关联，导致了其专业研究的严重不足。这是由于他们根本没有深刻地意识科研是提高自身专业化水平，并将教育理论运用于教育实践中的重要途径和方式。

针对以上教师专业化水平和程度低下的问题现状，国家教育部门制定了一系列的政策文件给予解决和完善，如先后颁布了《关于开展中小学教师继续教育的意见》(1991)、《关于"九五"期间加强中小学教师队伍建设的意见》(1996)、《中小学教师继续教育工程方案(1999—2002)》(2000)、《关于启动实施中小学教师教育技术能力建设计划的通知》(2005)、《2009年中小学教师国家级培训计划》(2009)等，近年来教育部更是先后颁布了《关于教师教育课程改革的决定(试行)》《中小学和幼儿园教师专业标准(试行)》等，对建立符合我国教育实际的教师教育标准进行了有益的探索，卓有成效地推进了教师专业化水平的稳步提升。

不过，教师专业化的发展，需要以建立健全一套完备的教师教育制度作保障，如健全教师资格标准制定及其考试认证和再认证、资格证书颁发及其更新与继续教育连线互动的制度，加强教师培养者的培养和培训者的培训，进一步完善教师教育机构和教师教育者资质的认可制度等。而目前情况下，我国的教师教育制度还不太健全，如教师资格证书制度还存在一些缺陷，诸如资格认定流于形式，没有关于教师资格的有效期的相关规定，一次认定终身有效(终身制)、相关的教师教育机构和课程的认定体制尚未建立等。现任教师基本不可能被资格考试淘汰掉，即便不能胜任教师工作，除非教师本身自愿离开教师队伍，否则任何外力无法敦促其离开教师岗位，教师资格考试没有真正起到有效选拔和甄别的作用。[①] 因此，应切实提高教师资格考试的信度和效度。严格的教师资格制度是教师职业走向专业化的必要步骤，体现了教师职业的专业性和不可替代性。当前所有高师院校的师范生都要参加全国的教师资格证统一考试也是实施严格的教师资格制度的一个步骤。

[①] 曲铁华：《专业化语境下我国教师教育的困境与破解路径》，《湖南师范大学教育科学学报》，2012年第7期。

第三节 国际组织教师教育政策对我国教师教育的启示

当前,全球化进程不可避免,教育政策制定也不再仅仅是民族国家内部的事情。在此过程中,国际组织的作用将日益提升,国际组织介入各国教育事务,形成跨国性的教育政策,而这些跨国性教育政策又往往引导了各国教育发展的方向。可以说,国际组织在教育政策制定中发挥了越来越大的作用。比如,世界银行和经合组织已经成为重要的教育政策研究者、制定者和实践者,它们提出的一些政策和理念推动了世界很多国家的教育变革。例如,世界银行和经合组织对知识经济和创新能力的提出和倡导,使得教育质量提升、创新能力培养等观念得到各国政府的重视,并促使知识经济的浪潮席卷全球。学者琼斯认为,世界银行对教育影响更大的是世界银行作为一个"理念的传播者",而不仅仅是作为一个教育援助机构。[①] 经合组织亦是如此。

当然,国际组织并不是完美无缺的。比如,很多国际组织的政策制定程序

---

① Jones, P(2005). The United Nations and Education: Multilateralism, Development and Globalization [M]. London: Routledge Falmer; P. 94.

是非对称和不透明的,制定的政策受新自由主义理念的影响较大,过分地强调经济自由化、人力资本、效率、质量和绩效等,而很多学者的研究和实践已经证明新自由主义存在着很大的负面性,特别是无限制的经济自由化引起了经济危机(比如非洲、阿根廷、巴西、俄罗斯、波兰、印度尼西亚、韩国、马来西亚、菲律宾等)。因此,我们要意识并认识到国际组织的这种双面性,要积极地利用它们的资源,并提出本国的诉求,扩大本国的影响,同时要提高警惕,坚持自我,采取正确的立场。

教师教育在国家教育改革中扮演着重要的角色。在我国,教师教育在国家教育改革与发展中的重要性得到了充分认可。如《国家中长期教育改革和发展规划纲要(2010—2020)》就明确要求,"要努力造就一支师德高尚、业务精湛、结构合理、充满活力的高素质专业化教师队伍。"[①]2010年7月召开的全国教育工作会议上强调,"要把加强教师队伍建设作为教育事业发展最重要的基础工作来抓","建设一支高素质的教师队伍,必须办好师范教育。"当前我国正在大力进行教师教育改革,而我国教师教育要有很好的改革和发展,必须借鉴世界先进理念和经验。通过对各个国际组织教师教育政策文本的分析,可以为我国教师教育政策的价值取向和内容提供以下借鉴和启示,以促进新时期我国教师教育的健康发展。

一、建立教师教育一体化

纵观世界上的主要发达国家,在其各自的教师教育发展与变革过程中,一体化的趋势明显,一体化进程的势头强劲。教师教育一体化成为各国教师教育的总趋势。但是,教师教育一体化建设应是一个系统的思考过程,要实现职前培养与职后培训的一体化,需要我们全面地系统地设计运行机制、教师教育的目标和内容等。如培养目标上,按照一体化的要求,调整教师教育的培养目

---

① 新华社.国家中长期教育改革和发展规划纲要(2010—2020年)[EB/OL].http://www.gov.cn/jrzg/2010-07/29/content_1667143.htm.

标定位。职前教育的培养目标应是为教师专业发展奠定必要的素质基础，应培养的是有自主发展意识和能力的预备教师。职后培训的目标定位必须从学历教育走向资格教育，即由"学历补偿教育"转到"专业素质提高"上，全面提高教师的教育理念、教学改革能力和专业能力等，尤其是发展教师的实践智慧。另外，教师教育一体化的理念还表现在培养机构方面，不论是职前教育还是职后培训，都需要大学与中小学校的充分合作。近些年来，尤其是职前教育由大学与中小学共同负责这一态势愈加明显，已成为世界教师教育发展的趋势。①由此可见，教师教育一体化建设亟须一个系统环境下的思考模式，从培养目标、课程设置、教育内容等方面统筹考虑，要重点从体制和机制上建立一体化的教师教育，以促进教师教育的健康发展。

针对教师教育政策内容体系中关于教师职前培养、职后培训方面的政策集中，而关于教师入职教育方面的政策极度匮乏这一问题，教师教育政策制定者应该从以下几个方面加以解决：

首先，应该从观念上认识到开展新教师入职培训的重要性，将教师入职培训工作与教师的职前培养、在职培训工作置于同一教育视野下去衡量与考察。只有先实现了教育观念上的彻底转变，才能给予新教师入职培训以同等的关注与重视，才能促使教师教育政策制定者将教师入职培训工作，上升到予以政策考虑的高度。

其次，在思想观念方面的基础打好后，就要积极推进直接针对新教师入职培训政策的出台，为新教师入职培训提供强有力的依据和保障。在政策出台之前，要做好广泛全面的调研工作，深入了解新教师对于入职培训的现实需求和实际期待。对于新教师入职培训的目标、内容、形式、时间、机构以及培训效果的考核等方面，进行清晰而明确的界定，使入职培训得以尽快开展与进行，真正发挥其应有的作用。②

---

① 曲铁华：《专业化语境下我国教师教育的困境与破解路径》，《湖南师范大学教育科学学报》，2012年第7期。
② 崔红洁：《改革开放以来我国教师教育政策研究——基于政策文本的分析》，东北师范大学硕士论文，2014年，第69页

最后,注意适当平衡教师职前培养、入职培训以及在职培训政策之间的关系,使三者之间衔接紧密,协调一致,做到相互配合、相互促进。有效沟通教师职前教育、入职培训和在职教育三个阶段之间的关系,使前一阶段成为后一段的前提和基础,后一阶段成为前一阶段的发展和继续。即职前教育,重在奠基;职前培训,重在适应;在职教育,重在提高。[①] 只有确保三者的有效沟通与紧密衔接,才能真正实现教师教育政策体系成为一个有机、平衡的统一整体,才能真正促进教师教育走向一体化,才能真正实现教师的专业化成长,才能真正培养出一支"师德高尚、业务精湛、结构合理、充满活力的高素质专业化教师队伍"。

总之,教师教育政策在内容体系上应当加以完善和平衡,使得教师职前培养政策、教师入职培训政策、教师在职培训政策之间形成分工明确、联系紧密、配合默契的格局,为中国教师教育事业的发展,提供最有力的政策支撑和保障。

二、改革教师教育课程

目前教师教育的责任主要由师范院校承担,这些教师教育课程虽然具有悠久的历史和传承,但是我们也要意识到教师教育课程的不均衡。这种不均衡主要体现在学术发展和实践活动、本体知识和教学知识之间。为了教师教育课程能够最有效地培养出适合教师职业、愿意从事教师事业的教师队伍,教师教育课程应该进行一定程度的改革。

随着对教师教育研究的不断深入,人们愈益认识到教师职业是一种实践性很强的社会职业,教师的知识更主要属于一种实践性知识,教师实践性知识是缄默的、很难表述清楚的知识,是渗透在教师实际的教育教学情境和行动中的。它主要强调从实践中发展出的个人观点与看法,是教师面对特定情境时

[①] 刘婕、谢维和:《栅栏内外:中国高等师范教育百年省思》,北京:北京师范大学出版社,2002年版,第336-337页。

所表现出来的教育智慧。对于教师而言,教师实践知识既是对过去经验的重建,又具有将来的意义。因此,教师教育课程就要培养师范生和在职教师的"实践智慧"。智慧的发展应成为未来教师职业发展的重要内容。而"实践智慧"的形成在很大程度上是不能以语言的方式加以传递和移植的,实践性知识只能靠教师自己对已有实践过程的反思。

所以,在课程实施的过程中,要注重个体"经验"的形成和丰富,为师范生和在职教师提供机会使其体验隐含在教学中的"隐性知识",树立正确的教育实践观,强调教师教育过程中的实践训练,并把师范生教育教学专业技能的培训放在十分突出的位置上,加大教育类课程比例和教育实践课程的开设力度,如教学基本技能、案例教学、微格教学、信息技术应用、设置教学模拟、聘请优秀中小学教师做报告或执教某门课程的部分内容。这样,才能为教师专业的可持续性发展提供思维与理智保障。

通过教育实习和见习使师范生熟悉教师工作,培育他们对教师职业积极的情感体验,并着力提高其教育教学能力,这原本是我国师范教育的一大特色和优势。但近年来随着高校的扩招和师范院校的改制与合并,针对师范生的教育见习在不少学校已经名存实亡,而教育实习也往往采用分散实习的方式。由于缺乏必要的监督、评估和指导,教育实习的本该具有功能也被大大削弱了。由于一些现实情况的限制,有些师范院校将学生的实习时间进行了压缩,这对于教师培养十分不利。教师职业具有其特殊性,仅靠书本知识无法完成教学过程,教师一定要在和学生的互动过程中了解学生的切身需求,寻找最适宜的教学手段,因而教师教育课程要兼顾知识学习和实践活动,甚至可以穿插进行。如此,大力加强教师教育中的教育实习和见习就势在必行。教育部颁布的《关于教师教育课程改革的决定》中就明确提出了"延长教育实习的时间"的规定。[①]

改革教师教育课程还要求加强师范院校与中小学的联系。一方面,通过高校与中小学的联盟,建立师范生的教育实习实践基地,为师范生提供教育实习、见习和观摩学习的场所;另一方面,充分发挥中小学教师在师范生教育教

---

① 段利华、褚远辉:《我国教师教育改革和发展的基本趋势》,《教书育人》,2014年第11期。

学技能训练中的指导和示范作用。

如果以欧盟提出的教师教育模式做比照,我国教师教育的传统模式应该是同时发生模式。在我国的传统模式中,在公共课课时不能减少的情况下,要突出师范生的职业特点,如增加普通话和"三笔字"技能课时,只好压缩专业课,加之教学实习又很短,造成培养的师范生专业发展的后劲明显不足。我国应该在保持传统培养模式的前提下,探索使用时间顺序模式或对传统培养模式进行改造,形成一种综合性模式。① 必须注意的是,无论采用何种模式,教师教育政策都必须坚持以加强专业技能培养和提高教学实习效果为重点。

此外,教师教育课程也要更好地为新教师做好准备,让新教师能够在教育发展中发挥更加积极的作用,成为教育事业的设计者和运行者,而不仅仅是按照标准化的实践流程从事按部就班的工作,成为一个缺乏主动性和创新性的"教书匠"。

三、重视教师招募

目前,许多国家都会面临着如何招募高质量教师的问题。面对该问题,不同国家采用了一系列不同的策略。例如,为教师开出具有竞争力的薪酬,为教师设计良好的生涯发展前景和多样化的生涯发展路径,赋予教师作为专业人员的责任。我国也采取了一些政策来吸引最优秀的人才进入教师行业,如免费师范生政策,但是,除了薪酬和优惠政策之外,我国还要在工作环境、教师专业性等方面增加教师行业的吸引力。正如经合组织报告所言:"积极的教师招募活动可能要强调教师作为专业人员的丰富内涵,并且力图吸引那些也许没有考虑过当教师的群体。如果要使教师成为一个具有吸引力的专业,就需要通过选择性的招聘办法加强教师的地位,使教师们觉得,他们所从事的行业是

---

① 戈文武:《欧盟国家中小学教师教育特点、面临的挑战——兼论对我国教师教育改革的启示》,《外国教育研究》,2006年第10期。

一个要经过严格筛选才可以进入的专业生涯领域。"①教师招聘是培养教师人才的第一步,只有教师这个职业能够吸引到优秀的人才,才能够建设一流的教师队伍。而我们现在教师招聘方面做得还不够好,许多大学生因为觉得稳定、有寒暑假而选择教师职业,却对教师应该承担的责任和义务一无所知。在教师招募方面,我国可以在以下方面做出改革:

首先,提高入学门槛。以往的师范生减免学费,对于一些贫困家庭十分有吸引力,但学生毕业后如果不从事教师职业,就造成了资源的浪费。提高入学门槛,让师范生不再只是一个经济选择,能够吸引到更多有兴趣、有志愿的学生入学,真正让师范生成为培养优秀教师的摇篮。

其次,整体提升教师教育体系质量,缩小教师培养机构的数量,把有限的教师培养资源集中到机构调整后的教师教育机构。同时需要加紧提升教师教育机构的办学层次,从而在教师教育专业制度基础上进行二本线的基准分数招生,实施国家招生、定向招生、提前批次招生、按需招生、标准招生、面试招生等多种类、多形式的招生制度。②

再次,教师教育本身无法解决师范生就业问题,因为它更多的是承担起培养高质量教师的任务。但为了能够使教师教育体系能够良好运营,我们需要讨论师范生就业的外在条件。在市场经济条件下,教师的经济待遇偏低,与教师职业专业化发展是不相称的。因此,要实行教师工资改革,提高教师工资待遇,把加薪、津贴、晋升政策、奖励等与教师职前教育、入职教育和在职进修联系起来。

此外,从我国目前的教师队伍现状上看,我国的教师教育政策应该突出"三个倾斜":向农村教师倾斜,以缩小城乡教师之差距;向薄弱学校教师倾斜,以缩小校际间教师的差距;向中西部地区、边远、贫困地区和民族地区教师倾斜,以缩小区域间教师的差距。我国的西部和一些偏远农村,公办教师分配不

---

① OECD. Building a High-Quality Teaching Profession: Lessons from around the World[R/OL]. http://dx.doi.org/10.1787/9789264113046-en.
② 朱旭东:《论当前我国教师教育存在的十大问题及其解决途径》,《当代教师教育》,2012年第9期。

足,教师数量仍难以满足教学要求。一些农村学校的学科教师分配结构不合理,教师异常短缺,教非所学现象比较严重。由于城乡的地域差异和资源差异,农村教师向城镇单向流动,骨干教师多集中在城镇地区,城乡师资力量差距拉大。城乡教师待遇及学校基础设施条件的差异导致补充农村师资困难重重。

世界银行提供的一份研究报告表明,在中国农村的各项基础投资中,教育投资对减贫的作用位列第一,影响远远大于其他各项投资。数字显示,投资于教育对中国减贫的影响系数达到6.3,排在第二位和第三位的通讯和农业科技推广,分别为4.02和3.36,道路、电力和水利等位居其后。[①] 因此,要进一步提高基础教育的质量,必须加大政府对学校的投入力度,办好农村学校,改善农村学校的办学条件,吸引并留住教师。2013年10月3日,教科文组织统计研究所(UIS)一份最新报告指出,如果要在2015年之前达到普及小学教育的目标,就需要再增添160万名教师。如果要在2030年保持普及小学教育的目标,则需要增添330万名教师。[②] 教科文组织的《2012—2015年教师战略》也指出,在农村及一些偏远地区,要运用良好的实践策略来吸引和留住教师。同时,要解决教师短缺问题,主要依靠发展国家的能力。教育是投资大、见效慢的公益事业,这就要求政府加大对教育投入的力度:切实加大对农村教师队伍建设的投入,公共资源配置重点向农村薄弱学校适当倾斜,促进义务教育均衡发展;在实行中小学教师绩效工资的同时,提高边远贫困地区教师特殊津贴的标准,改善农村教师的经济待遇;实施农村教师周转房工程,对农村教师申请经济适用房提供适当优惠政策,让农村教师居有其所,鼓励城镇教师到农村支教,提高农村学校的教学质量;进一步完善农村教师力量的补充、培养机制,吸引优秀的大学生到农村任教,让更多的农村教师得到系统的培训,更新教育理念,提升教学技能。

---

① 徐征峰.世行研究:教育投资成促进中国农村减贫首因[EB/OL]. http://news.xinhuanet.com/fortune/2004-05/27/content_1494095.htm.

② 联合国教科文组织.非洲与阿拉伯国家教师短缺问题最为严重[EB/OL]. http://www.un.org/chinese/News/story.asp? NewsID=20647.

事实上,自21世纪以来,我国制定的《教育部关于启动新一轮民族、贫困地区中小学教师综合素质培训项目暨新课程师资培训计划(2004—2008年)的通知》《教育部关于大力推进城镇教师支援农村教育工作的意见》和《教育部办公厅关于做好2009年"农村义务教育阶段学校教师特设岗位计划"实施工作的通知》等一系列教师教育政策,正是基于差异补偿的理念,试图通过这些专项计划来实现对农村教师的政策补偿。特别是《国家中长期教育改革和发展规划纲要(2010—2020)》中提出的要"以农村教师为重点,提高中小学教师队伍整体素质"和《国务院关于加强教师队伍建设的意见》中强调的"中小学教师队伍建设要以农村教师为重点,采取倾斜政策,切实增强农村教师职业吸引力,激励更多优秀人才到农村从教"等政策内容,明显表达出对农村教师"弱势补偿"的伦理诉求。[①]

当然,我们还可进一步借鉴其他国家的经验和做法,制定出更能改善和提高教师地位和待遇特别是对贫困地区农村教师采取更加特殊更有吸引力的优惠政策(如制定按照学校由远到近、由偏远到城镇的顺序实行阶梯工资制度),来对边远地区学校教师进行补偿。

四、保障教师专业化

从世界范围来看,整个社会对教师职业性质与特点的认识经历了一个发展演变的过程。在最初阶段,人们往往把教师职业尤其是中小学教师职业认定为社会的一种普通职业,认为所有识字和有文化的人都能充当教师,或者说,只要不是文盲就能当教师;后来,逐渐认识到教师职业与社会普通职业是有区别的,认定教师职业是社会的一种半专门(或准专门)的职业,并由此推断教师职业的专业化程度与医院里的护士和社会工作者两类人相当;再往后,随着教育在经济社会发展中的基础性、奠基性和先导性作用的日益显现,教育优

[①] 徐桂兰:《我国教师教育政策的伦理缺失与回归》,《长春工业大学学报(高教研究版)》,2014年第12期。

先发展的战略地位在不少国家得到了落实,教师职业的专业化问题也开始进入人们的研究视野。①

联合国教科文组织在第 45 届国际教育大会上提出:推进教师专业化是"改善教师地位和工作条件"的"最有前途的中长期策略"。如此说来,教师专业化也应成为我国制定教师教育政策的基础。在教师教育政策上,政府无疑应起主导作用,通过制定相应的政策,尤其是教师教育标准体系的制定,加大对教师教育的支持与保障力度。我国已于 2008 年 7 月启动了"中国教师教育标准研究"项目。研制教师专业标准,将为教师专业发展指明方向,为评价教师教学质量提供依据,为提高教师专业地位奠定坚实基础。近年来,在教育部师范司的主导和组织下,我国在 2011 年末公布了《中小学和幼儿园教师专业标准(试行)》,标志着我国教师队伍专业化新阶段的开始。

要保证教师专业化,明确教师职业身份是很重要的一个环节。欧盟成员国的实践表明,以法律手段明确中小学教师的职业身份,对建立完善的教师职业保障制度至关重要。无论是职业公务员、公务人员还是雇员,一旦教师的职业身份明确下来,国家都将为之建立不同的职业保障制度。但从当前我国的实践来看,中小学教师身份不明恰好成为一个比较突出的问题。《公务员法》第二条规定:"本法所称公务员,是指依法履行公职、纳入国家行政编制、由国家财政负担工资福利的工作人员。"根据该条规定,中小学教师不占用国家行政编制,因此不属于公务员。1993 年的《教师法》第三条规定:"教师是履行教育教学职责的专业人员……。"但是,《教师法》所界定的"专业人员"也不足以明确教师的职业身份。中小学教师究竟是公务人员还是雇员,目前在理论界和司法实践中还存在着较大的争议。因此,以法律手段明确中小学教师的职业身份已是刻不容缓。

根据《教师法》的规定,学校与教师签订聘任合同,但是由于中小学教师职业身份不明,因此其任用及管理所适用的法律规范也无法明晰。与教师职业保障高度相关的教师调动与辞职问题,在法律上更是一片空白。此外,针对职

---

① 段利华、褚远辉:《我国教师教育改革和发展的基本趋势》,《教书育人》,2014 年第 11 期。

业终止问题,我国《教师法》仅在第三十七条规定,教师有下列情形之一的,由所在学校、其他教育机构或者教育行政部门给予行政处分或者解聘:故意不完成教育教学任务给教育教学工作造成损失的;体罚学生,经教育不改的;品行不良、侮辱学生,影响恶劣的。这样的规定,既没有对终止的事由进行详细的分类,也没有对事由作出明确而具体的解释,从而造成在实践中难于操作。而且对终止的前提条件——提前告知周期,也没有作出明确的规定。从这一角度来看,在《教师法》的修订以及相关法律的建立健全上,欧盟成员国的理论与实践具有重要的借鉴意义。[①]

  当前,提高专业化水平已然成为我国教师教育改革的重要方向和追求的目标。只有一定的专业化,才会有社会地位。那么,如何才能实现专业化?第一,教师资格证书制度是保证教师专业化的一个重要手段。我国应进一步完善教师资格证书制度,实行教师资格证书定期更新与年检制度,细化教师资格证书类别,增加种类,拓展考试内容等。现代大学的教师教育从根本上来说,就要以教师资格标准作为依据。所以,我国现阶段"应该建立基于教师资格标准的以教师教育专业考试为前提的三权分离管理模式的教师资格体系,它是指通过以政府制定的教师资格标准为基础,在鉴定的教师培养机构的教师教育专业学习、参加国家考试中心组织的教师资格考试而对教师执照体系进行重建。"[②]这一模式的实施,既能保证教师资格制度的国家权威性,又能使教师质量得以保障。第二,教师层次向研究生层次过渡。由原来旧的三级师范变成现在新的教师教育体系,同时培养教育硕士和教育博士。从培养的速度上来看,我们对教育硕士和教育博士的培养还是不够的。举例来说,当前,我国1200多万教师中有600万中学教师。如果按一年培养2万研究生的速度算,则需要300年。这样的培养速度显然不能满足建设高水平教师队伍的需要。[③]

---

① 李小强:《欧盟成员国中小学教师职业保障制度研究》,《教师教育研究》,2007年第6期。
② 朱旭东:《教师教育标准体系的建立:未来教师教育的方向》,《教育研究》,2010年第6期。
③ 邱超:《中国教师教育的过去、现在和未来——顾明远教授访谈》,《教师教育研究》,2014年第1期。

五、健全教师专业发展

现在各国教师基本上达到了入职标准,尤其是发达国家。随着科学技术的发展,对教师的要求越来越高,国际组织都认识到了教师的终身学习是将来教师教育发展的趋势。在终身学习的大背景下,部分欧盟国家使用了持续专业发展(Continuing Professional Development)而不再使用在职培训(In-service Training)。使用这一术语旨在强调专业生涯每个阶段的连续性(Continuity)和一致性(Coherence)。也就是说,职前培养、见习期培训和职后培训是人为地把教师专业发展的连续体割裂开了。很多欧盟国家已制定了保持教师专业成长一致性的教师教育政策。目前,超过一半的欧盟国家都设法在职前培养阶段向师范生传授更多的职业技能,但在这一阶段更注重的是学术而不是实践,因而职前培养不可能使教师对所面临的问题做出迅速反应,所以,职后培训是不可缺少的。

欧盟国家主要有两项措施:第一,以满足教师的真正需求和体现终身学习的理念为基本指导思想,制定了教师专业发展的框架和以技能为基础的国家标准。当然,专业框架和标准只陈述教师应该达到的能力或资格而不是一个详尽的培训计划,如英国在1998年制定了教师教育课程纲要,其中规定了教师未来应达到的能力和标准;罗马尼亚在2001年制定了教师教育的一体化发展目标,这有力地促进了教师教育的一体化发展。第二,合并教师培训机构(含大学)。把一些地理位置较近的培训机构联合起来,不仅可以方便一线教师学到本学科最新的知识,而且可以及时向培训机构汇报他们的实践活动和培训需求,当然,也会促进教学研究的发展。目前,很多欧盟国家采取不同的方式加强联系,如德国在大学里建立教师教育中心,瑞典把教师的职前培养和职后培训有意安排在一所培训机构以保证这两个阶段的连续性。

经合组织2011年首届教师专业国际峰会提出,要使教师成为有吸引力的、高效的行业,就需要支持教师进行持续不断的学习,发展其专业结构,从而赋予教师新的角色,使优秀教师在学校改革中成为积极的行动者,而不仅仅是由他人所设计的改革方案的实施者。① 教师专业发展需要政府、学校和教师的共同努力才能实现,教师专业发展也不仅限于新进教师,而是一个终身发展的长期过程。经合组织对上海教师教育的经验也进行了介绍,提出,"上海要求每位教师五年内开展240小时的专业发展……上海在有效教学的实践中将教师培养为行动研究者,让优秀教师支持新教师,帮助他们提高课堂教学质量"。② 但是随着时代的发展,社会和家长对教师的要求不断提高,因此职前教育还远远不够,必须开展持续的专业发展,以各种方法更新技能和知识,并为教师提供向上流动的晋升机会。只有这样才能让教师自愿、主动地在教师专业发展的道路上前进。

现在教育在变革当中,非常重要的是提高学生的创新能力和创新思维,2012年3月,经合组织发表了《为21世纪培育教师和学校领导:来自世界的经验》报告。报告介绍"21世纪技能评估与教学项目组"汇集了来自世界各地60多个研究机构的250多名研究者的意见,指出21世纪学生必须掌握以下四方面的技能:思维方式(创造性、批判性思维,问题解决、决策和学习能力);工作方式(沟通和合作能力);工作工具(信息技术和信息处理能力);生活技能(公民、生活和职业,以及个人和社会责任)。报告说,"这些变化对教师的能力要求有深远的影响,教师必须将21世纪的生存技能更有效地教给学生……使他们成为终身学习者,掌握无定式的复杂思维方式和工作方式,这些能力都是计算机无法轻易替代的。"③这四个方面都说的是学生的能力的培养。要让学生具备这些能力,老师就要不断提高自己。联合国教科文组织《2012—2015年教师战略》中也指出,提高教师质量,促进教师的专业发展和加强学校领导力是关键。

---

① Asia Society(2011). Improving Teacher Quality around the World: The International Summit on the Teaching Profession[R], New York.
② OECD. Building a High-Quality Teaching Profession: Lessons from around the World[R/OL]. http://dx.doi.org/10.1787/9789264113046-en.
③ OECD.Preparing Teachers and Developing School Leaders for the 21st Century: Lessons from around theWorld [R/OL] www . oecd-ilibrary. orgeducationpreparing-teachers-and-developing-school-leaders-for-the-21st-century_9789264174559-en.

所以,我国教师专业发展下一阶段的主要任务是转变教师培养方式。我国很多教师的教育思想还是陈旧落后的,因此转变观念对中国教师来讲是最重要的。一旦转变了观念,适当的教学方法就会随之出现了。现在有很多教学方法,不少教师仍旧不会用,这主要是因为观念上跟不上去的缘故。我们引进介绍了很多国外先进的教育观念,教师们却不会使用,这是很遗憾的。在世界教育发展如此迅速的今天,我国教师的教育教学也应该与时俱进。我们更应该强调教育的信息化、个性化和国际化,顺应时代的要求。当前,国家非常重视教师队伍建设,要求教师每五年培训一轮。国家为培训骨干教师实施了国培计划。然而,我国1200多万中小学教师,仅凭借师范大学的培训是不够的。因为大多数情况下,只有骨干教师才有这样的培训机会。除了大学提供的短期培训以外,还有很多机构从事短期的教师培训。尤其是很多单位利用网络对教师培训,如全国中小学教师继续教育网和中国教师研修网就为教师培训提供了便捷的平台。①

六、关注教师评价体系

目前,TALIS调查发现,许多教师觉得教师评价对他们没有影响或影响很小,而且评价标准和评价方法对于评估结果、职业晋升和教师薪酬之间的关联程度和关联方式的考虑不足。调查也发现,改进后的评价和反馈可以对教师产生好的影响,提高其工作满意度,促进教师实施个人发展的项目,从而推动其个人发展。② 2011年首届峰会上讨论最激烈的就是如何设计并实施一个公平的、有效的教师评价体系。

我国现在的教师评价体系还比较单一,评价主体、评价内容和评价结果不能全面地反映出教师的专业发展和能力,评价体系与教师的薪资的关联也不够紧密,对教师评价体系应该予以更多的重视。因此,我国教育行政部门和学

---

① 邱超:《中国教师教育的过去、现在和未来——顾明远教授访谈》,《教师教育研究》,2014年第1期。
② OECD(2009). Creating Effective Teaching and Learning Environments: First Results from TALIS[R]. Paris: OECD Publishing.

校领导必须更睿智地运用教师评价。对教师进行评价,不仅要考虑学生表现,还要看教师多大程度上提高了其专业技能,特别是在改进学校和教育系统整体表现中的作用。同时,还必须把教师评价和个人工资以及报酬紧密联系起来。

七、鼓励利益相关者参与教育改革

经合组织最近对公共政策改革的综述指出,在大多数情况下,让那些将受到改革最直接影响的人积极参与是有利的。在讨论敏感的改革时,全纳性的、协商性的政策过程可能会有冲突,但随着时间的推移,这种方法看来会产生效益。特别是,它可以在参与者之间建立更多的信任。① 联合国教科文组织的报告指出,教师往往被排斥在涉及他们利益的决策过程之外。② 因此,在经常成为政治化的教育改革中,有必要建立一个富有建设性的协商机制,在此过程中,教师与官员和管理者一同讨论改革的主要目标。从全世界的范围来看,政府和教师合作的教育改革是非常有效的。一些最成功的改革往往受到教师工会支持,教师在此过程中发挥了巨大作用。

当前与教师合作开展教育改革的国家越来越多,欧盟诸多国家虽有着不同的侧重点和兴趣点,但均注重发挥教师教育各利益相关者的主体性。如在瑞典,地方当局发挥着极其重要的作用,在中小学发挥着重要的作用,丹麦十分强调中小学指导教师的角色,芬兰则侧重实习生在中小学的教育实验与研究。

虽然早在1993年2月13日,教育部颁布的《中国教育改革和发展纲要》提出:"要重视和加强决策研究工作,建立有教育和社会各界专家参加和咨询、审议、评估等机构,对高等教育方针政策、发展战略和规划能提出咨询建议,形成民主的、科学的决策程序。"但是,从目前来看,教师教育政策的决

---

① OECD. Making Reform Happen[R]. OECD Publishing.
② 联合国教科文组织.联合国呼吁培养训练有素的教师[EB/OL]. http://www.un.org/chinese/News/story.asp? NewsID=20652.

策机制还不够十分完善。因此,我国教师教育政策制定者应充分调动教师教育各利益相关者的积极性,发挥教师教育各利益相关者在伙伴关系中的建设性作用,大力倡导、鼓励教师教育机构的大学教师、中小学教师、地方教育行政人员等各方积极投入到教师教育与培养活动中来,使各方均能从中获得有益的价值。

  为此,我国需要在教师教育经费拨款、教师教育组织机构创新、大学与中小学教师评价、职称评定以及薪酬待遇等方面进行系统的政策改革与调整,为构建伙伴关系提供一系列相应的配套政策,以健全的教师教育政策引领教师教育各相关利益机构、人员通力合作,共同致力于伙伴关系的建设,为职前教师教育、入职教育、教师专业发展、中小学校发展、基础教育科研等提供一流的政策服务与政策支持。[①]

[①] 许立新:《博洛尼亚进程下欧盟教师教育的探索与创新》,《比较教育研究》,2011年第7期。

参考文献

中 文 文 献

曹梦婷.全民教育背景下世界银行对非洲学前教育援助项目研究[D].浙江师范大学硕士论文.2013.

常永才,韩雪军.全球化、文化多样性与教育政策的国际新近理念——联合国教科文组织文化互动教育观评述[J].民族教育研究,2013(5).

陈学军.OECD教育指标体系概念框架及其内容的演变与发展[J].比较教育研究,2006(8).

陈烨,生兆欣.完善教师的职业生涯——对国际教师职业峰会背景报告的分析[J].世界教育信息,2013(21).

陈玉琨.教育评价学[M].北京:人民教育出版社出版.2005.

崔红洁.改革开放以来我国教师教育政策研究——基于政策文本的分析[D].东北师范大学硕士论文,2014.

刁莉,梁松,刘捷.20世纪80年代以来世界银行对华贷款及其经济社会影响[J].中国经济史研究,2011(11).

段利华,褚远辉.我国教师教育改革和发展的基本趋势[J].教书育人,2014

(11).

高光,张民选.经济合作与发展组织的三大国际教育测试研究[J].比较教育研究,2011(10).

戈文武.欧盟国家中小学教师教育特点、面临的挑战——兼论对我国教师教育改革的启示[J].外国教育研究,2006(10).

顾明远.我国教师教育改革的反思[J].教师教育研究,2006(6).

管培俊.关于教师教育改革发展的十个观点[J].教师教育研究,2004(4).

郭婧.第三届教师专业国际峰会关注教师质量[J].世界教育信息,2013(8).

国际21世纪教育委员会编著.教育——财富蕴藏其中[M].北京:教育科学出版,1996.

何东昌.中华人民共和国重要教育文献(1991—1997)[G].海口:海南出版社,1998.

何东昌.中华人民共和国重要教育文献(1998—2002)[G].海口:海南出版社,2003.

何东昌.中华人民共和国重要教育文献(2003—2008)[G].北京:新世界出版社,2010.

何齐宗.全球视野的教育理念——联合国教科文组织教育文献研究[M].广州:广东高等教育出版社,2010.

胡小娇.国际教育援助及其效果的研究[D].华东师范大学硕士论文,2011.

教育部师范教育司.教师专业化的理论与实践[M].北京:人民教育出版社,2003.

靳昕,刘林林.欧盟教师专业发展一体化日趋完善[J].上海教育,2011(5).

孔令帅,丁笑炳,吕杰昕.当前教师教育改革的国际经验与启示[J].外国教育研究,2013(9)

孔令帅.透视国际组织教育政策背后的运作逻辑——以世界银行和经合组织为例[J].比较教育研究,2011(10).

雷晓云.职前教师教育改革的理论基础探析[J].教育导刊,2011(12).

李其龙,陈永明.教师教育课程的国际比较[M].北京:教育科学出版社,2002.

李小强.欧盟成员国中小学教师职业保障制度研究[J].教师教育研究,2007(6).

李英.印度教师教育研究[D].西南大学教育学院博士学位论文,2013.

李中国.我国教师教育发展现状、问题与建设[J].继续教育研究,2010(8).

联合国教科文组织国际教育发展委员会.学会生存——教育世界的今天和明天[M].北京:教育科学出版社,1996.

联合国教科文组织.非洲与阿拉伯国家教师短缺问题最为严重[EB/OL].http://www.nn.Org/chinese/News/story.asp?NewsID=20647,2013-07-23.

联合国教科文组织.世界报告:着力文化多样性与文化间对话(中文版)[R].巴黎:UNESCO公众宣传局,2009.

刘复兴.教育政策的价值分析[M].北京:教育科学出版社,2003.

刘建同.关于世界银行两个职业教育贷款项目的回顾与总结[J].中国职业技术教育,2004(2).

刘铁娃.霸权地位与制度开放性:解释美国对联合国教科文组织影响力的演变[J].国际论坛,2012(6).

刘微.教师专业化:世界教师教育发展的潮流[J].青年教师,2002(1).

刘义兵.教师教育一体化发展的体制机制创新[J].教育研究,2014(1).

罗树华.终身学习思想发展史略[J].山东教育科研,2001(4).

吕尚兰.教师教育一体化研究探析[J].科教导刊,2010(11).

马克·贝磊,郑艳.全球化视域下的和谐、差异与共生——联合国教科文组织的视角[J].比较教育研究,2009(3).

[美]李·S.舒尔曼.理论、实践与教育的专业化[J].比较教育研究,1999(3).

牛长松,殷敏.世界银行对非高等教育政策及其影响[J].比较教育研究,2009(11).

邱超.中国教师教育的过去、现在和未来——顾明远教授访谈[J].教师教育研究,2014(1).

曲铁华,崔红洁.我国教师教育政策价值取向变迁的路径与特点[J].现代大学教育,2014(3).

曲铁华,崔红洁.我国教师教育政策的演进历程及特点分析[J].国家教育行政学院学报,2014(12).

曲铁华,马艳芬.论教师专业化与职前教师教育课程改革[J].教育科学,2004(4).

曲铁华.专业化语境下我国教师教育的困境与破解路径[J].湖南师范大学教育科学学报,2012(7).

沈蕾娜.影响和应对:世界银行和中国的高等教育[J].杭州:中国教育学会比较教育分会第15届学术年会暨庆祝王承绪教授百岁华诞国际学术研讨会,2010(10).

沈雪霞.提高基础教育质量:世界银行的立场[D].华东师范大学硕士论文,2011.

世界银行.2007年世界发展报告:发展与下一代[EB/OL].http://www.360doc.com/content/09/0723/09/80077_4397444.shtml,2014-07-20.

世界银行.世界银行贷款云南职业教育发展项目:旅游专业教师赴瑞士培训考察报告[EB/OL].http://www.docin.com/p-637587070.html,2012-01-04.

宋秋前,叶云飞.教师教育改革存在的问题与思考[J].教育理论与实践,2008(22).

孙绵涛.教育政策论——具有中国特色的社会主义教育政策研究[M].武汉:华中师范大学出版社,2002.

覃丽君,陈时见.欧盟教师教育政策及其发展走向[J].比较教育研究,2013(12).

汤无水.国外提高教师待遇的几种做法[J].职业教育研究,1993(3).

田以麟.今日韩国教育[M].广州:广东教育出版社,1999.

万勇.关于教师地位的建议[J].全球教育展望,1984(4).

汪怿.OECD国家紧急应对中小学师资短缺[J].外国中小学教育,2003(12).

王根顺,崔艳丽.浅析世界银行教育贷款对我国西部基础教育的作用[J].中国农业教育,2008(2).

肖甦主编.比较教师教育[M].江苏教育出版社,2010.

肖瑶,陈时见.教师教育一体化的内涵与实现路径[J].教育研究,2013(8).

谢世清.中国与世界银行合作30周年述评[J].宏观经济研究,2011(2).

新华社.国家中长期教育改革和发展规划纲要(2010—2020年)[EB/OL].http://www.gov.cn/jrzg/2010-07/29/content_1667143.htm,2014-07-01.

熊建辉,陈德云.从教育国际化看教师专业化——访国际教育专家周南照教授[J].世界教育信息,2012(04).

徐桂兰.我国教师教育政策的伦理缺失与回归[J].长春工业大学学报(高教研究版),2014(12).

许立新.博洛尼亚进程下欧盟教师教育的探索与创新[J].比较教育研究,2011(7).

许立新.欧盟国家教师教育机构与中小学伙伴关系的探索与实践[J].外国教育研究,2010(10).

杨启光.国际教育组织及其对国家教育发展的影响论析[J].西南大学学报(社会科学版),2012(6).

杨润勇.热点教育政策分析[M].北京:中国轻工业出版社,2011.

杨志秋,于群.教师社会地位与教师专业化的关系[J].河北公安警察职业学院学报,2012(03)

伊琳娜博科娃.文化多样性促进对话和发展日致辞[N].解放周末,2010-05-22.

[印]哈本斯·S.波拉.成人识字教育:从观念到实施策略[J].教育展望(中文版),1990(24).

殷敏.世界银行对非洲教育援助政策研究[D].浙江师范大学硕士论文,2011.

余秋月.教师评价对教师专业发展的影响及其反思[D].华东师范大学教育管理学系硕士学位论文,2005.

袁佰福.改革开放以来我国教师教育政策的变迁及其启示研究[J].黑龙江教育学院学报,2010(12).

袁振国.教育政策学[M].南京:江苏教育出版社,1996.

袁振国.中国教育评论[M].北京:教育科学出版社,2000.

张国才.国外对高校教师的激励措施[J].教育评论,1992(3).

张国强.我国教师教育的历史回顾与趋势分析[J].内蒙古师范大学学报:教育科学版,2006(5).

张家勇.《2004年世界银行中等教育报告》解读[J].教育发展研究,2005(2).

张民选.国际组织与教育发展[M].上海:上海教育出版社,2007.

张倩,李子建.国际比较视域下的教师专业发展——以 TALIS 2010 教师专业发展主题报告为基础[J].教育发展研究,2011(6).

赵中建主译.全球教育发展的历史轨迹——联合国教科文组织国际教育大会建议书专集.[M].北京:教育科学出版社,1999.

中国驻欧盟使团教育文化处.教师:难度日增的职业——欧盟关注教师教育[J].基础教育参考,2008(3).

周国霞,孔令帅.《联合国教科文组织(2012—2015年)教师战略》述评[J].外国中小学教育,2014(3)

周佳苗.联合国教科文组织研究[D].青岛大学国际关系专业硕士学位论文,2007.

朱旭东.教师教育标准体系的建立:未来教师教育的方向[J].教育研究,2010(6).

朱旭东.论当前我国教师教育存在的十大问题及其解决途径[J].当代教师教育,2012(9).

朱旭东.我国现代教师教育制度构建[J].北京师范大学学报(社会科学版),2007(4).

英 文 文 献

Alexander, N. Paying for Education: How the World Bank and the International Monetary Fund Influence Education in Developing Countries [J]. Peabody Journal of Education,2001(76): 285 - 338.

Andrew Michael D & Richard L. Schwab. An Outcome Assessment of Graduates of Eleven Teacher Education Programs[J]. Paper presented at the Annual Meeting of the American Educational Research Association,Atlanta, Georgia.1993.

Andrew Michael D. The Differences Between Graduates of Four-Year and Five-Year Teacher Preparation Programs [J]. Journal of Teacher Education,1983(2).

Asia Society. Improving Teacher Quality around the World: The International Summit on the Teaching Profession[R], New York.2011.

Ball D L & Wilson S W. Integrity in teaching: Recognizing the Fusion of the Moral and the Intellectual[J]. American Educational Journal,1996(33).

Darling-Hammond L & Bransford J. Preparing teachers for a changing world: what teachers should learn and be able to do[M]. SanFrancisco,CA: Jossey-Bass.2005.

Darling-Hammond L. Teaching and Knowledge: Policy Issues Posed by Alternative Programs for Teachers[J]. Peabody Journal of Education, 1990 (3).

Darling-Hammond L. The Case for University-Based Teacher Education [C]. In Robert Roth(ed). Teacher Education in the University[M]. San Francisco: Jossey-Bass.1998.

Darling-Hammond L. Why teacher education is important and difficult [C]. In L. Darling-Hammond. Powerful teacher education(chapter2)[M]. San Francisco:Jossey-Bass.2006.

European Commission. Key Date on Teachers and School Leaders in Europe[EB/OL]. http://eacea.ec.europa.eu/education/eurydice/key_data_en.php,2014-8-1.

European Commission. Supporting Teacher Competence Development For Better Learning Outcomes[EB/OL]. http://ec.europa.eu/education/policy/school/doc/teachercomp_en.pdf,2014-8-1.

Finnish Institute for Educational Research. Teacher Education Curricula in the EU[EB/OL]. http://ec.europa.eu/education/policy/school/teacher-training_en.htm,2014-8-1.

Goodson I F & Hargreaves A(ed). Teacher's Professional Lives[M]. London: Flamer Press,1996.

Hargreaves A & L N K. Professionalism in Teaching [J]. Prospects, 2000(2).

Henry, M. et al. The OECD, Globalization and Educational Policy [M]. Oxford: Elservier Science Press for Pergamon & IAU Press.2001.

Heyneman, S. The History and Problems in the Making of Education Policy at the World Bank 1960—2000 [J]. International Journal of Educational Development,2003(3): 315-337.

Hogwood Brian W & Gunn Lewis A. Policy analysis for the real world [M]. London: Oxford University Press, 1984.

Howey Ken. Designing Coherent and Effective Teacher Education Programs[C]. In John Sikula (ed). Handbook of Research on Teacher Education,Second Edition[M]. New York: Macmillan.1996.

Jones, P. The United Nations and Education: Multilateralism, Development and Globalization [M]. London: Routledge Falmer.2005.

Jones, P. World Bank Financing of Education[M]. London: Routledge Falmer.1992.

Klein, N. The Shock Doctrine: The Rise of Disaster Capitalism [M]. New York: Metropolitan Books.2007.

Lamer J & Little J. Research on teacher education[C]. In M.Wittrock(ed). Third handbook of research on teaching[M]. New York: Macmillan.1996.

Little J. W. The persistence of Privacy: Autonomy and Initiative in Teachers Professional Relations[J]. Teachers College Record,1990(6).

Moutsios, S. International Organisations and Transnational Education Policy [J]. Compare,2009(4): 467-478.

OECD. Creating Effective Teaching and Learning Environments: First Results from TALIS[R]. Paris: OECD Publishing.2009.

OECD. Making Education Count: Developing and Using International Indicators[R]. Paris: OECD Publishing.1992.

OECD. Preparing Teachers and Developing School Leaders for the 21st Century [R/OL]. http://www. oecd-ilibrary. org/education/preparing-teachers-and-de-veloping-school-leaders-for-the-21st-century 9789264174559-en,2014-08-10.

OECD. Progress and Output Results of the Programme of Work 2002 to 2006: Meeting of OECD Education Chief Executives [R]. Copenhagen: OECD.2005(9).

Papadopoulos, G. Education 1960—1990: The OECD Perspective [M]. Paris: OECD.1994.

Reimers, F. Education and Structural Adjustment in Latin America and Sub-Saharan Africa [J]. International Journal of Educational Development, 1994(2): 119-129.

Santiago P. Teacher Demand and Supply: Improving Teaching Quality and Addressing Teacher Shortages[R]. Paris: OECD Publishing.2002.

Shulman Lee. Knowledge and Teaching: Foundations of the New Reform[J]. Harvard Educational Review,1987(57)

Stiglitz, J. Globalisation and its Discontents[M]. London: Penguin Books.2002.

Trachtman (ed.). Making Professional Development Schools work: Politics,Practice and Policy[M]. New York: Teachers College Press,1997.

UNESCO. Towards an open learning world:50 years UNESCO institute for education[R].Bureau of Public Information/Press,1996.

UNESCO. Next Generation of Teachers Project[R]. http//www.unescobkk. org/education/ict/ict-in-education-projects/training-of-teachers/next-generation-of-teachers-project/,2014－05－12.

UNESCO. Strategyon Teachers 2012—2015[EB/OL]. http//unesdoc.nnesco.org/itnages/0021/002177/217775E,2013－06－22.

UNESCO. Teacher Education Policy[EB/OL]. http//www. unescobkk. org/education/ict/ict-in-education-projects/training-of-teachers/next-generation-of-teachers-project/,2014－05－12.

UNESCO. Training Courses[EB/OL]. http//www. ibe. unesco. org/en/areas-of-action/what-we-do/capacity-development/training-courses. html,2014－05－12.

World Bank & Harvard University. Roll Call: Teacher Absence in Bangladesh[EB/OL]. http://siteresources. worldbank. org/INTSOUTHASIA/Resources/Roll_Call_Teacher_Absence_Bangladesh.pdf,2014－07－20.

World Bank. Education for Development: An Analysis of Investment Choices[EB/OL]. http//documents. worldbank. org/curated/en/1987/01/440702/education-development-analysis-investment-choices,2014－07－20.

World Bank. Efficient Learning for the Poor:Insights from the Frontier of Cognitive Neuroscience[EB/OL]. http//documents. worldbank. org/curated/en/2006/06/6892301/efficient-learning-poor-insights-frontier-cognitive-neuroscience, 2014 – 07 – 20.

World Bank. Higher Education: The Lessons of Experience[EB/OL]. http//documents. worldbank. org/curated/en/1994/05/437287/higher-education-lessons-experience, 2014 – 07 – 20.

World Bank. History [EB/OL]. http://www. shihang. org/zh/about/history, 2014 – 7 – 20.

World Bank. Making Schools Work: New Evidence on Accountability Reforms[EB/OL]. http//siteresources. worldbank. org/EDUCATION/Resources/278200 – 1298568319076/makingschoolswork.pdf, 2014 – 08 – 05.

World Bank. Project Information Document (PID) Appraisal Stage: Improving Teacher Education [EB/OL]. http//www-wds. worldbank. org/external/default/WDSContentServer/WDSP/IB/2010/04/27/000267706_20100427153245/Rendered/PDF/Project0Inform1t0110Appraisal0Stage, pdf. 2014 – 07 – 20.

World Bank. Secondary Education in India: Universalizing Opportunity[EB/OL]. http//documents. worldbank. org/curated/en/2009/01/10567129/secondary-education-india-universalizing-opportunity-vol – 1 – 2, 2014 – 07 – 20.

World Bank. Teacher Educational Quality Assurance Teacher Educators and Initial Education Programs Policy Brief4 [EB/OL]. http//documents. worldbank. org/curated/en/2009/12/16465551/teacher-educators-initial-education-programs, 2014 – 07 – 20.

World Bank. Teacher Reform in Indonesia: The Role of Politics and Evidence in Policy Making[EB/OL]. http//documents. worldbank. org/curated/en/2014/01/19456226/teacher-reform-indonesia-role-politics-evidence-policy-making-vol – 2 – 2-executive-summary, 2014 – 07 – 20.

后　记

　　2009年7月，我从北京师范大学教育学院博士毕业进入上海师范大学教育学院工作，也有幸成为上海师大国际与比较教育研究中心（现为国际与比较教育研究院）的研究人员，了解到了该中心的研究主题和领域。研究院院长张民选教授指出，该中心的三大研究主题为：国际教育组织研究、国际大都市教育研究、中国教育走向世界研究，这也是我国比较教育研究未来新的发展方向和增长点。因此，国际教育组织研究是该中心的主要研究任务之一。从那时起，我就把国际教育组织作为自己的研究方向之一，并把教师教育政策作为该研究领域的切入点。2011年，我以"国际组织教师教育政策研究"为题申报教育部人文社科青年项目，并荣幸获批。在接下来的三年里，我和研究团队的成员们拟定了研究框架，收集了大量相关的中英文文献，完成了部分阶段性成果，并于2014年9月顺利结项该课题。本书稿是在该课题结项成果的基础上修改而成的。

　　该课题的研究团队包括孔令帅、周国霞、赵芸、洪硕、刘菁菁等人，本书稿的具体分工为：第一章由孔令帅负责，第二章由周国霞、孔令帅完成，第三章由刘菁菁、孔令帅撰写，第四章由洪硕、孔令帅完成，第五章由赵芸、孔令帅撰写，第六章、第七章、第八章都由孔令帅完成。我们的工作是卓越成效的。我们讨论热烈，分工明确，效率显著，按时保质地完成了研究任务。在本书稿成书时，感谢研究团队每一位成员的辛苦付出。

  撰写该书稿的过程中,得到了许多人的帮助和支持。感谢张民选教授对我研究方向的启发以及在书稿写作中的支持、鼓励和建议。感谢学院和系领导夏惠贤教授、胡国勇教授、陈建华教授、夏正江教授等对该书稿的指导、支持和鼓励。在研究和写作过程中,还要感谢我的硕士导师徐辉教授和博士导师马健生教授给予我的精神支持和学术指导。

  本书受到上海市一流学科"教育学"项目的研究和出版资助,特此致谢。此外,感谢上海出版社的刘芳主任和童亮编辑,你们认真负责的态度令我感动。你们的支持使得本书最终付梓。还要感谢闫温乐博士在书稿出版过程中所做的一些事务性工作。

  由于我们的水平和能力有限,失误和错误在所难免,一切文责均在我们。恳请专家和读者朋友批评指正。

孔令帅
上海师范大学教育学院

图书在版编目(CIP)数据

国际组织教师教育政策研究/孔令帅著.-上海:上海教育出版社,2015.8
ISBN 978-7-5444-6487-1

Ⅰ.①国… Ⅱ.①孔… Ⅲ.①国际组织-师资培养-教育政策-研究 Ⅳ.①G451.2

中国版本图书馆CIP数据核字(2015)第183786号

责任编辑 童 亮
封面设计 陈 芸

国际组织教师教育政策研究
孔令帅 著

出 版	上海世纪出版股份有限公司
	上海教育出版社
发 行	中国图书进出口上海公司

版 次 2015年8月第1版
书 号 ISBN 978-7-5444-6487-1/G·5330

www.ingramcontent.com/pod-product-compliance
Lightning Source LLC
Chambersburg PA
CBHW080424230426
43662CB00015B/2205